国家重点研发计划
“泛在化司法案例与涉外法治智能研判关键技术研究”项目成果之一
（项目编号：2022YFC3303400）

负责人：孙晓勇

中国司法大数据应用与展望

孙晓勇　著

Application and Prospect
for
Judicial Big Data in China

法律出版社
LAW PRESS·CHINA
北 京

图书在版编目（CIP）数据

中国司法大数据应用与展望 / 孙晓勇著. -- 北京：法律出版社，2022（2023.9重印）
ISBN 978-7-5197-7144-7

Ⅰ. ①中… Ⅱ. ①孙… Ⅲ. ①司法—数据管理—研究—中国 Ⅳ. ①D926-39

中国版本图书馆CIP数据核字（2022）第180088号

中国司法大数据应用与展望
ZHONGGUO SIFA DASHUJU YINGYONG YU ZHANWANG

孙晓勇 著

策划编辑 朱 峰
责任编辑 苗 婕
装帧设计 汪奇峰

出版发行 法律出版社
编辑统筹 辞书·融出版编辑部
责任校对 王 丰
责任印制 吕亚莉
经　　销 新华书店

开本 710毫米×1000毫米 1/16
印张 14 **字数** 178千
版本 2022年12月第1版
印次 2023年9月第2次印刷
印刷 北京盛通印刷股份有限公司

地址：北京市丰台区莲花池西里7号（100073）
网址：www.lawpress.com.cn
投稿邮箱：info@lawpress.com.cn
举报盗版邮箱：jbwq@lawpress.com.cn

销售电话：010-83938349
客服电话：010-83938350
咨询电话：010-63939796

书号：ISBN 978-7-5197-7144-7
定价：79.00元

凡购买本社图书，如有印装错误，我社负责退换。电话：010-83938349

前　言

伴随数字化时代的到来，大数据不仅已成为近年来的热门话题，更是诸多领域研究的新课题。如今，大数据已广泛渗透并不断融入人类社会经济生活的方方面面，其应用无处不在，诸如新闻传播、文化娱乐、广告推送、语音对话、物流快递、导航出行等领域，都离不开大数据的支撑。可以说，数字化改变了我们的工作方式、生活方式、互动方式，也正在逐步影响和塑造当今的经济社会发展秩序。数字化演进的加速以及算力的爆发，催化了一批大模型应用，如ChatGPT，使通用人工智能成为可能，实现了信息海量采集与多重应用、数据即时清洗与深度挖掘、算法升级与应用创新。新一轮智能化浪潮正在驱动经济社会逻辑由商品逻辑向数字逻辑转换，实现物理世界向数字世界的跨越式变革，向人类展现出新的图景。

麦肯锡全球研究院在2011年发布的《大数据：创新、竞争和生产力的下一个前沿》(Big Data: The Next Frontier for Innovation, Competition and Productivity)研究报告中首次提出"大数据时代已经到来"，并描述了大数据的概念和特征，即一种规模大到在获取、存储、管理、分析方面大大超出传统数据库软件工作能力范围的数据集合，具有海量的数据规模、快速的数据流转、多样的数据类型、价值密度低和获取途径真实五大特征。[1]随后，维克托·迈尔—舍恩伯格教授(Viktor Mayer-Schönberge)在《大数据时代》一书中形象地说，大数据的真实价值就像漂浮在海洋中的冰山，第

〔1〕 参见《大数据的下一个前沿：创新、竞争和生产力》，载中国经济网，http://intl.ce.cn/specials/zxgjzh/201408/27/t20140827_3436534.shtml。

一眼只能看到冰山的一角，绝大部分都隐藏在表面之下。[1]挖掘数据价值，征服数据海洋的主要“动力”之一就是大数据及数据处理技术。而随着现代数据采集，如视频云监控以及云存储的形成，数据的威力变得越来越大。通过云数据，甚至可以描绘出某一个人甚至亿万人的生活轨迹、兴趣爱好，知道他们常喜欢去哪些店铺，愿意在哪里活动，喜欢哪种风格的服饰，经常跟谁在一块儿……比如，彭博终端机提供的全球金融精英海量数据就是绘制心理地图的基础，其既是全球金融精英获得身份和文化认同的典型标志之一，也在金融家的文化节奏和思维脉络中打上深深的印记。[2]今天，大数据正在重塑人们的工作、学习和思维方式。随着具有普适性、自主性、创造性和学习能力的人工智能系统的出现，通用人工智能实现了跨领域、跨任务、跨模态的多元化场景运用，大数据的高质量发展和深度应用也将迎来新天地。

在这一发展过程中，司法大数据以其结构化数据的独特优势，成为大数据最为重要的应用领域之一。中国司法大数据的发展从初步的搭建数据收集平台，提供基础的数据平台、动态监控管理的服务功能发展为数据统计分析功能。司法大数据的发展由点及面，从地方先行先试走向全国统一推广。从中央、地方两个层面来看，大数据司法建设的推进重点有所不同。例如，在应用技术上，中央更注重通过深度学习、云计算等实现司法智慧化，推出类案检索、量刑预警等应用；地方则更多地运用信息技术优化工作程序，如将信息技术运用于立案、保全、送达等程序性工作环节。在此过程中，法院不仅实现了数据的自动化管理，还紧贴社会需求，围绕不同的法律热点问题，生成具有针对性的报告，充分发挥司法大数据作为经济社会发展的“风向标”“晴雨表”的作用，服务各级党委、政府实现决

---

〔1〕 参见［英］维克托·迈尔-舍恩伯格、肯尼思·库克耶：《大数据时代》，盛杨燕、周涛译，浙江人民出版社2013年版，第50页。

〔2〕 参见李兴伟、赵梦丹：《彭博数据“掘金”》，载《新理财》2014年第9期。

策科学化、社会治理精准化。可以说，司法大数据已经实现了从管理数据到分析数据，由统计阶段转向创造阶段的转变，实现了从“人找数据”到“数据找人”的革命性转折。近年来，随着人工智能领域的快速发展，司法大数据与大数据技术日益结合，司法大数据正在由自动化走向智能化。

近年来，大数据应用在司法领域取得重大进展，我国已经成为司法大数据应用大国，中国法院信息化建设水平已然处于世界领先地位。[1]通过挖掘蕴藏在司法大数据中的丰富信息，探索司法案件与社会活动、政府行为之间内在的关联与规律，是人民法院借助司法大数据延伸司法功能、积极参与社会治理的创新举措。然而，司法大数据种类繁多、格式各异、信息量巨大，社会治理问题纷繁复杂，且法律往往滞后于社会现实；尽管可以利用大数据的预测模型预测不同案件的走势与规律，但是数据能否全面准确并同步反映法律在社会中运行的状态，仍有待进一步检验。至今，关于司法大数据的一系列研究尚未形成逻辑缜密、论证严谨的系统化理论研究学科范式，但司法大数据研究的实践价值已日益凸显。进一步深化司法大数据在人民法院乃至经济社会发展中的应用，使其更好地为司法赋能，为社会发展助力，以数字正义推进实现更高水平的公平正义，既是一个长久的实践课题，也是一个常新的理论课题。

---

〔1〕 参见陈国平、田禾主编：《法治蓝皮书：中国法院信息化发展报告No.7（2023）》，社会科学文献出版社2023年版，第3页。

目　录

第一章　司法大数据的概念与内涵

一、大数据

（一）从信息说起

提高确定性程度和范围是信息价值追求的永恒主题。在现实经济社会中，一方面，有无数未知因素是我们现有的确定性知识体系和工具无法描述或触及的；另一方面，制度、组织、成员等社会秩序要素和观念、意识、价值等社会行为理念也都处于互动和变化状态，现有的确定性知识体系还无法精确计算社会秩序和行为的演进过程。在数字化网络化时代，如果每个人都能看到经济社会的某些趋势，经济社会活动就会有更多确定性。而能否看清趋势，则取决于特定个体是否善于利用数据，能否在数据的收集管理和数据的技术分析上建立优势。在这方面，日本具有传统优势。对于如今中国经济的增长和发展趋势，一些日本研究人员往往透过现象以数据的形式加以分析，从中探索规律。日本的一些投资机构，也更善于从数据中获取有价值的信息。

1.从信息观察到数据分析

日本工商业者及企业历来十分重视中国的社情数据。清末民初的宗方小太郎[1]对中国经济社会状况的观察和研究，在某种程度上甚至超过了

---

〔1〕 宗方小太郎（1864–1923），日本肥后人，中国通。1884年潜赴中国，先后在北京、汉口等地以经营乐善堂药铺为掩护，搜集了军事、经济情报。载百度百科，https://baike.baidu.com/item/%E5%AE%97%E6%96%B9%E5%B0%8F%E5%A4%AA%E9%83%8E/1923755?fr=aladdin。

当时的中国人。清末民初华北地区经济社会发展状况的相关研究资料有不少是当年日本人收集的。例如，一些日本社情调查人员入户调查，以用火柴还是用火石来区分收入状况，划分不同的收入群体。这个标准在当时虽然很生活化，但同时又颇具代表性，就像美国当年曾以家内是否安装抽水马桶为标准调查中产阶级的情况，以确定相关发展战略。

日本情报机构早期通过观察公开信息获取大庆油田的情报也是一个经典案例。20世纪60年代，中国大庆油田的位置、规模和加工能力是严格对外保密的，日本企业为了确定能否与中国做成石油设备的交易，迫切希望知道大庆油田的位置、规模和加工能力。日本通过查找新闻报道中的村名和一些设备照片，经过简单地分析，初步确认了大庆油田的存在；再结合收集到的东北地理信息和地质信息，从中国省市地图中找到了大庆油田所在的村子，并推测出大庆油田的规模和年产量。〔1〕例如，在1966年第一期《中国画报》上，日本情报机构看到“铁人”王进喜站在钻井机旁的那张照片，根据王进喜的衣着推定，只有在北纬46℃和48℃区域内的冬季，才有可能穿这样的衣服。因而，大庆油田有可能在冬季为-30℃的中国齐齐哈尔和哈尔滨之间的东北北部地区。现在，日本研究机构依然非常重视收集中国乃至世界的经济社会数据和情报，并形成了相关应用成果。

近代以来，日本官方与民间团体对中国进行了长期大量的调查活动。从日本政府解密的档案资料及商业会议所出版的日文刊物可以看出，各类经济调查是在华日本商业会议所日常最重要的活动之一。它们收集这些资料并据此提出诸多建议，为日本工商业者及企业提供经济信息，助力其拓展经贸。在华日本商业会议所进行广泛调查之后，以内部资料形式编辑发行各种经济刊物，涵盖中国经济的方方面面，形成如《月报》《经济统计年报》《事务报告》等定期出版物。这些发行物详细记录了中国不同地区

---

〔1〕 参见曾忠禄：《情报背后的情报——日本利用公开信息获得大庆油田情报的秘密》，载《情报杂志》2016年第2期。

的各类数据。其中《经济统计年报》数量最大且最具有连续性，通常包括当地的面积及人口、财政、金融、贸易、交易所、物价、铁道、海运、工业、水产、盐业、农业、畜产、会社、仓库、通信、航空、保险、就业等方面的数据统计。[1]可以看出，他们是先基于对现象的观察反馈出零星的信息，汇总成大量数据进行分析，最后得出有价值的数据分析结果。这就是从信息到数据，最后到分析结果的一种反馈。司法信息十分重要，也是因为其记载了经济社会运行的留痕。单条司法信息大家可以公开看到，但是聚合到一起就需要集中管理。量变会引起质变，需要对大数据加以管控。宗方小太郎的例子其实也是这个问题。

2.从数据分析到有效决策

日本还曾通过调查管理人口数据及政策含义来缓解老龄化和少子化的问题。现在中国亦面临人口老龄化和少子化现象，而日本的经验对我国来说有一定的参考价值。[2]我们一直认为日本的经济在衰退，但事实上，日本的人口老龄化和少子化现象并没有过多地影响其经济增长。那么，日本是如何解决这一问题的?

多年累积效应下日本适龄的劳动人口确实有很大的缺口，但是日本就业人口的增长速度却很快，近几年增加了约440万。这是怎么做到的?据报道，日本主要采取了为四类特定人群“做加法”的方法。

第一，延缓老年人退休时间。老年人过去是60岁退休，但是现在退休年龄延长到65岁。如果去日本旅行会发现不少行业中的老年人很多。如东京的出租车司机绝大部分是老年人。同时，日本还采取了其他措施，如针对企业用工，由政府给出指导性意见，提供一些适当的帮助扶持，利用

〔1〕 参见陈甦、田禾主编:《法治蓝皮书:中国法院信息化发展报告No.5(2021)》，社会科学文献出版社2021年版，第4页。

〔2〕 沈瑶等:《少子化、老龄化背景下日本城市收缩时代的规划对策研究》，载《国际城市规划》2020年第2期。

这些方式推动老年人就业人数的增加，进而增加总劳动人口。

第二，增加女性就业。过去，日本女性就业方面存在一种“M型曲线现象”。[1]女性年纪轻轻20多岁就业，后来结婚生孩子，就要回归家庭；等到孩子养育成人，女性可能又短暂地出来工作，然后又回归家庭，导致“M型曲线现象”非常突出。日本政府现在让女性灵活就业，例如，每天只需要工作6个小时，甚至可以每天只工作4个小时，更好地兼顾工作和家庭，由此，就业率也随之提升。又如，增加大量母婴室等辅助设施，为女性哺乳提供便利与隐私空间。日本就是通过这些方式扩大了女性就业群体，日本总务省2017年发布的最新劳动力调查结果显示，女性劳动参与率从日本经济复苏的2012年开始快速上升，5年内上升了6个百分点。从全球来看，这也是极为罕见的上升速度。

第三，增加外籍人口就业。日本是一个非移民国家，过去外国人要想在日本工作很困难，虽然日本放宽相关政策，也不意味着转向采取移民政策。针对外国人就业，日本制定了“外国人技能实习制度”[2]。最新的在留资格分为两个阶段，具有“需要相当程度知识或经验的技能”的外国人，可以申请“特定技能1号”在留资格签证，在留期间为5年，家属不能随居。在取得“特定技能1号”在留资格并从事规定行业工作一定时间后，如掌握较高技术技能，通过更高程度的资格考试，则可以获得“特定技能2号”在留资格签证。在留资格每1～3年需要更新一次，无更新次数限制，家属和子女可以随居。在留期间，日本的就业人口自然就增加了。这些措施都是在“做加法”，想办法提供新的增量，但不是在原有的存量上“做加法”，而

〔1〕 参见《日本女性就业的M型曲线正在消失》，载新浪财经，http://finance.sina.com.cn/stock/usstock/c/2018-03-09/doc-ifxpwyhw4778148.shtml。

〔2〕 日本国会于2018年年底通过了《出入国管理及难民认定法》修正案，自2019年4月1日起实施，其规定对于劳动力匮乏严重的14个行业，允许具备一定技能的外国劳动力，以“特定技能”在留资格在日本国内直接就业。参见《日本新的〈出入国管理及难民认定法〉正式实施》，http://jp.mofcom.gov.cn/article/k/201905/20190502865000.shtml。

是先把存量挖活，再有新的增量，这是在做思维上的加法。

第四，从应届大学毕业生中招收员工，对于学历没有很高的要求。据日本的大学生就职支援机构（就职未来研究所）于2022年12月1日公布的调查数据，2023年春季毕业的大学生的就业内定率已经达到94.8%。日本文部科学省（教育文化科技部）于5月26日公布了2023年春季毕业的大学生的就业调查统计报告。该报告称，2023年毕业大学生的就业率比2022年增加了1.5个百分点，达到97.3%。这一份调查报告是文部科学省抽查了全国62所国立、公立和私立大学的4770个毕业生后得出的数据。其中，男生的就业率为97.3%，比2022年增加了2.7个百分点；女生的就业率增加了0.2个百分点，也达到97.3%。

日本经济一定程度出现了“走出通缩，开始复兴”的迹象。“广场协议”[1]之后，有学者说，日本经历了“失去的20年”。这所谓的“失去的20年”是假设得出的，当时日本的经济泡沫也是日本当局根据形势审慎作出决策的结果。我们看事物，要从不同视角看其不同方面。一方面，国际资本喜欢无风险套利，当年“广场协议”之后，美国确实利用日元兑美元升值的趋势发展了经济；另一方面，日本也抓住了机会，资本大幅出海，这才有了日本大藏省[2]公布的日本境外资产15万亿美元的结果。日本在南美洲的投资规模和影响力很大。日本用他国的资源、他国的劳动力、他国的市场，赚他国的钱。总体来看，日本的主要优势在于对数据基础的管理和技术优势，并且这种基于数据的政策实施以及政策实施后的数据分析，更是一种修正的良性关系和相互促进的发展机制。

---

〔1〕 20世纪80年代初期，美国财政赤字剧增，对外贸易逆差大幅增长。美国希望通过美元贬值来增加产品的出口竞争力，以改善美国国际收支不平衡状况。为此，1985年9月，美国、日本、联邦德国、英国和法国的财长和央行行长在美国纽约广场饭店举行会议，达成“一揽子”协议，包括抑制通货膨胀、扩大内需、减少贸易干预等。

〔2〕 日本大藏省是日本自明治维新后直到2000年存在的中央政府财政机关，主管日本财政、金融、税收。2001年1月6日，中央省厅重新编制，大藏省改制为财务省和金融厅。

以上事例是日本借助信息收集、数据分析及政策含义得到的有益反馈，其实也是基于大数据原理，从信息、数据到分析，最后得出结论并应用的过程。日本这种信息获取、数据分析的方法，对我国司法大数据发展实践也有参考价值。例如，司法大数据加工的内容分类、成果载体形式等设计框架；在对某种经济类型、某种社会现象和诉讼的相关影响因素进行分析时，可能要考虑所调查的数据是不是足以支撑分析、影响因素是否周全等。

3.从信息传播到价值转化

有效的信息传播可以引起价值的巨大变化，这突出体现在资本信息与公司价值中。日本在“广场协议”之后曾陷入经济困境，对此有人猜测是美国政府强加影响的结果。也有人认为，美国虽然很强大，但是美国政府不可能动员各州的力量，组织大规模的金融资源、金融企业来破坏日本经济。在资本市场，个人或组织不可能振臂一呼就立马做空任一市场、股票或者货币。但是，在已经做空的情况下，可以通过发布信息赚钱，这在美国和我国香港特区是合法的，只要没有发布内幕信息、恶意散布谣言就不违规。美国有一个著名的案例，一直有争议。有一位对冲基金经理雇人准备做空一只医药股票，因为那只医药股里涉及一款特效药，当时已经到三期临床阶段，如果审批通过，股票就会大涨。于是这个基金经理一直在积累空仓，另外又找人去见评委会中的6个人寻求有用信息。得到一些信息后，基金经理根据自己的判断，发布消息说这款药通过的概率不高，同时加大做空的力度。结果确实有6人投反对票，药物揭盲这关没有通过，股价大跌，基金经理因此赚到了大钱。美国法院最终裁判基金经理利用内幕信息获利。这个案例在美国资本市场一直存有争议，当事人利用信息不对称赚钱，虽然是钻了“空子”，但这个“空子”是法律盲区还是法律禁区，是一个难以确定的问题。更重要的是，这个案例生动地反映了信息与资本的关系，信息传播引起的资本市场波动。

除了上述日本的例子，在前大数据时代，人们已经尝试着手对更大规模的数据进行分析，并从中发现了一定的社会规律。其中，以经济学领域的经济周期研究最为出名，影响也最为深远。例如，俄国经济学家及统计学家尼古拉·康德拉季耶夫（Nikolai D. Kondratiev）基于对英、法、德、美等国的宏观经济时间序列数据研究，发现发达资本主义经济有50年左右的长期波动，并对世界经济作了长阶段划分，由此提出世界闻名的“康德拉季耶夫波动”/“康德拉季耶夫周期”理论。法国经济学家克里门特·朱格拉（Clément Juglar）在研究人口、结婚、出生、死亡等数据统计时开始注意到经济事物存在有规则的波动现象，大概以9~10年为一个周期。这一现象一般称为“朱格拉周期”，也称“朱格拉”中周期。类似的周期理论还有基钦周期、库兹涅兹周期等，这些周期理论均是在对较大规模的数据进行统计分析的基础上得到的社会经济活动规律，其解释并指导了社会生产、投资等一系列经济活动。

综上所述，信息影响价值判断，从信息利用说起，我们能发现一些增进创新探索效果的线索。在人类的生产、生活中，有了联系、有了活动，就产生了众多的信息。这些信息被收集起来，就成为我们可以研究的数据。这些数据被加以分析，就可能会产生对我们有价值的信息。这就是从信息到数据，再到信息的过程。随着数字化时代的到来，这一过程也发生了变化。人类生产生活中的信息不再需要刻意收集，很多时候已经直接数字化了。当这些数字化的信息被聚合在一起，并被加以分析，就形成了我们今天所理解的大数据。在大数据时代，一方面，互联网赋予了社会主体借以表达观点、宣泄情感、发布动态等的文本传播，这些超大规模的话语文本、报告载体及图像资料等不仅高度可及，还因为其充分包含人或组织的认知信息和反映事物的客观属性而具有研究价值。另一方面，除了即时生成的内容，诸如书籍、新闻、文件、报告等存量知识的文本资料也得以电子化的形式被网络载入，尤其对跨时段经济社会秩序和制度研究的素材、视角和领域等十分有益。

(二)大数据的定义与内涵

什么是大数据？至今专业领域并未就其定义形成一致看法。国内有论者认为，大数据是指数据规模巨大，类型多样且信息传播速度快的数据库体系。目前，数据体量的积累已使世界逐渐从小数据时代过渡到大数据时代。[1]也有研究者指出，大数据具备“4V”特征(volume，velocity，variety，value)特征，是关于某一领域(行业)全样本、能够快速流转、多样化且富价值的数据。[2]

从应用上看，大数据本质是一种认识和理解世界的新方法论。有观点认为，大数据是大小超出传统软硬件采集、储存、管理和分析等能力的所有数据集合，它不仅指代“数字”，还统称一切保存在电脑中的信息，包括文本、声音、视频等。大数据的实质是在数据传输、收集、储存的基础上，对数据的分析挖掘，并由此获得凭直觉难以发现的有价值信息，从而揭示数据隐藏的深层规律和趋势性特征，为决策提供参考。[3]传统的数据分析技术主要用来分析稀薄、静态、直白、低关联性的数据集，得出分析结果以检验相关理论的恰当性和真实性。通常，这些数据集经过科学抽样并遵守严格的假设(如独立性、静止性和正态性)，并且在生成和分析过程中要考虑特定问题。近年来，高效率的计算和分析技术的出现，使大数据在“如何应对丰富性、详尽性和多样性、及时性和动态性、混乱性和不确定性以及高度关联性，并且所产生的大部分数据并没有考虑到具体的问题或者是其他活动的副产品”[4]方面表现出较为有效的工具效应，打开了作为一种新方法的发展空间。

---

〔1〕 参见王燃：《以审判为中心的诉讼制度改革：大数据司法路径》，载《暨南学报(哲学社会科学版)》2018年第7期。

〔2〕 参见左卫民：《迈向大数据法律研究》，载《法学研究》2018年第4期。

〔3〕 参见严戈：《人民法院发展“大数据”战略的思考——以司法统计工作为视角》，载《人民法院报》2014年8月6日，第5版。

〔4〕 Kitchin R., *Big Data, New Epistemologies and Paradigm Shifts*, Big Data & Society, April 2014.

大数据方法就是寻求获得"源于数据"的认识和理解世界的洞见。关于大数据与传统数据的区别，有研究者认为，大数据是"大小超出常规的数据集，在数据规模、产生模式、处理对象等方面区别于传统数据"，具有体量大(volume)、速度快(velocity)、模态多(variety)、难辨识(veracity)和价值大密度低(value)"5V"特征。[1]大数据方法植根于有关人工智能、模式识别等技术研究，明显区别传统意义上所谓按照技术知识和数据来选择适当的方法。这些研究可以把数百种不同的算法应用于数据集，以确定最佳或综合的模型或解释；试图让机器学习可以通过计算的、自动的数学方式挖掘和检测，建立预测模型并优化结果等。大数据提供了一种新的知识生产的可能路径。正如托马斯·塞缪尔·库恩(Thomas Sammual Kuhn)指出，范式构成了对世界进行研究和知识综合的公认方式，这种方式在任何一个时间段内都为某一学科的大部分研究者所共有。[2]无论其特征如何演进，大数据的关键内核却不离其宗。即在不同数据信息的交互作用间形成规模效应，最大限度地发掘蕴含在数据背后的附加价值，并通过扩大数据体量引发数据效益的爆发性增长。[3]从一定程度上来说，大数据及其洞见揭示了我们未知的关系和模式。

国外研究也未就大数据的定义形成一致看法。[4]根据牛津词典，大数据指"可以通过计算(分析)来揭示模式、趋势、关联(尤其是涉及人类行为)的超大数据集合"。[5]维基百科对大数据的定义则简单明了：大数据是指利用常用软件工具捕获、管理和处理数据所耗时间超过可容忍时间的

---

〔1〕 参见施珠妹：《智慧法院建设与"大数据"质量》，载《东方论坛》2019年第1期。

〔2〕 参见陈俊：《库恩"范氏"的本质及认识论意蕴》，载《自然辩证法研究》2007年第11期。

〔3〕 参见李奋飞、朱梦妮：《司法责任制改革的司法大数据方略》，载《郑州大学学报(哲学社会科学版)》2018年第1期。

〔4〕 Sharon D. Nelson and John W. Sinek, *Big Data: Big Pain or Big Gain for Lawyers*? [July/ August 2013] 39 Law Practice Magazine, http://www.americanbar.org/publications/law practice-magazine/2013/july-august/hot-buttons.htm.

〔5〕 "Big Data" (Oxford Dictionaries), https://en.oxforddictionaries.com/definition/big-data.

数据集。[1]爱尔兰国立大学罗伯·基钦（Rob Kitchin）基于大量文献将“大数据”描述为具有以下七个特点：体量巨大的数据，至少是TB级或PB级；高速、实时创建的数据；种类繁多的数据，有结构化的数据，也有非结构化的数据；范围详尽，努力捕捉整个人口或系统；精细的分辨度和唯一索引身份；具有关系性，包含共同的字段，使不同的数据集能够结合在一起；灵活，具有扩展性（可以很容易地增加新的字段）和可扩展性（可以迅速扩大规模）的特点。[2]归集到一点，大数据的特点是持续生成（being generated continuously），在范围上力求详尽和细化，在生产上力求灵活和可扩展。产生这种数据的例子包括数字闭路电视、零售业的记录、数字设备（如手机）、数字网络中的交易和互动记录（如电子邮件或网上银行）、网站或应用程序导航的点击流数据记录、嵌入物体或环境的传感器的测量、机器可读物体的扫描（如旅行证或条形码）、社交媒体的发布，等等。

（三）大数据的价值

数字化时代下，思维创新与变革和数据价值的释放密切相关。国际数据公司认为大数据应当具有价值性，大数据的价值往往呈现稀疏性的特点。我们所追求的大数据并不仅局限在数量，还应包括数据质量、数据相关性、数据结构、数据模型等方面。因为我们不只通过数据分析因果关系，更倾向于分析相关性和关联性；不只追求随机抽样，更想要达到样本等于总体的效果；不只追究结论的精确性，更注重混杂性，因为在有限时间里获得事物发展的方向和脉络比追求严密的数据结构和模型重要得多。大数据不寻求从受范围、时间和规模限制的数据集中提取见解，而是提供了处理和分析庞大、动态和多样数据集的逆向思维的解决路径。大数据分析

---

〔1〕 参见孟晓峰、慈祥：《什么是大数据》，载《中国环境报》2014年3月3日，第8版。

〔2〕 参见严戈：《人民法院发展“大数据”战略的思考——以司法统计工作为视角》，载《人民法院报》2014年8月6日，第5版。

使人们能够采用新的方法来生成和分析数据，从而有可能以新的方式提出和回答问题。现实中，往往针对局限于传统分析的痛点、堵点问题，通过开发新形式的数据管理和分析技术，依赖机器学习和新可视化模式，达成柳暗花明之奇效。

数据如何为国家的经济生活赋能？实现经济的盘活和流通，很多时候要解决要素足够自由的问题。数据有助于为要素松绑，让要素到它们该去的地方去，实现足够的自由流动与配置。按照传统的经济学理论，资源的价值包括使用价值和货币价值，只有实现了足够自由，才能在更大限度上实现其价值。亦即要实现资源的价值，就必须让它足够自由。通过这个逻辑或者推理，提高全要素生产率的一大前提是要素的自由流动。过去很少提全要素生产率，一般讲的是生产率，包括投入单位的劳动、成本（生产资料）。如生产草帽，要投入多少稻草，投入多少劳动，最后产出多少个草帽等。通过前后对比发现，科技在生产过程中发挥了重要的作用。什么是科技贡献率？其实就是产出扣除投入之后剩余的部分。实际上，数据占了科技贡献率的重要部分，而数据在全要素生产率当中所占的比重将不断提高。在当前的社会生产生活中，人们有意无意都在提升以数据为核心的全要素生产率。可以说，数据作为生产要素能助力其他要素资源的足够自由流动，助力资源配置的效率实现质的提升。

数据与货币不同。在信用货币时代，货币的本质是信用关系，提供适配的信用载体后就是财富创造，要想创造出更多的财富，自然就有边际投入和边际产出问题。西方国家讲的边际投入和边际产出，涉及不同行业、不同产业，属于市场经济条件下财富创造的通行模式，具有一般性规律特征。除非专门的创新探索，一般情况下数据的生产、应用的边际成本基本为0，拷贝一下就行。数据应用中任何的产出都可以理解为边际产出的无穷大。这条规律会带来全新的财富增加路径和颠覆性的产出模式，也可能导致传统经济学上的一个假设被推翻，即过去常说，商品是稀缺的，货币是稀缺的，产品是稀缺的，资源是稀缺的。而数据作为资源，一个重要特点是可以反复使用而没有损耗，因而即使稀缺也是有条件的，在一定条件下并非稀缺。数据的应用、复制以及在不同领域的流动，是成本接近0或者没有成本的。

需要找到数据应用与数据安全之间的适度挖掘利用空间和边界。数据作为工具，是服务于大目标还是小目标？例如，如何理解《网络安全法》《数据安全法》《个人信息保护法》等系列关于数据的相关法律？对于数据来说，要考虑大目标，是否有利于社会的发展，是否有利于资源要素的自由流动。要考虑数据的应用，还要考虑数据的管理和安全。大的目标是国家层面，小的目标是单位以及个体。如何协调大目标与小目标？要做好制度的衔接与配套，避免出现冲突与打架现象。

数据分析技术与数据本身同样重要，但最终要靠数据驱动。基于认识论的不同，大数据有两条不同的方法路径。一种是基于经验的认识论，可以不受理论的局限，就已有经验范围推进数据不同的应用领域和方向。另一种是基于数据驱动的科学，通过融合、归纳和演绎的各个方面进行科学的数据挖掘。鉴于经验的有限累积，数据驱动的方法具备更大的发展空间和潜力。在经济社会数字化加速深化的大背景下，随着大数据的普及和新数据分析技术的发展，数据驱动的科学对于既定的知识驱动的科学方法将更具比较优势。百度CEO李彦宏在2014年百度联盟峰会上首次提出要收集"新数据""找到有价值的信息，而不是看收集了多少信息"，强调要通过企业级软件和人工智能实现数据价值的最大化。[1]而企业级软件的设计和人工智能的实现都需要相关技术的突破。因此，技术对于大数据价值的释放举足轻重。

---

〔1〕 参见刘夏：《李彦宏阐述大数据"新思维"》，载新京报，http://www.rmzxb.com.cn/c/2014-05-30/332986.shtml。

大数据给社会带来的巨大益处是不言而喻的。因为大数据已经成为解决紧迫性世界问题，提高执政能力和发展经济、改善民生的一个有力工具，如抑制全球变暖、控制疾病传播（全球抗疫）等。但大数据时代也向我们提出挑战，如数据集成、数据分析、数据隐私、数据能耗、数据协同、数据管理、数据立法等。我们需要做好充足的准备，迎接大数据技术给我们所带来的改变。

（四）大数据开启了新时代的法治新蓝海

第三次技术革命是人类文明史上继蒸汽技术革命和电力技术革命之后科技领域的又一次重大飞跃，涉及信息技术、新能源技术、新材料技术、生物技术、空间技术和海洋技术等诸多领域。数据化将社会行动转变为在线量化的数据，从而允许实时跟踪和预测分析。如维克托·迈尔-舍恩伯格和肯尼恩·库克耶（Kenneth Cukier）认为，每个单一的数据集都可能有一些内在的、隐藏的、尚未被挖掘出来的价值，而公司正在参与一场竞赛，以发现如何捕捉和评价这种价值。企业和政府机构通过社交媒体和通信平台，如Facebook、Twitter、LinkedIn、Tumblr、iTunes、Skype、WhatsApp、YouTube以及gmail和hotmail等免费电子邮件服务，挖掘成倍增长的元数据，以追踪人类行为信息，“从电话披露的关系到推特表露的情感，今时今日的我们可以收集以前无法收集的信息”。[1]纵观近现代以来的历次科技革命，中国均是学习者。而在第三次技术革命的浪潮中，中国与世界的距离最小，特别是在大数据、云计算、互联网及移动互联网等诸多领域，中国主动变革、积极拥抱科技革命，在部分领域和方向已经具有较多创新与领先的探索和积累。

---

〔1〕 van Dijck, José, Datafication, Dataism and Dataveillance: Big Data between Scientific Paradigm and Ideology, Surveillance & Society 2014, 12(2): 197–208.

1.大数据成为国家战略布局的重要构成部分

随着数字化经济社会的发展，大数据正深刻影响及改变着经济社会活动的方方面面。习近平总书记多次强调“面对信息化潮流，只有积极抢占制高点，才能赢得发展先机”“要运用大数据促进保障和改善民生”“要运用大数据提升国家治理现代化水平”。〔1〕

中国大数据发展虽然起步较晚，但发展速度快。2014年，“大数据”首次写入我国《政府工作报告》，上升为国家战略。2015年8月，国务院印发《促进大数据发展行动纲要》指出：“全面推进我国大数据发展和应用，加快建设数据强国。”〔2〕《促进大数据发展行动纲要》的发布，为我国大数据发展作出顶层设计与总体部署，大数据与各领域融合迎来蓬勃发展。

《促进大数据发展行动纲要》要求加快政府信息平台整合，消除信息孤岛，推进数据资源向社会开放，增强政府公信力，引导社会发展，服务公众企业；要求着力推进数据汇集和发掘，深化大数据在各行业创新应用，促进大数据产业健康发展；要求将大数据作为提升政府治理能力的重要手段，通过高效采集、有效整合、深化应用政府数据和社会数据，提升政府决策和风险防范水平，提高社会治理的精准性和有效性，打造精准治理、多方协作的社会治理新模式。

2017年7月，国务院印发《新一代人工智能发展规划》，要求深入实施创新驱动发展战略，以加快人工智能与经济、社会、国防深度融合为主线，以提升新一代人工智能科技创新能力为主攻方向，发展智能经济，建设智能社会。2017年10月，习近平总书记在党的十九大报告中指出，加强社会治理制度建设，完善党委领导、政府负责、社会协同、公众参与、法治保障

〔1〕 习近平：《实施国家大数据战略加快建设数字中国》，载新华网2017年12月9日，http://www.xinhuanet.com/politics/2017-12/09/c_1122084706.htm。

〔2〕 参见《国务院关于印发促进大数据发展行动纲要的通知》，载中央人民政府网，http://www.gov.cn/zhengce/content/2015-09/05/content_10137.htm。

的社会治理体制，提高社会治理社会化、法治化、智能化、专业化水平。[1]

2019年1月，在中央政法工作会议上，习近平总书记再次强调，推动大数据、人工智能等科技创新成果同司法工作深度融合，“要深化公共法律服务体系建设，加快整合律师、公证、司法鉴定、仲裁、司法所、人民调解等法律服务资源，尽快建成覆盖全业务、全时空的法律服务网络”。[2]习近平总书记的重要论述为新时代加强司法与大数据的融合应用指明了方向、明确了目标，极大地加快了大数据在各领域的应用速度。

据《2021中国大数据产业发展白皮书》统计，2020年中国大数据产业规模达6388亿元，预计2023年将超过10000亿元。[3]而据中国信息通信研究院、中商产业研究院整理的数据显示，2021年大数据产业规模已达1.23万亿元，预计2022年中国大数据产业规模将达1.42万亿元。[4]从以上数据统计来看，大数据的发展迅猛速度超过预期。

随着我国大力发展数字经济，推进“数字中国”建设，大数据发展也经历了从软件行业到科学研究、从商业应用到社会生活、从国家战略到数据主权的动态发展阶段，大数据产业将迎来高速发展期。

2.大数据技术有望加速司法智能化建设进程

大数据的产生以数据采集技术的发展，尤其是互联网技术的创新为前提。我们日常接触最多的大数据的代表，无论是脸书、推特、微博等社交网络的大数据，还是谷歌和百度等搜索引擎的大数据，再或是优步和淘宝等网络商业平台的大数据，抑或阿里巴巴的支付宝和腾讯的财付通等互联网金融平台的大数据，都是以互联网的技术创新和普及应用为基础的。抛

[1] 参见《习近平谈治国理政》(第3卷)，外文出版社2020年版，第38页。

[2] 参见《习近平谈治国理政》(第3卷)，外文出版社2020年版，第354页。

[3] 参见《2021中国大数据产业发展白皮书》，载先导研报网2022年7月20日，https://www.xdyanbao.com/doc/827j5wtulp?bd_vid=7724654245515972281。

[4] 参见《年度总结：2021年中国大数据市场回顾及2022年发展趋势预测分析》，载网易网2022年2月11日，https://www.163.com/dy/article/GVU55F4P051481OF.html。

开所谓的“4V”或是“5V”特征的说法，大数据的特征无外乎是数据量特别大（全数据）以及数据的获取和处理速度特别快（现时数据）。[1]

（1）大数据技术发展为司法信息化建设和智能法治奠定基础。全球范围内，运用大数据推动经济发展、完善社会治理、提升政府服务和监管能力正成为趋势。有关发达国家将大数据作为打造未来核心竞争力的重要抓手，相继制定实施大数据战略性文件，大力推动大数据发展和应用。例如，美国将大数据视为强化美国竞争力的关键因素之一，把大数据研究和生产计划提升到国家战略层面，并大力发展相关信息网络安全项目。欧盟“数字主权”战略在逐步建立，2020年7月，欧洲对外关系委员会（ECFR）发布《欧洲的数字主权：中美对抗背景下从规则制定者到超级大国》报告，披露了清晰的战略意图和具体措施。欧盟“数字主权”涉及大数据、人工智能、5G、物联网以及云计算等内容，而核心是基于安全风险考量的数据主权。英国积极推动数据公开，促进大数据技术从科研向应用领域转化，在资金和政策上大力支持大数据在医疗、农业、商业、学术研究领域的发展。法国通过发展创新型解决方案，将大数据用于实践来促进法国在大数据领域的发展。日本以发展开放公共数据和大数据为核心，以务实的应用开发为主，提出2013–2020年以发展开放公共数据和大数据为核心的日本新IT国家战略，要把日本建设成为一个具有“世界最高水准的广泛运用信息产业技术的社会”。韩国加强基础设施建设，提出“智慧首尔2015”计划，公共数据已成为具有社会和经济价值的重要国家资产。[2]2016年，首尔又发布“全球数字首尔2020”计划，进一步完善智慧城市发展路线图。可见，大数据已成为发达国家重要的基础性资源，是提升国家治理能力现代化的重要工具。

数据常被视为新的战略资源，犹如“21世纪的石油”，但这一比喻仍没

---

〔1〕 参见汪毅霖：《大数据时代的经济计算》，载《读书》2017年第5期。

〔2〕 参见《世界主要国家的大数据战略和行动》，载《中国信息安全》2015年第5期。

有充分凸显数据的重要性和特殊性。数据与石油不同，也与土地和其他生产要素完全不同。数据的真正价值不在于数据本身，而在于依靠大数据技术对数据的挖掘和利用。数据的应用还可以产生新的数据，数据的复制边际成本几乎为零。在大数据技术与平台方面，目前的主要技术体制、标准和平台多由国外的技术联盟和大型公司控制。随着移动互联网的发展，每个使用智能设备的人都在不停地生产数据，这些数据通常被大型科技公司收集、占用和使用。即便是由政府公共部门掌握的大量数据，要想真正发挥出数据的价值，也需要开放给那些拥有大数据技术和应用场景的大型科技公司使用。大数据典型技术主要包括分布式存储和计算技术、大数据挖掘分析技术、数据采集与共享交换技术等。在分布式存储和计算技术方面，谷歌等公司提出的文件系统（GFS）以及随后的Hadoop的分布式文件系统（Hadoop Distributed File System，HDFS）奠定了大数据存储技术的基础。在大数据挖掘分析技术方面，美国将数据融合技术列为重点研发的关键技术计划之一，投入了大量的人力和物力进行理论研究和应用开发。随着大数据的兴起，谷歌、脸书、IBM等纷纷基于自身技术基础以及Hadoop、Spark平台，研发了大数据分析处理平台发行版。随着VR/AR技术发展，大数据可视化技术朝着可沉浸式、高逼真体验、高互动的方向发展。在数据采集与共享交换技术方面，21世纪初兴起的数据仓库技术实现面向主题的、集成的、稳定的、随时间而变化的数据采集汇聚，用以支持管理应用中的决策处理。此外，在数据共享与开放方面，国内外重点关注的是异构数据组织管理、跨域共享开放等方面。可以说，大数据是互联网发展到当前阶段的一种表现或特征，大数据处理分析正在成为数字经济时代数字应用融合应用的核心，而从“业务驱动”向“数据驱动”转变的关键是找到适合的场景。

大数据技术蓬勃发展，使法治重塑数字经济治理路径成为可能。目前，各国主要通过推进数据标准规范建设，逐步建立了各类数据共享与开放平台，通过推动法律条文、案件、判决文书等数据的汇聚、整合和管理，为提高司法审判和管理水平提供支撑。互联网、大数据、云计算、人工智能、区块链等技术加速创新，数字经济快速发展，推动生产、生活和治理方式发生深刻变革。司法大数据有助于构建契合创新规律和创新需求的法治方案，维护公平竞争和开放有序的法治环境，加快形成数智赋能和精准高效的法治能力。

（2）人工智能技术使司法智能化全面建设成为可能。司法大数据就是要实现技术与法律的适度融合，根本目的是提高司法审判效率。经过60多年的演进，特别是在移动互联网、大数据、超级计算、传感网、脑科学等新理论、新技术以及经济社会发展强烈需求的共同驱动下，人工智能加速发展，呈现深度学习、跨界融合、人机协同、群智开放、自主操控等新特征。大数据驱动知识学习、跨媒体协同处理、人机协同增强智能、群体集成智能、自主智能系统成为人工智能的发展重点。受脑科学研究成果启发的类脑智能蓄势待发，芯片化硬件化平台化趋势更加明显，人工智能发展进入新阶段。当前，新一代人工智能相关学科发展、理论建模、技术创新、软硬件升级等整体推进，正在引发链式突破，推动经济社会各领域从数字化、网络化向智能化加速跃升。国内外已有实践表明，部分领域人工智能技术方案和算法在解决诸如案例分析、法律文件阅读与分析等问题方面较传统手段表现出明显优势，人工智能与司法的适度结合使司法人员的办案效率得以提升的同时能够兼顾司法公平公正。

当前，人工智能虽然在感知计算方面发展日益成熟并表现出巨大优势，但在相关语言理解分析、作出具体认知判断方面还存在明显不足。因此，对于相关的法律语言的认知与学习制约着人工智能在司法领域应用的广度和深度。我国发展人工智能具有良好基础。国家部署了智能制造等国家重点研发计划重点专项，国家发展和改革委员会等四部门印发实施《“互联网+”人工智能三年行动实施方案》，从科技研发、应用推广和产业发展等方面提出一系列措施。经过多年的持续积累，我国在人工智能领域取得重要进展，国际科技论文发表量和发明专利授权量已居世界第二位，部分领域核心关键技术实现重要突破。语音识别、视觉识别技术世界领先，自适应自主学习、直觉感知、综合推理、混合智能和群体智能等初步具备跨越发展的能力，中文信息处理、智能监控、生物特征识别逐步进入实际应用。〔1〕人工智能让机器实现人的感知与认知能力，作出达到或者超越人工的决策和判断，这对于解决司法领域诸如“案多人少”的矛盾、司法的效率和公正力提升等痛点堵点尤为重要。在理想状态下，人工智能基于客观事实对法律进行正确的理解和运用，作出公平公正的司法决策。通过人工智能使司法活动稳定、准确、高效，这是趋近人工智能最终独立办案的美好愿景。可以预见相当长一段时期内，人工智能系统都会参与辅助性司法活动中，包括简单的数据搜集整理、复杂的法律逻辑判断、体系化法律规则适用。人工智能的运用能够极大地减少人力的重复性运用，减少人为因素对司法公正的干预，充分利用机器及技术的高效率避免简单的重复性劳动占用司法资源，极大地提高司法活动的效率。

（3）区块链技术的迅速发展使在线运行司法活动变得更加可信。区块链技术自2009年诞生至今，短短十几年取得了长足的发展，在金融、供应链、物联网、知识产权保护、房地产、奢侈品以及食品、药品追溯等行业领域小试牛刀。从区块链平台的发展来看，目前已经有比特币、以太坊、EOS、HyperLedger等多个公共区块链开发与应用平台，它们为快速开发与部署区块链提供了方便与快捷的基础。在以太坊应用平台上，2019年已经具有2667个应用，部署的智能合约数量超过4200个，每日活跃用户超过2.7万，已经构筑了一个强大的区块链分布式应用生态体系。〔2〕仅过去3年，

〔1〕 参见《工信部：突破人工智能核心技术，加快关键共性技术研发》，载环球网2018年6月26日，https://baijiahao.baidu.com/s?id=1604309538637177890&wfr=spider&for=pc。

〔2〕 参见陈鹏：《区块链技术发展现状及面临的挑战》，载《理论导报》2019年第10期。

Dune Analytics数据显示，以太坊链上智能合约数量已突破5000万个，以太坊链上地址数量为2.12亿，交易数量达到16.7亿笔。此外，还有不少研究人员正在基于区块链探索未来网络基础设施的架构。通过区块链技术，未来可构建网络中人、设备、服务的统一身份认证和管理，实现人与机器、机器与机器之间的可信通信，以及基于智能合约的多智能体实时交易，这些将成为融合互联网、工业互联网乃至卫星通信网络的下一代未来网络的核心与关键。

虽然区块链技术目前在可扩展性与性能、法律法规与监管方面还面临一系列的挑战，但可以想象，未来区块链的发展带来一个构建在区块链上的智能化政务系统，它可以承载存储公民身份信息、收入信息、购物信息、分配社会资源、涉诉信息等数据。在这个系统中，诸如房产地契、注册企业、结婚登记、健康档案管理等与公民相关的信息得以妥善保存和处理。例如，一个婴儿的出生后，医生将孩子的出生年月等信息上传至区块链公民电子身份系统，系统确认孩子的信息后，将分配给孩子一个ID，该ID得到政府相关部门的确认后，相关电子身份信息便将伴随孩子的一生——这个孩子的学籍、健康、财产、工作、信用等信息都将与该ID挂钩，存储在区块链上。当他离世时，有关他的遗嘱合约将被触发，相关财产分配给他的继承人，在系统上有关他的信息链将不再新增信息。[1]这是我们所能想到的未来区块链技术应用距离我们生活比较近的情境，当然区块链的作用和意义远不止此。在司法活动中，区块链技术可以提高法官在对事实与法律规则进行比较、分析、解释、加工过程的效率。尤其是在完善的数据库、成熟的法律语言学习技能的基础上，将大大提高法官对类案进行司法裁判的效率和公平公正的判断能力。

---

〔1〕 参见《区块链的发展历史》，载百度网2021年7月28日，https://baijiahao.baidu.com/s?id=1706511957754201430&wfr=spider&for=pc。

二、司法大数据

（一）司法大数据的定义

司法大数据代表着司法领域一种认识论正在向新范式过渡。在实践中，司法与大数据技术的结合为我国司法审判领域注入了前所未有的创新活力，也给司法裁判活动、司法伦理观念等带来深刻的冲击与挑战。国内关于司法大数据的概念，目前学界没有达成共识。有研究者从司法统计的角度认为，“全国3500多个法院60多年审判的案件所形成的数据就是司法大数据”。〔1〕有研究者基于对大数据概念的借鉴角度，认为司法大数据“是指应用新的处理模式，快速对司法相关信息进行捕捉、管理、处理而形成的，具有全面、准确、前瞻、科学的分析判断能力、洞察优化能力的数据集合”。〔2〕

有学者认为，司法大数据是司法活动与大数据科技的结合，是将数据收集、储存之后运用在司法领域的一种数据科技。这一结合过程可描述为：司法借助大数据完成既定程序，以公开的裁判结果作为数据基础和来源，借助大数据的全套指数系统，对全部数据进行分析，推动案件审理、执行并以此推动司法管理方式的转变，让数据服务于司法智能化建设。〔3〕也有学者认为，“司法大数据系指由司法机关内外快速产生和流转的案件、数据、视频、音频等多样数据类型组成的，超越常规提取、储存和分析能力且能够分析和预测未来的海量数据”。〔4〕还有学者认为，作为大数据在司法

---

〔1〕 严戈：《人民法院发展“大数据”战略的思考——以司法统计工作为视角》，载《人民法院报》2014年8月6日，第5版。

〔2〕 王淑媛：《司法数据应用研究——以××省法院司法数据应用为研究样本》，吉林大学2016年硕士学位论文，第5页。

〔3〕 参见王佳云：《司法大数据与司法公正的实现》，载《吉首大学学报（社会科学版）》2020年第2期。

〔4〕 张嘉军：《司法大数据的价值功能、应用现状及其应对》，载《郑州大学学报（哲学社会科学版）》2018年第1期。

领域的一个子集，司法大数据是指全面反映司法机关以及工作人员依照法定职权和法定程序，依法处理案件过程中所体现的案件相关人、事、物的数量特征、时空分布特征，以及变化过程的海量、多源的异构数据。[1]

有论者指出司法大数据的来源主要有三：一是法律文书，即依法制作、程式规范、内容法定的各式文件，如裁判文书；二是案件自然文本，即诉讼过程中形成的、未经任何处理加工、保留“原汁原味”样态的各种材料，如同步录音录像；三是社会上的各类数据库，包括政府数据库和企业数据库，其同样能够为办案提供用于调查核实的大量数据信息。[2]

国外有观点认为，大数据（big data）指的是开放数据、专有数据和商业购买数据等多种不同来源的数据合集。司法大数据（judicial big data）则是统计数据、商业软件连接记录（应用日志）、法院裁判数据等的合集。[3]一般可以理解为Court Data、Court Case Data、Judicial Data，特指法院系统的数据，具体是那些录入案件管理系统，由法院或书记员收集、接收或管理的涉及案件处理的相关信息，既包括公开信息，也包括保密信息。[4]

综上，关于司法大数据的概念主要从以下三个视角或维度进行定义描述：(1)来源和面向对象；(2)技术、工具和方法；(3)自身属性。上述定义各自有一定合理性和现实操作性，为研究提供了多维视角，但在诸如司法大数据的特殊性及其内涵和外延等方面需要更为全面、清晰、准确的界定。司法大数据不能简单地理解为“司法+大数据”或“平台+智能”，对我国司法大数据（这里特指人民法院所产生的数据）的理解应结合人民法院信息

〔1〕 参见李代超、吴升：《面向不同主题的犯罪大数据可视分析》，载《地球信息科学学报》2014年第5期。

〔2〕 参见李奋飞、朱梦妮：《司法责任制改革的司法大数据方略》，载《郑州大学学报（哲学社会科学版）》2018年第1期。

〔3〕 European Commission for the Efficiency of Justice (CEPEJ), European ethical Charter on the use of Artificial Intelligence in judicial systems and their environment.

〔4〕 Conference of State Court Administrators, 2019 Policy Paper Court Data: Open, With Care.

化3.0版/4.0版、智慧法院〔1〕等相关概念，特别应强调司法数据的应用发展过程以及通过数据应用所产生的智能、智慧等。

基于以上认识，笔者曾对面向法院的司法大数据下过定义，即全国3500多家法院、1万多个人民法庭在司法工作中形成的审判流程、执行信息、法律文书、庭审活动信息、司法政务、司法人事、外部协查等数据的总和及其关联关系。〔2〕这也是本书所讨论的司法大数据的范畴，这些数据既包括案件基本情况等结构化信息，也包括文书等半结构化数据，还包括庭审活动、录音录像等非结构化数据。人民法院将这些数据以信息化的方式进行存储和一体化管理，进行数据质量校验和控制，挖掘案件、人员、财物、外部信息等数据之间的关联关系，探索蕴藏其中的司法活动特征及其对经济社会秩序的影响。因此，司法大数据的定义既包括自身属性的数据源、数据内容等，也包括数据之间的关联关系及影响。司法大数据与其他诸如银行、社保等大数据不同，不能片面理解其是大数据的子集。司法大数据是司法活动的数字化呈现，是经济社会运行过程中矛盾纠纷到一定阶段的产物，是各种数据交织在一起的司法判断的体现。因此，它不同于户籍、社保、银行等大数据。同时，为了便于讨论司法大数据提前参与社会治理“治未病”的逻辑关系，本书在第七章第四部分引出了前司法大数据（Pre-judicial big data）的概念，这类数据并未完全存在于司法大数据中，而是关于经济社会发展中的矛盾、热点，用司法大数据可以提前研究和预警，争取避免矛盾扩大或进入司法程序；同时，这类数据极可能最终成为司法大数据。为此，我们称之为前司法大数据。

---

〔1〕 智慧法院是依托现代人工智能，围绕司法为民、公正司法，坚持司法规律、体制改革与技术变革相融合，以高度信息化方式支持司法审判、诉讼服务和司法管理，实现全业务网上办理、全流程依法公开、全方位智能服务的人民法院组织、建设、运行和管理形态。载百度百科，https://baike.baidu.com/item/%E6%99%BA%E6%85%A7%E6%B3%95%E9%99%A2/20829875?fr=aladdin。

〔2〕 参见孙晓勇：《司法大数据在中国法院的应用与前景展望》，载《中国法学》2021年第4期。

（二）司法大数据的特征与价值

1.司法大数据的特征

具体应用领域的司法大数据的专有特征较为明显。从数据来源看，汇聚来自全国法院的全量司法数据；从数据规模看，司法大数据与大数据其他应用领域如电商、社交等的数据规模相比明显偏小；从数据价值看，典型个案的单体价值可能远高于普通海量裁判文书的参考和适用整体价值，等等。进一步来说，多个相关研究从不同角度对司法大数据特征进行了拓展与提炼。有论者认为，司法大数据的特征主要体现在五个方面：客观性、完整性、开放性、及时性、共享性。[1]有论者认为，司法数据的基本特征为：司法数据是在司法活动中依法采集的数据；范围大，且收集时无须被收集人同意；其敏感性、保密性和隐私性更强。[2]也有论者认为，司法数据的基本特征为：类型具有多样性；产生的快速性与数量的海量性；外联性；具有预测性。[3]

有论者从大数据的特征入手，认为对于司法大数据来说，这些属性是完全相同的。《大数据时代》一书中指出，大数据具有“3V”的特点：volume（大量）、velocity（高速）、variety（多样）。另外，IBM 公司的专家又增加了两个“V”，即value（价值）、veracity（真实性）。[4]也有论者认为，司法大数据具有长时序、多维度、多源异构的特征，亦延续了大数据的逻辑，在类型、思维方式、运行上具备大数据的“5V”特征和经济学意义。但是，司法大数据又具备其特性，它是以司法领域为核心的数据集，是各项司法

〔1〕 参见程晨：《司法领域大数据技术相关问题探究》，载《山西省政法管理干部学院学报》2020年第2期。

〔2〕 参见杨建军：《司法数据公开及其程序规制》，载《广东社会科学》2019年第6期。

〔3〕 参见张嘉军：《司法大数据的价值功能、应用现状及其应对》，载《郑州大学学报（哲学社会科学版）》2018年第1期。

〔4〕 参见蒋惠岭：《司法大数据能为我们带来什么》，载《人民论坛》2017年第36期。

工作数据的总和。[1]也有观点指出，由于对司法大数据的领域本体论反思还较为缺乏，因此学界一般认为，司法大数据就是在法律领域中使用的具备“4V ”特征的数据集。实际上，“4V”特征并不完全适用于法律领域。法律领域的特殊性决定了司法大数据除部分具有通用大数据的“4V”特征外，还具备从属于法律领域的“3A”特征：适配性（adaptability）、正确性（accuracy）、易变性（astability）。[2]

通过以上理论观点的研究分析，结合司法实务，笔者认为，司法大数据具备真实性、多样性、关联性、开放性和可追溯性等几个显著特征：

（1）真实性。司法大数据所涵盖数据均来自法律实践中真实的案件，每个案件都是社会中真实发生且经过法院判决的事实活动，都有对应人和事以及审判结果，因此具有不容置疑的真实特性。

（2）多样性。司法大数据类型多样，有语音、文字、视频、图片、文档等。文档主要是法律文书，法律文书类型多样且具有固定格式，有几百种制式文书样式。

（3）关联性。司法大数据产生于立案、审理、裁判、执行、结案等审判流程的各个环节，各环节之间相互关联，必要的法律程序缺一不可。同时，一个案件中还有原告、被告、主审法官、律师等人物关系的关联。

（4）开放性。人民法院通过审判流程、裁判文书、庭审视频、执行信息四大公开网进行司法公开。当前，中国裁判文书网已公开裁判文书1.41亿多件，庭审直播案件超过2191余万件。随着公开总量的持续加大，司法大数据已具备了明显的开放性特征。

（5）可追溯性。每个司法数据都可以追溯它的前审后续，司法大数据中的每个案件都有其法律规定的诉讼程序，结案后的每个数据依然可以通过各类文书数据进行追溯。

---

〔1〕 参见单勇、阮丹微：《司法大数据的现状、挑战及应用改进》，载《净月学刊》2018年第3期。
〔2〕 参见王禄生：《论法律大数据“领域理论”的构建》，载《中国法学》2020年第2期。

2.司法大数据的价值

我国司法大数据在人民法院系统应用得到长足发展，为我国司法体制改革注入了数据驱动的创新活力，一定程度体现了司法大数据的重要实践价值和提升过程。司法数据资源的汇聚整合，使多样化的司法大数据分析与挖掘成为可能，推动了大数据技术在司法领域的深度应用，产生了辅助审判决策系统、辅助审判支持系统、辅助案件管理系统等应用，实现了智慧审判、智慧管理、智慧执行等业务功能，形成服务审判执行、服务监督管理和服务司法公开的司法大数据应用格局。〔1〕相关研究分别从以下几个维度对司法大数据价值进行了提炼与阐释：(1)司法大数据技术工具视角；(2)司法大数据与人工智能应用边界；(3)大数据分析技术发展的阶段性和复杂性局限性；(4)大数据技术与辅助司法审判需求的适配性等。有观点认为，司法大数据不仅可以成为法官公正司法的“校准器”，还可以成为观察经济发展的“晴雨表”，成为推动社会治理的“方向标”，成为人民群众规范行为的“指南针”。〔2〕还有观点指出，不断发展深化的司法大数据应用实践，俨然已成为促进司法系统智慧化的推动力，对于我国司法质效、司法管理及司法治理水平的全面提升有重要意义，甚至成为助推整个社会发展的关键力量之一。〔3〕加强司法大数据的分析和运用，可以实现透明便民的公众服务、公正高效的审判执行、全面科学的司法管理。〔4〕

司法大数据的突出作用在于通过对司法结果进行统一化数据存储与管理，为后续法官审理案件提供数据佐证支持，从而使司法程序更加科学公正。〔5〕司法大数据的广泛应用对于审判管理的影响是深刻的，其不仅能

〔1〕 参见蔡立东、郝乐：《司法大数据辅助审判应用限度研究》，载《浙江社会科学》2022年第6期。

〔2〕 参见倪寿明：《充分挖掘司法大数据的超凡价值》，载《人民司法（应用）》2017年第19期。

〔3〕 参见薛杉：《我国司法大数据应用现状观察报告：成就与挑战》，载《广播电视大学学报（哲学社会科学版）》2019年第3期。

〔4〕 参见蒋惠岭：《司法大数据能为我们带来什么》，载《人民论坛》2017年第36期。

〔5〕 参见王佳云：《司法大数据与司法公正的实现》，载《吉首大学学报（社会科学版）》2020年第2期。

够辅助司法判决，助力司法管理，还能够化解矛盾纠纷，服务社会管理。[1]大数据给司法改革带来的影响是巨大的，其中最重要的价值体现在司法公开和司法公正上。[2]司法大数据的开放与共享具有提高司法质效、促进司法公正、深化司法改革、推动法律实施、参与社会治理五大功能。[3]

2020年12月，时任最高人民法院院长周强指出，智慧法院建设要服务人民群众、服务审判执行、服务司法管理、服务廉洁司法、服务社会治理。[4]这可以理解为最高人民法院对智慧法院建设的价值定位。这“五个服务”，为制定司法大数据辅助审判应用规范、大数据在司法审判中的深入融合应用等提供有效指引，更是完善了司法大数据辅助审判应用的方向性框架。结合以上理论观点的描述，笔者认为，司法大数据的价值定位主要表现在以下几个方面：

（1）服务于人民群众。这一价值主要体现在诉讼服务和司法公开两个方面。在诉讼服务方面，利用司法大数据为诉讼参与人提供诉讼风险分析、诉讼结果预判、诉前调解建议等服务，引导当事人选择更为经济的纠纷解决方式，有效促进矛盾纠纷多元化解与诉源治理。在司法公开方面，将司法数据公之于众，裁判过程、裁判结果全部都对外公开，既可以让诉讼参与人及时了解案件进展，又可以接受人民群众的监督。

（2）服务于审判执行。司法大数据主要是在审判执行过程中产生的，当其积累到一定量级的时候，这些数据又可以反映一定的司法规律，而这些司法规律是反哺司法实践的理论基础。在审判方面，可以通过文书辅助生成、类案智能推送、文书智能纠错等提升审判效率；在执行方面，可以通

---

〔1〕 参见刘雁鹏：《司法大数据建设的现状、困境与对策》，载《中国社会科学院研究生院学报》2019年第5期。

〔2〕 参见莫纪宏：《大数据下的司法公正与风险》，载《人民法治》2018年第2期。

〔3〕 参见何盼盼：《司法大数据的开放与共享》，载《学术探索》2017年第2期。

〔4〕 周强：《认真学习贯彻习近平法治思想　全面深化智慧法院建设》，载中国法院网2020年12月3日，https://www.chinacourt.org/article/detail/2020/12/id/5643536.shtml。

过数据关联进行在线执行流程管控、在线财产查控、在线信用惩戒等，大幅提升执行效率。

（3）服务于司法管理。司法大数据为司法管理或者司法改革提供科学的方法论，助推管理变革。司法大数据的应用可以有效地提升审判管理质效，通过线上作业可以构建扁平化的审判管理体系，推动程序管理向实体监管转变。特别是在法官员额制改革之后，让审理者裁判，由裁判者负责。法官自身缺乏制度的约束，但通过网上留痕、大数据预判纠错，可以大大降低法官犯错误的概率。

（4）服务于社会治理。在大数据之前，社会治理通常依靠实地调研、主观判断、经验积累等模糊治理；有了大数据，社会治理正向着精准预测、智能决策的精准治理迈进。司法大数据的数据源于民事纠纷、经济纠纷、刑事犯罪、行政行为的这一属性，决定了司法大数据在客观上可以反映社会治理中的某些规律，而这些规律恰好可以用来反哺社会治理。

（5）服务于经济社会。自然人、公司企业在经济生活中，如果涉及诉讼或者多次涉及诉讼，又或者成为失信被执行人、限高人员等，这些都可以呈现一个人的涉诉画像，而这些画像恰恰来自司法大数据。对于银行、证券、保险、信托、基金等金融机构来说，这些画像是对一个潜在客户的重要考量，从而可以最大限度规避金融风险，维护良性经济秩序。

（三）司法大数据的分类

从数据的面向对象看，司法大数据可分为面向内部的全量数据仓库和面向外部的较全量、可公开信息形成的数据仓库。内部全量数据是以最高人民法院的全国大数据平台以及各高级人民法院和有条件的中级人民法院的大数据分平台为基础的海量数据，主要为内部司法人员提供大数据分析类服务。外部较全量数据是以中国裁判文书网、中国庭审公开网、中国执行信息公开网和中国司法案例网等为基础的全国法院可公开的案件数据，是社会公众了解相关信息以及研究人员进行司法大数据研究较为全量的数据仓库。外部数据仓库是内部数据仓库的子集，这两类数据均具有数据量大、种类多、实时性强、价值大等基本特征。

从数据的来源看，司法大数据主要包括以下几类：一是审判流程类数据，是法院审判案件过程中每一个节点产生的结构化信息，如立案时产生的案号、案由、原被告信息等。二是执行信息类数据，是法院在执行办案各环节中所产生的结构化信息或公开信息，如案件基本信息、失信被执行人、限制消费人员、财产处置信息等。三是法律文书，是法院审理案件过程中根据司法程序依法接收或产生的各类文书，此为半结构化或非结构化数据，如起诉书、应诉通知书、开庭公告、庭审笔录、裁判文书等。这里极具研究价值的是裁判文书，它记载了案件的审理过程和结果，是诉讼活动过程和结果的载体，是事实认定和法律适用的集中体现，也是人民法院确定和分配当事人实体权利义务的唯一有效法律凭证。四是庭审活动信息类数据，是法院开庭审理案件过程中产生的用以记录庭审活动的数据，如庭审音视频信息、庭审笔录等。五是司法政务人事类信息，包括法院组织架构、人员信息、司法行政装备、工作动态、内部文件运转、司法统计等，是人民法院进行政务公开的重要内容。六是外部协查类数据，是法院审理案件过程中依靠外界提供的数据信息，如执行查控中当事人的存款、不动产、金融理财产品、船舶、车辆、证券、网络资金等信息，文书送达中根据身份信息从电信部门获取的电话信息及公安人口库信息等。这类数据一个共同点就是法院不进行本地存储，只要求协查方根据提供的查询条件反馈结果，该结果仅用于本次查询，这在某种意义上维护了数据提供方的数据权属。

从我国法院的实践看，覆盖核心数据的司法审判信息资源库已全面建成，实现了全国四级法院案件信息与裁判文书的汇聚管理。截至2023年4月，人民法院大数据服务和管理平台汇聚案件数量超过3.10亿件，司法文书数达到10.23亿份，有效支撑了司法统计、审判运行态势分析与裁判尺度分析等大数据分析的需要。最高人民法院建设形成贯通全国四级法院的人民法院大数据管理和服务平台，案件结构化数据置信度长期稳定在99%以上。各高级人民法院基本实现了本辖区核心数据的集中管理，建立了司法数据资源质量管控机制或数据治理管控应用系统，覆盖全国法院的数据共享交换体系实质运转。最高人民法院与70%以上的高级人民法院建成了数据共享交换平台，初步形成以最高人民法院和各高级人民法院为中心的共享交换体系；50%以上的法院按需开展了跨层级、跨地域、跨系统、跨部门、跨业务的数据共享交换与业务协同，为法院与政法、检察、公安、司法行政、银行、证券等政企单位数据交换提供了有力支撑。

第二章　域外司法大数据发展现状

世界各国法院的信息化建设和国家的经济发展、技术水平密切相关。欧美经济发达国家起步最早，在20世纪60年代就开始推动法律文书电子化，应用计算机支持法官办案，推行在线诉讼。然而，随着人工智能、大数据技术的出现，由于欧美经济发达国家的政体，如联邦制，州立法院的完全独立性难以形成全国性大数据收集、全国性规模化应用的局面；同时，欧美经济发达国家在思想上对人工智能、大数据的运用是否会引发侵权行为等问题显得犹豫不决，一定程度上延缓了国家大数据在司法审判中的应用。

一、美国司法大数据发展的主要特征

早在20世纪70年代，美国就有计算机专家研究通过计算机程序来解读和定义法律条文。互联网技术为探索司法系统升级提供了机遇。20世纪90年代，美国联邦法院就开始设计电子案件系统（EM/ECF），并于2001年正式启用。通过运用互联网技术，联邦法院的大量诉讼文档实现了自动化流转。美国联邦最高法院首席大法官罗伯茨（John G.Roberts Jr）认为，法院运用科学技术应坚持两个基本原则：一是顺应时代要求，运用科技创新成果，促进法院公正、高效地审理案件；二是法院工作的特殊性，决定了法院在运用科技创新成果时应保持谨慎态度。尽管当今世界科学技术的发展日新月异，但法院应当像“执着的乌龟”一样对此作出回应。[1]罗伯茨的

〔1〕 参见［美］罗伯茨：《美国联邦最高法院2014年年终报告》，黄斌、杨奕编译，载《人民法院报》2015年1月16日，第8版。

观点大体概括了美国司法大数据发展的现状。

（一）基本办案辅助系统应用较早且较为普及

从全美范围来看，电子案件文档系统和电子案件管理系统，提高了法院处理案件和管理案件的技术水平。案件管理和电子档案系统（CM / ECF系统），由美国联邦最高法院开发。该系统主要用于法院履行记录保管的法律义务，帮助法院对案件流程信息、电子档案等实施管理，还可以接收执业律师向法院提交的电子法律文件。律师通过系统提交法律文件，法院收到后会发出确认通知，诉讼其他各方也将收到对方所提交的电子法律文件，这样既节省了文件传递的时间，也降低了人力和交通成本，便于文件的保存。CM/ECF系统的使用范围仅限于以下四类人群：法院工作人员、律师、自我代理案件中的当事人、获得法院许可而注册CM/ECF账号以获得有关案件进程通知的案外人。

在案件审理过程中，法院采用了计算机辅助技术检索法律。通过搜索指令就可以在计算机上检索大量的法律和判例。为了提高庭审效率，律师还可以运用计算机辅助系统中的图表、图像和视频更好地向法庭提供证据，以便与法官和陪审团进行沟通。公众也可以通过登录法院电子数据库系统（PACER），查询电子案件系统中的诉讼文档。电子案件系统，可以让那些来自社会不同阶层的诉讼当事人都更容易走进法院，更能负担得起诉讼的费用，彻底改变了人们过去不敢也不想走进法院，不到万不得已打官司的局面。

（二）智能化办案辅助系统得以应用但未形成规模

在司法领域，美国法院也在使用软件评估犯罪人的再犯风险。Northpointe公司开发了一款犯罪风险评估算法系统COMPAS，可以对再犯风险进行评估，并给出得分。自2000年以来，美国司法机构开始使用 COMPAS 算法，各个州法官量刑或者警察盘查疑犯时，都会参考 COMPAS 得分。目前该算法已经迭代到第四版本。

Lex Machina系统是美国一家专注于法律大数据分析与人工智能应用的公司，其前身是斯坦福大学法学院与计算机系联合推出的项目，现已被国际顶级法律数据库公司LexisNexis收购。Lex Machina的技术路径大致分为三个环节：(1)数据获取：每24小时通过爬虫软件从联邦法院网站、州法院网站、美国国际贸易委员会网站、美国专利商标局网站爬取数据；(2)数据清洗：将爬取的数据清洗、编码和标记；(3)知识抽取：通过自然语言处理专利技术，从清洗后的数据中抽取出可供使用的知识。抽取的知识主要以法官/法院画像、律师/律所画像、当事人画像呈现，如不同法官对特定法律动议的支持程度、不同律师对不同法律问题的法律意见、不同当事人在不同法院的胜败诉情况等。用户根据这些详细的画像可以作出更精准的诉讼策略和形成合力的诉讼预期。

Premonition系统是在2015年年底创立的法律大数据智能分析平台。该平台主要从海量裁判文书中抽取关键信息，对诉讼环节中的法官、法院、律师、律师事务所、当事人（公司）等多方主体进行精准画像并可视化呈现。目前已经推出：(1)律师与律师事务所大数据分析/画像；(2)法官与法院大数据分析/画像；(3)当事人大数据分析/画像（仅有公司当事人）；(4)法律诉请大数据分析/画像；(5)专家证人与仲裁员大数据分析/画像。举例而言，在律师画像中，Premonition系统通过对法律文书数据挖掘，详细可视化呈现每名律师的办案总数、案由分布、诉讼标的区间、案件平均处理效率、案件胜诉率（分案由、法官、法院）；在公司当事人画像中，可视化呈现公司的诉讼历史、案件类型、案件胜诉率等；在法律诉请画像中，可视化呈现不同的诉讼请求在不同法院、法官审理过程中被支持的比例；在专家证人与仲裁员画像中，则可视化呈现不同专家证人出庭证言的采纳情况以及不同仲裁员的偏好等。可以说，该平台是典型的基于法律大数据挖掘/画像基础之上的人工智能应用。

此外，有研究认为，美国学者使用法院数据时存在障碍，且这种限制往往并非基于技术或经济因素。以破产案件相关数据为例，研究人员虽然可以获取破产申请文件中的详细信息，但却无法得知任何相关个人的身份信息。这些数据对于研究来说是不够的：一是研究人员无法识别数据的准确性；二是由于隐匿了个人身份信息，研究人员无法查找同一个人的其他关联数据；三是法院可以将法官的姓名从数据中删除。[1]

二、欧洲代表性国家司法大数据发展的主要特征

早在1856年，英国就开始探索犯罪统计数据的应用，运用传统统计学分析犯罪的研究，致力于衡量英国刑法法典化改革的成效，以及为未来刑法的发展提供思路。欧盟法院信息化的发展和美国相类似，由于体制机制以及对新技术应用的顾忌，起步很早但进展迟缓。因此，欧洲国家大数据技术主要被应用于了解公众需求、改善用户对在线系统的体验等方面，其对象主要是社会公众和法院辅助人员，并未大规模地应用于法官的判案程序之中。

(一)欧洲国家司法大数据的政策

欧洲司法效率委员会通过的《关于在司法系统及其环境中使用人工智能的欧洲伦理宪章》中提到，根据其可能存在的风险大小及应用前景的不同，可将法律领域的人工智能应用大概分为四种：一是积极鼓励研发应用的，如案例搜索引擎、“聊天机器人”，为当事人提供法律援助；法律文书自动生成、合同分类与合规审查、审判态势分析；审判质效分析等。二是建

〔1〕 LoPucki, L. M., *Politics of Research Access to Federal Court Data*, Texas Law Review, 2002, 80(7), 2161-2172.

议谨慎应用的，如在线纠纷解决、民事索赔金额计算等。三是还需进一步研究后应用的，如为法官画像、预测诉讼结果、辅助司法决策等。四是不建议大规模应用的，如用于嫌疑人、被告人社会风险性评估，强制类案检索等。[1]

欧洲司法效率委员会在《关于在司法系统及其环境中使用人工智能的欧洲伦理宪章》中明确指出，欧洲各国司法大数据与人工智能技术主要来自私营部门，并未被纳入公共政策领域，因而没有受到足够的重视。2019年，法国政府推出的《司法改革法案》限制智能技术在司法场景中的应用，如法案第33条明确禁止基于法官个人身份的大数据挖掘。意大利《刑事诉讼法》第220条第2项明确反对使用人工智能专家系统生成。

（二）欧洲国家鼓励司法大数据在非核心业务中应用

2015年2月，英国法律与计算机协会向英国政府提出了“在线法庭”的建议和方案，现在已被政府接纳，并投入大量资金研发，围绕“纠纷解决”“纠纷控制”“纠纷预防”这三个方面来设计。英国从2016年开始推出总额高达12亿英镑的司法改革计划，其核心是强化现代化技术在司法场景中的运用，从而改善困扰该国已久的司法低效问题。这项“一揽子”改革计划包括50多项子项目，内容涵盖电子档案、在线纠纷解决等方面。

法国政府从2018年开始推动“2018–2022年司法改革规划”，整个规划拟投入资金达数10亿欧元。从改革的具体内容来看，有相当一部分内容与司法信息化相关，如要求基层法院公开全部裁判文书内容等。

奥地利司法系统尝试引入人工智能技术协助电子邮件管理和自动匿名化处理判决书中的个人信息。拉脱维亚也正在探索将机器学习运用于司法实践的可能性，其主要目的是处理法院的统计数字，以便拟订要分配

---

〔1〕 European Commission for the Efficiency of Justice (CEPEJ), European ethical Charter on the use of Artificial Intelligence in judicial systems and their environment.

的人力和财政资源的临时估计数值。克罗地亚也提供庭审的音频或音视频记录，但还没有完全融入日常的法庭实践中，全国已经有90个法庭安装了录音设备。根据主审法官的决定，当事人可以申请录音文件。音视频（庭审）记录通常用于刑事审判，也经常被用于弱势证人的视频会议作证以及最高法院的公开庭审。对于其他场景，用户抱怨转录过程不够快，无法满足他们的需求。

在2018年欧盟年度司法评分榜上，爱沙尼亚被评为司法体制效率最高的国家之一，信息化和司法大数据应用在其中功不可没。爱沙尼亚首席大法官认为，应转变思维模式，不停留于将纸质诉讼材料转化为电子形式的初级阶段，而要致力于通过大数据、人工智能的运用，建设能从百万页材料中快速找到所需具体内容的数据平台，帮助当事人评估诉讼风险。2018年2月，爱沙尼亚首席大法官曾在对全体法官的讲话中表示，爱沙尼亚法院系统的数字化进程尚未产出取得国际认可的成果。根据首席大法官的说法，目前所称的数字化只不过是用计算机屏幕上的文件替代传统纸质材料。〔1〕

欧洲国家核心业务很少尝试应用人工智能和大数据系统。欧洲有关国家法官在刑事审判中很少使用预测工具。〔2〕危害评估风险工具HART是欧洲国家目前唯一的刑事类预测工具。这一工具是与英国达勒姆郡警察局和剑桥大学合作开发的，主要依据2008年至2012年的达勒姆警方档案，通过学习警察在此期间所作的决定以及某些犯罪嫌疑人是否再次犯案的情况，对犯罪嫌疑人再犯风险进行评估。测试于2013年启动，主要观察犯罪人犯罪后两年内的行为。HART预测低风险时的准确率为98%，预测高

〔1〕 参见陈志宏：《爱沙尼亚：先进的数字社会如何开展司法信息化》，载《中国审判》2021年第2期。

〔2〕 这些工具通常被称为“算法正义”或“自动化”或“模拟正义”（“algorithmic justice” or “automated justice” or “simulated justice”）。

风险时的准确率为88%。[1]

2016年，英国剑桥大学法学院研制了一款名为Lawbot（测试版）的法律咨询机器人。开发者将该款机器人称作“世界最先进的法律咨询机器人”。这款机器人主要针对刑事案件的被害人，为其分析基本案情并帮助受害人寻找法律依据。目前，这款机器人覆盖了英国（英格兰与威尔士）的26种主要刑事罪名，包括性侵犯犯罪、侵财犯罪、人身伤害犯罪等，并还在持续扩展犯罪罪名。2017年，法国司法系统在雷恩和杜埃两家上诉法院进行了司法人工智能判决结果预测软件Predictice的试点。

可以看出，由欧洲国家官方推动的有限的司法大数据及智能化应用主要围绕在司法行政管理、改善公众体验等非核心业务领域，而在案件审判等核心业务方面渗透不足，司法大数据较多地用于学术科研机构的研究、探索，鲜有用于法律事务当中。

三、亚洲代表性国家司法大数据发展概览

（一）日本启动司法电子化发展

近年来，日本宪法实施70多年以来首次对行政、司法领域实施大规模信息化改革（对法律的修正及与审判相关的手续实施数字化）。日本过去对法案进行修订和与审判相关的手续在很多时候依赖于纸质文件进行信息交换，电子化改革将会尝试替代纸质材料并加快推进。

2017年6月，日本内阁决议通过了《未来投资战略2017》，其中探讨了日本司法信息化的时间进程。未来投资战略是由日本前首相安倍晋三担任议长并总结而成的日本国家“增长战略”。因此，在具体时间日程公布

〔1〕 参见《英国警方计划用AI判定嫌犯该不该进局子，你觉得这事靠谱吗？》，载搜狐网2017年5月11日，https://www.sohu.com/a/139815037_114778。

之后，日本司法领域借力这一战略，开始逐步具体实施信息化计划，一步一步向信息化前进。

2017年8月31日，日本经济新闻一篇以《数字化改革终于不情愿地走向了司法》为题的文章记录了日本政府开始着手推进司法信息化的意愿。文章指出，日本政府不仅打算在行政方面推进电子化，司法领域也正在着手推进电子化。因为日本司法领域严重依赖纸质材料，在电子化改革方面严重落后于世界先进国家，导致国际社会对日本商业环境的评价近年来呈持续下降趋势，日本不得不直面这一问题并迅速寻找应对措施。

当前，日本推进司法信息化仍然局限于一定的领域，未来要将电子化以后的数据在各个领域进行应用。要从诉讼的受理开始，包括案件的分配，审理的预约管理，判决、强制执行、诉讼资料的管理等；同时，必须要有体系化的应用思想。在司法领域实施信息化虽然对信息安全提出了更高的要求，但日本学者认为，对于使用司法审判及司法程序的日本国民来说，需要采取以使用者的便利性为方向的改革。

（二）韩国司法信息化和大数据发展起步早、效果好

1979年，韩国大法院（韩国最高法院）委托韩国科学技术研究院研究计算机技术在司法工作中的运用，拉开了韩国法院信息化建设的序幕。经过40多年的发展，韩国法院实现了高速网络连接，开发出了案件管理、数据查询、公共服务和不动产登记四大类信息化系统，形成了独具特色的信息化技术运用体系。

1986年，韩国法院开发出首款民事案件管理软件。现在，民事、家事、刑事、行政及其他类别案件都已纳入信息化案件管理系统。特别是在刑事案件管理中，韩国法院充分利用互联网，实现了法院与警察局、检察院、监狱之间的信息共享，大大提高了工作效率。韩国的司法信息系统可以提供各级法院判决、现行法律规范等。为了确保查询的简便，韩国法院专门建

立了网上快速检索通道和大型的司法信息数据库。该系统可以提供近年来韩国大法院判决和其他级别法院判决，以及包括宪法、法律、条约、强制执行令在内的其他法律规范。该系统可以及时将最新判决纳入数据库，并且建立了判决书与法律条文之间的链接，便于对比查看。此外，在检索中专门设置了法律词典、索引等，便于模糊查询。韩国的电子法院是其信息化建设亮点，当前，韩国法院75%的民事案件都可以通过互联网进行立案、庭审、送达等。

除了审判和大数据系统，韩国法院对公共服务系统也进行了大力推广。自动应答系统协助使用者通过电话、传真等获得特定案件信息，如可以知道案件当前所处的审理阶段或听证时间，并且可以免费获取法律程序方面的咨询信息。韩国大法院网站于1998年开通，网页与法院各类数据库直接连接，公众可以通过该主页了解法院工作及其他司法信息，进行数据查询及获取公共服务。拍卖信息系统提供法院不动产拍卖方面信息，可以将拍卖信息在买方与卖方之间传送。同时，通过互联网提供待拍卖不动产的照片和地理方位。

（三）新加坡法院在线应用越发成熟

新加坡是法院信息化发展最早的国家之一。早在2002年，新加坡法院就引入了网络电视会议系统，律师们借助这套设备足不出户就可以展开法庭辩论。在2002年以前，新加坡有3所监狱已经配备了这套系统，法官等相关诉讼参与人不必到监狱与犯罪嫌疑人见面。

2021年，据新加坡最高法院首席大法官梅达顺介绍，新加坡法院目前已全面执行在线诉讼程序，远程作证得到广泛使用。新加坡通过立法，授权法院准许被告人和证人通过视频连接提供证据。法院对远程提供的证据进行有效评估，尽最大可能保持程序完整，使民事诉讼和刑事诉讼都可以进行远程听证和审判。新加坡法院积极创新，将书面听证与口头听证相结合，在征得当事人同意的情况下，以异步方式进行调解、证据交换、审判等活动，并在法院开展“异步听证”试点工作，满足了疫情期间诉讼当事人的司法需求，取得了良好的社会效果。

四、其他国家

（一）巴西：圣保罗州法院数字化转型使其服务速度提高了70%

早在2005年，巴西就通过了一项法律，使司法机构能够以数字格式接收诉讼材料，但推进速度一直缓慢。作为南美洲人口最多的城市，巴西圣保罗的交通拥堵是世界出名的，同样低迷的是该州的纸质司法系统。圣保罗州法院的首席信息官Rosely Castilho看到了改变法院业务方式的机会。2015年年底，该法院实现100%的电子化，所有新的司法程序都需要以数字形式存储在数据库中，培训了5万多名人员来操作数字流程，并且制定了治理政策。圣保罗州法院报告说，新的数字流程可以节省高达70%的时间来完成移动、存储和检索纸张的物理过程。此外，信息透明度增加，更容易用于规范法院程序行为。

（二）南非：首席大法官办公室主导建设数字司法系统

2018年11月，南非司法部决定在法院推行数字化改革。目前，南非正在全国各地实施数字法院的无纸化进程。由南非首席大法官办公室主导实施的数字化改革，旨在建立一个单一、转型和独立的司法系统，为所有人提供法律保护。正在使用的数字化办公系统最初在南非所有民事诉讼案件中使用，通过引入一个完全数字化的平台，消除对法庭纸质文件的需求。该系统工具允许创建和展示一个包括多媒体证据的全数字包，用于增强审前准备的协作工具，以及用于在线庭审的安全角色验证视频会议。

(三)印度:法院推行在线审理但进展缓慢

2017年,印度总理莫迪启动了综合案件管理系统(ICMIS),允许诉讼当事人和律师使用电子申请门户提交案件,并允许法官在线进行诉讼而无须在最高法院审理案件。但当该系统上线时,并不是每个诉讼参与者都很开心。有些人表示无纸化会给他们带来问题,因为他们必须学习如何使用新系统。值得注意的是,转向数字化在印度并非一夜之间实现。按照《印度斯坦时报》的报道,印度最高法院电子委员会早在2005年就首次提出了印度司法机构实施信息和通信技术的国家政策和行动计划,但其中涉及司法数字化的ECourts项目正在以蜗牛的速度前进。

(四)阿联酋:推行电子法院但仍未全面普及

2018年3月,阿联酋民事诉讼法新修正案生效(2017年9月28日官方公报法公布后6个月)。阿联酋ADGM法院试图在阿联酋的审判程序中通过引入使用最新视听技术——在庭审中能实时翻译且具有电子调解功能的在线纠纷解决系统。阿联酋的司法系统在民事、商事和刑事案件提交或交付方面实现了巨大飞跃。随着视听技术和电子审判的引入,迪拜法院现在可以使用手机、平板电脑或笔记本电脑在线立案或提交诉讼文件,并通过视频会议远程呈现。一旦当事人在线提供所需信息,法官可以尽快执行法律手续并作出决定。在某种程度上,这一过程使整个司法系统更加民主化,并使其可供所有人使用,而不论其经济状况如何。虽然阿联酋,特别是迪拜拥有一个以全球标准为基准的优秀电子政务系统,但该酋长国的联邦和在岸司法系统未能跟上既定司法制度的最新发展步伐。

(五)哈萨克斯坦:法院全面实现在线诉讼

哈萨克斯坦的法律制度深受伊斯兰法和罗马法的传统影响,其审级制度分为三级三审制,分别是地区法院一审、地方法院二审、最高法院三审。地区（市）法院通常是初审法院，主要审理民事案件。哈萨克斯坦法院非常重视信息技术建设，在2019年以前，全国范围内已经建成了视频法庭、线上立案系统等。2020年3月，由于新冠肺炎疫情影响，哈萨克斯坦领导人宣布全国进入紧急状态，并在一些大城市实施了严格的限制措施，公民不能前往法院提起诉讼或者参加庭审。2018年，哈萨克斯坦平均每天有40场在线庭审，而在2020年4月12日至17日这一周举行的 10800场庭审中，只有9场为当事人在法庭现场参与。在一个月内几乎实现100%在线法庭审理，这种全国范围内迅速全面实现在线庭审在全世界也属罕见。这一方面反映了该国推动在线庭审的决心，另一方面也反映了其具备很强的技术基础。

五、国内外司法大数据发展对比分析及启示

近年来，共有180多位国外最高法院院长、首席大法官或大法官来中国访问，他们对我国法院信息化建设印象深刻，认为中国法院的信息化建设水平处于世界领先地位。[1]那么欧美信息化起步较早，相对中国法院信息化的发展，为什么现在反倒发展缓慢呢？通过分析以上域外法院信息化和司法大数据应用的情况，笔者认为主要有以下几方面原因：

一是国家制度的不同，凸显我国坚持党的领导下协同合力优势。中国共产党的领导是中国特色社会主义制度的最大优势，我国国家制度和国家治理体系有利于坚持全国一盘棋，调动各方面积极性，集中力量办大事。在法院业务中同样如此，在跨部门刑事办案系统建设中，中央政法机关可以协调公安、检察、审判、司法等机关共同推进。在对被执行人的财产的执行查控和信用惩戒中，法院在相关部门的支持下，可以查询冻结银行、

〔1〕 参见《智慧法院如何实现跨越发展？听最高法副院长怎么说》，载中国长安网，http://chinapeace.gov.cn/chinapeace/c100007/2021-01/11/content_12437164.shtml。

证券、车辆、房产、船舶、互联网金融等财产，可以限制失信被执行人购买机票、高铁票等。这些都充分体现了在党的统一领导下，社会各界共同配合的结果。而西方国家法院显然不具备这样的优势。

二是司法体制的不同，体现我国条块管理的贯通融合优势。我国四级法院是监督指导关系，在信息化建设上，最高人民法院制定总体规划，突出全国一体化建设、一体化应用，全国法院司法数据可统一汇聚。而国外多是联邦制国家，联邦法院和州法院相互独立，二者相互平行，互不隶属；依据宪法和法律的规定，管辖各自的案件，难以集中汇聚数据，彼此协调起来比较困难。法院的数据仅能以各州或联邦为整体进行汇聚，难以形成司法大数据的规模化效应。而且，对于法院信息化建设，一般联邦法院和各州法院互不统一，各个法院应用不尽相同，数据格式千差万别，这也为数据汇聚增加了难度。

三是发展理念的不同，彰显不同发展理念决定了发展路径选择。中国法院要求紧跟大数据、人工智能步伐，建设智慧法院、在线法院。中国法院一直以来主动拥抱科技革命，以科技创新驱动智慧法院建设，以智慧法院建设推动人民法院工作高质量发展。这一切源自我国法院坚持以人民为中心的发展理念。利用信息技术提升司法效率、提高司法质量，有助于司法为民和公正司法。而西方国家由于各国制度、文化及司法理念的差异，基于个人隐私权保护、司法伦理、算法歧视等考虑，对于人工智能、大数据在法院核心业务系统的应用心存芥蒂，显得犹豫不决和态度消极。当先进技术已经存在却人为阻碍不用于某一领域的话，这一领域的发展势必落后于时代的进步。相信在不久将来，西方国家将不得不面对这一棘手问题。

四是重视程度的不同，导致不同国家司法大数据发展在技术迭代及应用深化方面差距明显。中国法院把司法改革和信息化作为推动人民法院工作发展的“车之两轮、鸟之双翼”，信息化建设已经成为人民法院工作发展的驱动力。从智慧法院的定义可以看出，在我国法院，信息化建设不仅是一个工具、一个技术手段，通过信息化建设而形成的智慧法院已经成为人民法院组织、建设、运行和管理的一种形态与运行方式。正是有了如此高的重视程度，我国法院在党的十八大后，相继建成信息化2.0版、3.0版，现在正在建设信息化4.0版和智慧法院、在线法院。而域外除了韩国、新加坡等少数国家外，其他国家对于法院信息化建设尚处于实现或正在实现网络化和无纸化办公办案阶段，暂未大规模应用人工智能和大数据。

五是主导方式的不同，影响司法大数据及政策含义应用演进的深度和广度。我国注重司法大数据与法律人工智能顶层设计，司法大数据与法律人工智能应用开发往往是以司法机构为主导。在我国，人民法院认同并广泛接受大数据、人工智能产品，并且把这些产品用于案件调解、立案、审理、执行等诸多环节，呈现相关应用与研究由法院向企业、高校、研究机构、律所、创新团队等推广拓展，进而一起联合研究的趋势，推动了社会学、法学、自然科学等多学科交叉融合发展。这与西方国家法律科技行业的发展主要依靠律师机构有所不同。西方国家是由私营企业最早开始研发法律领域的人工智能应用，较为著名的企业主要有：美国的智能罗斯（Ross Intelligence），是全球第一家致力于法律服务的人工智能创业公司；法国最大的法律人工智能公司Predictice，专注于诉讼预测和分析；英国顶尖法律科技公司Luminance，帮助并购律师研究查阅数千份文件材料。前沿智能技术也日益成为国外顶级律师事务所的战略重点。2015年，全球十大律师事务所之一的大成律师事务所率先成立了“未来法律实验室”（Nextlaw Labs），并逐步展开对法律技术的研究，被《金融时报》评为“北美最具远见律师事务所”。[1]然而，这些运用往往不容易被法院所接受，只是辅助律师办理案件。

---

〔1〕 参见王禄生：《智慧法院建设的中国经验及其路径优化——基于大数据与人工智能的应用展开》，载《内蒙古社会科学》2021年第1期。

数据汇聚不仅反映了法院信息化拥有的主要信息资源，从一个侧面也反映了法院的信息化发展水平和应用效果。据了解，目前美国法院PACER系统汇聚10亿份文件，[1]韩国法院IT系统存储 100.95TB数据，印度国家司法数据网汇聚3141万起案件。而中国法院司法大数据管理和服务平台汇聚3.10亿起案件信息和23.87亿条数据，最高人民法院IT系统存储数据超过 4PB，审判信息资源规模全球最大。[2]美国杜兰大学国际法与比较法讲座教授王贵国撰文指出：中国法院系统大数据的运用，网上立案及提交诉讼文书，阳光司法，司法信息化等均给到访者留下极深刻的印象，认为中国法院将司法与高科技、新科技有效结合乃世界顶级创举。[3]

综上，司法大数据应用正面效应不言而喻，负面效应也不能视而不见。一方面，我们要看到，在推进司法效率提升，实现司法审判流程重塑、规则重塑等方面，司法大数据的创新应用成效显著；另一方面，现阶段大数据分析技术在司法领域应用的有限性和适配程度低等缺点也较为明显。如数据算法风险、功能异化风险以及与司法规律抵牾风险等难以进行合理管控与有效规制，对司法裁判活动、司法伦理观念等带来深刻的冲击与挑战。域外国家和地区对司法大数据的应用大多是审慎态度，不但对司法大数据的收集、使用设置较多限制，而且其应用较少涉及审判等法院核心业务。这一特征既有国情原因，也有风险考量，也给我国提供了有价值的风险管控经验。

一是要进一步持续加强对司法大数据辅助审判应用的角色与定位及边界相关理论研究。要充分认识到大数据分析技术具有竞争性与操纵性等属性，大数据技术在司法审判中的应用也可能形成技术宰制，以至于消

---

〔1〕 参见陈志宏：《美国联邦法院PACER网站十年来首次重大更新》，载《中国审判》2020年第16期。

〔2〕 参见许建峰、孙福辉、陈奇伟：《智慧法院体系工程概论》，人民法院出版社2021年版，第469页。

〔3〕 参见王贵国：《尊道贵德：世行点赞中国司法》，载最高人民法院公众号2019年10月27日，https://baijiahao.baidu.com/s?id=1648542374245415295&wfr=spider&for=pc。

解司法的固有属性，限制法官审判权的独立行使，出现司法大数据技术的本质及其异化的风险，严重偏离司法大数据在审判中应用的辅助性定位等风险。

二是要充分理解大数据与人工智能技术发展与应用的阶段性、复杂性特征，较为精准地把握大数据和人工智能技术在司法场域的应用限度和适配场景。要从司法数据的完整性、规范性、正确性等主要方面持续提高我国司法大数据的质量，为大数据挖掘和人工智能深度学习等夯实基础。要清晰认识到，算法并不必然等同对法律推理的复现。特别要注意的是，依据当前的大数据技术分析处理案件中的因果关系，得到的仅是量化关系的强度和正负性质。对每一次量化关系得出的结论要谨慎评估是否存在司法论证中结果性事实与原因性事实的联结、原因性事实与特定法律后果的联结被遮蔽等现象。

三是要持续推进大数据技术与司法领域的深度融合，使司法大数据辅助审判应用能真正回应司法审批领域的现实需求。社会与公众对司法错误的容忍度相当有限，司法的固有属性、现实需求决定了对大数据技术在专业性、精确度等方面有着极高的要求。在司法场域应用大数据则应通过专业人士对裁判文书进行实质性审查，以充分保障样本数据的正确性，进而提高司法大数据辅助审判应用的准确性与适用性，坚决避免出现引发公众强烈质疑的案件及造成司法权威断崖式下跌等情形。

第三章 中国司法大数据的发展历程

在党中央、国务院对大数据的高度重视和推动下，社会各领域逐步迈入大数据时代。国家层面一系列涉及大数据、云计算和信息化重大决策的部署实施，给人民法院司法工作创新发展带来了无限空间与广阔前景。近年来，人民法院深入学习习近平法治思想，认真贯彻落实习近平总书记关于实施国家大数据战略的重要指示精神，积极拥抱科技革命与数字时代带来的挑战与变化。面对数字化革命，时任最高人民法院院长周强指出，“运用大数据思维，应用新工具新算法，服务司法实践、服务公众需求、服务社会发展”。〔1〕人民法院以“大数据、大格局、大服务”理念为指导，历经初步探索、数据收集、平台建设、成果转化、全面应用、创新发展等阶段，积极推进国家大数据战略落实，为司法大数据的挖掘、分析、应用奠定了良好基础，推动了智慧法院建设的全面发展。

我国司法大数据建设经历了数据拓展由内而外，数据整合由下至上，数据应用由简至繁的过程。〔2〕这得益于顶层的大力推动，中国司法大数据与人工智能技术的应用不再是某一片段、局部场景的小范围运用，而是呈现范围全面性、功能根本性、地位关键性与态度开放性等时代特征。《最高人民法院关于加快建设智慧法院的意见》明确提出，“挖掘利用海量司法案件资源，提供面向各类诉讼需求的相似案例推送、诉讼风险分析、诉讼

---

〔1〕 参见周强:《充分运用司法大数据　促进公正司法　服务经济社会发展》，载《人民法院报》2017年11月25日，第1版。

〔2〕 参见刘雁鹏:《司法大数据建设的现状、困境与对策》，载《中国社会科学院研究生院学报》2019年第5期。

结果预判”。在实践中,同案不同判预警、判决结果预测、诉讼风险评估等基于司法大数据的智能应用已经完成开发,进入试点阶段。

当前,人民法院主要围绕以下五个方面开展司法大数据应用工作:一是案件数据的汇聚管理,汇聚全国各级法院的各类案件数据。二是数据的标准化和规范化,通过推进“09法标”“15法标”“19法标”(分别是2009年、2015年、2019年最高人民法院制定发布的人民法院信息技术的数据行业标准)的制定及应用,逐步实现司法案件数据的标准化和规范化。三是面向司法大数据的统计分析应用,基于人民法院大数据管理与服务平台,形成几千个维度的数据统计分析应用,重点面向人民法院各业务场景提高应用服务。四是建设司法大数据辅助产品,基于司法大数据,开展多项司法大数据辅助产品研发建设,目前已经建成的产品包括类案推送、规范化量刑、诉讼风险评估、虚假诉讼识别等。五是数据融合与治理,针对多源数据,开展数据的融合与治理工作,从多个维度提升数据的整体质量。具体来说,人民法院司法大数据应用大体经历了以下六个发展阶段。

一、初步探索阶段:各地法院踊跃参与

司法大数据的发展是一个逐步积累的过程,最初的司法数据分散在各个应用系统中,仅用于记录内容、报送审签,人们尚看不到大数据的影子。各地法院在司法实践中,逐步认识了数据汇聚对审判辅助、审判管理的重要作用。2008年,浙江省高级人民法院启动实施案件数据大集中工程,完成了全省三级法院审判业务系统的数据集中。同年,重庆市高级人民法院开始汇聚全市法院审判、政务、队伍等应用系统信息及其他关联数据,建成全市法院数据云中心,为法院工作提供基础的司法管理、动态监控管理等服务功能。2009年,江苏省南通市中级人民法院开始着手建立数据集中

平台。2011年，江苏省常州市中级人民法院着手建立全市法院数据集中及容灾备份系统。2013年4月，四川省法院实现自动导出基础数据生成司法统计报表，一改过去司法统计数据人工逐级传递的方式。同年5月，北京市高级人民法院建成“信息球”，实现了全市三级法院审判数据的全自动采集、各类统计表的全自动生成以及审判业务运行态势全面分析。地方法院在司法大数据方面的实践与探索，为最高人民法院建设全国法院数据集中和管理平台积累了有益经验。

二、数据集汇阶段〔1〕：技术工具与路径选择

2013年，最高人民法院决定筹建数据平台。最高人民法院印发《人民法院信息化建设五年发展规划（2013－2017）》，明确提出建设国家司法审判信息资源库。同年10月、11月，最高人民法院先后印发《关于开展法院一级专网应用工作有关问题的通知》《关于开展全国法院案件信息数据集中工作的补充通知》，要求全国法院基于人民法院专网开始向最高人民法院报送案件数据。12月，最高人民法院印发《关于报送人民法院案件信息数据有关问题的通知》，要求高级人民法院依据2009年版人民法院数据行业标准，报送辖区法院2010年至2013年案件数据的XML数据文件，完成了数据平台建设前的初始数据积累。在这一阶段，最高人民法院积极探索，运用标准化数据采集、ETL数据清洗、HDFS分布式存储、数据质量管理等技术手段，初步建立了数据自动生成、数据质量保障、数据比对反馈、数据

〔1〕　笔者曾在《司法大数据在中国法院的应用与前景展望》（载《中国法学》2021年第4期）中提到，人民法院司法大数据发展历经初步探索、平台建设、深化研究、应用推广和创新发展五个阶段。当时在论文写作过程中，囿于篇幅和版面的限制，司法大数据发展还有“数据收集汇聚阶段”没能在论文中体现。在司法大数据的发展过程中，数据收集汇聚是人民法院司法大数据在初期建立时的一个重要阶段，是研究平台建设的重要前提。如果没有自上而下的重视和强调基础数据的抓取与汇聚，没有底层数据作为支撑与基础，司法大数据研究将会成为“无源之水，无本之木”。故在本书写作过程中，笔者将此重要阶段予以增补并特此说明。

动态展现四类数据管理机制，实现了全国法院数据的自动入库、自动质检、自动反馈数据质量和自动计算等重要的数据汇聚功能。同时验证了各级法院案件数据的快速集中汇集、分析展示的技术可行性，并基于收集到的数据，完成了平台总体技术架构、功能原型设计等技术论证工作。

三、平台建设阶段：集成与数据汇聚效果凸显

2013年12月中旬，最高人民法院建成人民法院数据集中和管理平台，将前期汇聚的数据载入平台，并实现新增数据每日自动上传，每日新增约7万件案件数据，人民法院数据集中和管理平台开始自动收集全量数据（涉密、重大敏感案件除外）。2014年，该平台开始对司法审判、司法人事、司法行政和司法公开等信息资源进行整合、挖掘，建立相应数学模型，实现自动计算和数据统计分析，主要包括信息纵览、审判动态分析、审判质效分析、专项分析、司法人事分析、综合搜索等功能，将结果图文并茂呈现，为审判管理、队伍建设、领导决策和司法研究提供大数据服务。2016年7月，数据集中管理平台升级为大数据管理和服务平台，实现了全国法院全覆盖、案件全覆盖、统计全覆盖，平台功能由数据汇聚、简单数据分析向大数据分析、专题分析、大数据服务升级，并开始向全国法院提供大数据分析服务，主要形成了32个高院（含兵团分院）分平台、全国司法统计数据服务、数据共享交换体系、数据资源服务接口、专题分析工具、法智罗盘、法智检索等功能。2016年年底，贯通全国法院的数据质量管理体系全面形成，案件结构化数据置信度长期稳定在99%以上，平台实现从审判业务数据自动生成11大类153套2.2亿组司法统计图表，人民法院历史上首次实现全国法院司法统计报表由大数据平台自动生成，改变了传统完全依靠人工逐级填报的司法统计模式。

四、成果转化阶段：研究与应用共频共振

基于人民法院大数据管理和服务平台收集的海量司法数据，大数据平台本身的司法分析已经难以满足司法实践、司法研究和社会治理的大数据服务需要，同时，大数据平台的海量司法数据也越来越引起社会各界关注。2016年，最高人民法院持续不断地向社会公众推出多个重大专业法律数据资源共享平台。2016年3月，“法信——中国法律应用数字网络服务平台”上线运行，为法律工作者和社会公众提供基于裁判剖析和同案智推的专业知识解决方案，提供更加全面、快捷、智能的个性化法律服务。同年7月，最高人民法院在江苏省高级人民法院、东南大学设立人民法院司法大数据研究基地，对司法大数据进行研究应用。同年9月，最高人民法院司法案例研究院挂牌成立，同步公开运行中国司法案例网，开展司法案例大数据研究，为推动统一法律适用、强化案例指导制度奠定了扎实的基础。同年11月，最高人民法院信息中心联合中国电子科技集团有限公司成立中国司法大数据研究院有限公司（以下简称中国司法大数据研究院），从事司法大数据决策支持、产品孵化等相关研究。从2016年开始，司法大数据研究成果逐渐进入人们的视线，中国司法大数据研究院围绕未成年人犯罪、网络合同购物、网约车与传统出租车犯罪、交通肇事罪、电信网络诈骗等社会热点进行司法大数据分析。其中，《高空坠物伤人案件趋势和特点》报告推动了《民法典》的立法完善，中国的大数据分析研究已经具备针对社会热点问题和重大事件进行快速分析反馈并面向社会发布的能力。截至2023年6月，该研究院已发布了1300余份大数据研究成果，中国司法大数据研究走向了实体化、规模化、专题化的研究阶段。

五、全面推广阶段：开花结果欣欣向荣

在最高人民法院积极推动和示范引领下，地方各级法院对司法大数

据从探索尝试走向全面分析和应用。2016年4月27日，最高人民法院印发《关于申报司法大数据专题任务的通知》，要求各高级人民法院积极申报专题研究，携手构建数据研究新格局。目前，大部分法院已经能够基于地方大数据平台开展司法统计、收结存统计分析、审判态势分析、即席分析统计等审判管理工作；一些法院通过对数据资源进行关联融合，形成了案件前审后续、涉诉当事人情况分析、执行线索分析等数据服务能力；一些法院在全省、全市法院数据关联的基础上，运用大数据分析技术，在立案时识别重复立案；一些法院用全省、全市法院联网的大数据系统，开发了庭审排期自动避让功能，律师上传代理手续后，平台会自动识别该律师在法院代理的所有案件，自动对其开庭日期实现避让；一些法院上线了包含量刑推荐、偏离预警等功能的审判辅助系统；一些法院具备了诉讼智能评估、判决结果预测、诉讼风险评估等基于司法大数据的智能分析能力；还有部分法院通过深入挖掘海量案件信息，获得常规难以发现的数据信息，推动解决执行难等问题，为社会治理问题提供解决线索。大数据在各地法院的全面推广应用，已经成为推动法院改革发展的重要力量。

六、高质量发展阶段：百花绽放与底线思维并重

数字经济是人类社会继农业经济、工业经济之后一种新的经济形态，我国正处在一个前所未有的数字技术和数字经济发展机遇期，大数据成为司法领域工具创新的新动能。司法大数据的高质量发展得益于上文所言的内部数据仓库和外部数据仓库的建立，为法院内部和社会力量开展相关研究提供了数据源泉。司法大数据的创新发展除了依靠法院内部的数据生产和研究力量，外部研究力量和外部应用需求也将成为另一支强大的力量。就内部研究而言，2021年，根据人民法院信息化“十四五”发展规划要求，大数据管理和服务平台将不断探索新的技术及应用，构建智慧法院

大脑、司法数据中台和区块链综合平台，全面拓展数据和知识服务。智慧法院大脑将汇聚人民法院已有和将有的人工智能共性能力，为各类应用提供智能化支持；司法数据中台将分布管理和分析人民法院已有和将有的各类数据，为各类应用提供接口服务、数据服务、知识服务、决策支持等；区块链综合平台将以提升司法公信和司法效率为重点，面向各级法院和社会公众提供统一数据存证和验证能力。就外部研究而言，法学科研院所、律师机构、互联网有关产业机构、数据机构和其他政府部门将进一步参与到司法大数据研究中，为国家治理、经济发展提供越来越多的基础数据分析和决策参考支撑，为社会公众提供更加丰富的司法服务，为司法从业者提供基于大数据的专业化、智能化服务。

司法大数据历经几个阶段的发展，覆盖核心数据的司法审判信息资源库已全面建成，实现了全国四级法院案件信息与裁判文书的汇聚管理和应用。汇聚的案件及相关数据信息有效支撑了司法统计、审判运行态势分析、审判智能化分析应用、社会治理等需要。我国司法大数据研究已经从法院走向全社会，大数据收集管理能力得到大幅提升，大数据应用系统建设蓬勃发展，大数据分析与服务成效越发显现，大数据分析研究成果将在服务经济社会发展、服务社会和国家治理等方面发挥更为重要的作用。

同时，我们应看到，数字技术、数字经济总体上仍处在拓展上升阶段，司法大数据高质量发展更要把握好数字经济发展和安全关系。具体来说，一方面，在司法大数据顶层设计指方向、画底线的基础上，对数据流通和利用的组织形式、监管模式与法律制度要留出较大的试错演化空间；另一方面，在数字技术、数字经济的某些运行规律还不甚清晰，法律体系还不完善的情况下，可对已有司法大数据实践中成熟度高、有普遍共识的环节，重点在个人和机构隐私、国家安全等方面列出负面清单，守住数据产权保护和数据安全的底线。

第四章 司法大数据赋能中国法院的五大业务

在以习近平同志为核心的党中央坚强领导下，在最高人民法院统筹、各级人民法院共同努力下，智慧法院建设取得跨越发展。“十二五”时期建成以网络为中心的人民法院信息化2.0版；“十三五”时期建成以数据为中心的人民法院信息化3.0版；形成了全业务网上办理、全流程依法公开、全方位智能服务的智慧法院。当前“十四五”时期，正在进行以知识为中心的人民法院信息化4.0版建设。中国法院信息化已经在全世界法院树立了网络覆盖最全、数据存量最大、业务支持最多、公开力度最强、协同范围最广、智能服务最新的样板，为信息时代的世界法治文明提供了中国方案，贡献了中国智慧。[1]人民法院的数据管理和服务能力大幅提升，司法大数据应用也取得积极成效，产出了系列成果，带来了系列变化，推动智慧法院建设向智能化方向发展，为服务司法实践、服务公众需求、服务社会发展提供了有力的科技支撑。

一、搭建智能办案体系，推进审判工作的高效化、智能化与专业化

推进审判工作的高效化、智能化、专业化，既是实现路径——以推进审判程序公正与实体公正；也是实现目标——等同于审判程序公正与实体

---

〔1〕 参见乔文心：《智慧路上“从头越”——人民法院加强信息化建设综述》，载中国法院网2018年4月26日，https://www.chinacourt.org/article/detail/2018/04/id/3282292.shtml。

公正。司法大数据之于审判工作，最重要的是通过提升司法效率维护程序公正，通过智能辅助法官办案维护实体公正。司法大数据的运用有利于提升审判工作自动精准、协同共享的能力。在基础应用方面，通过对案件的前审后续关联，可以查看当前案件的基本信息、一审或二审的相关情况及电子卷宗信息，为法官全过程研讨案情、掌握案件脉络提供支持。大数据时代，法院现代化的核心范畴即审判体系与审判能力现代化，这更多体现在通过大数据挖掘分析建立智能辅助办案系统，打通政法部门之间跨部门、跨系统的智能办案体系。具体而言，司法大数据在文书前审后续流转、裁判文书自动生成等领域的运用极大地提高了审判效率；在类案推送、量刑辅助、偏离预警、文书纠错、判决结果预测等领域的运用提高了办案质量，促进了公平正义；在证据链相互印证、确认有效性等方面的运用有效破除了数据壁垒，统一了公检法之间的证据标准，有力推进以审判为中心的刑事诉讼制度改革。

（一）提升审判质效

“案多人少”矛盾是人民法院迫切需要解决的一大难题。针对这个问题，笔者曾去基层调研，在朝阳区人民法院某人民法庭，当事人因房屋租房合同纠纷起诉到法院，结果发现庭审排期长达数月之久，这也从侧面反映出“案多人少”矛盾之深。

为满足人民群众更高水平上的公平正义需求，人民法院不断加强信息化建设，将大数据、自然语言处理等技术融入司法审判中，研发出裁判文书辅助生成、智能裁判、要素式审判、庭审语音识别等系统，作为解决“案多人少”矛盾的重要手段。

1.裁判文书辅助生成

裁判文书辅助生成系统是将起诉书、庭审笔录、证据等案件信息以及法律法规输入系统，通过对案件相关文书分析和信息智能提取，按照对应案由的文书模板自动生成裁判文书的初稿。在这一过程中，通常要使用四类司法知识库，它们分别是电子卷宗库、行业核心业务结构化数据库、文书模板库以及通用法律知识库。首先，通过电子卷宗影像文件制备具有必要分类、分组、顺序信息的电子卷宗库；其次，对电子卷宗库进行转写和数据项提取，实现行业核心业务结构化数据的知识萃取；再次，将行业核心业务结构化数据库、通用法律知识库应用于司法文书模板库，生成司法文书草稿；最后，法官根据自身知识或参考各类司法知识库，修订司法文书草稿，生成司法文书最终稿。自此，法官不用再对照纸质卷宗摘录相应的文书撰写所需的事实信息、诉辩主张、法律适用等内容，可以有更多精力专注地投入文书说理的撰写中，大大提升了法官撰写裁判文书的效率以及办案效率。以河北法院为例，自2016年7月裁判文书辅助生成系统上线至2023年3月，河北190家法院的1.61万多名法官使用该系统，辅助生成裁判文书369万余份，法官反映至少减轻了30%的工作量。

2.智能裁判

智能裁判系统基于法律知识梳理，通过综合运用大数据、云计算、人工智能等现代技术，采用“基于类案裁判结果评估”为主，“基于裁判规则计算”为辅的技术路线，向法官提供文书生成、论据溯源、裁判辅助、类案推送及法条推送等多项智能化办案辅助服务。该系统支持展现案件的事实、情节和裁判的大数据依据，支持根据案件要素标签自动匹配相似案件，支持根据案件要素自动关联相关的法律法规以及司法解释；文书中生成的内容支持关联原始卷宗信息，支持证据链分析、瑕疵分析等功能，支持辅助阅卷、知识检索、案件合议功能。智能裁判系统将规范化审判工作与现代科技应用深度融合，运用大数据、人工智能等先进技术辅助法官办案，实现裁判规范化，提高法官办案效率，大幅度减轻法官办案的工作量，有效缓解了法院的办案压力；减少了类案不同判情况的发生，辅助实现类案同判，增强案件裁判结果的可解释性，提高司法裁判的公信力。

2022年，深圳罗湖法院上线运行智能裁判辅助办案系统进行试点应用。该系统可自动提取刑事案件的犯罪事实、量刑情节等案件要素，结合裁判规则提供智能裁判辅助服务。可根据起诉书自动生成判决文书，支持法官在线编辑、修改、保存、下载，待法官确定后，可将生成的文书回传至电子卷宗系统；同时，自动生成的文书支持追溯原始卷宗依据，功能可溯源；根据案件要素自动关联相关的法律法规，并将关联结果推送给法官。智能裁判辅助办案系统是借助大数据、人工智能等现代技术，提高法官的办案效率的典型应用。

3.要素式审判

针对法律关系相对单一、事实较为明晰的特定类型化案件，要素式审判系统可以更大限度地智能化辅助办案。要素式审判主要应用在交通事故责任纠纷、危险驾驶罪〔1〕、劳动争议纠纷、民间借贷纠纷等领域。该系统可以智能分析卷宗材料生成审判信息要素，庭前辅助归纳争论要点，庭后自动采集庭审笔录信息，自动生成裁判文书，并借助计算工具、裁判文书、法律法规检索工具完成裁判文书制作。要素式审判系统可实现要素管理、原告要素表采集、被告要素管理、案件承办管理、案件管理、审判管理、案件基本信息查看、争议焦点分析报告生成、裁判辅助、庭审提纲生成、裁判文书生成、结案管理、后台管理、前端功能等多项功能。裁判文书模块化，可实现当场制作、当庭宣判、及时送达，避免当事人多次往返法院，便利人民群众。要素式审判采用大数据、人工智能技术，可以优化司法资源配置，使事务性、程序性工作前置，简化了庭审环节，缩短了开庭时间，节省了法官的时间成本。同时，该系统也利于实现司法公正和透明，形成案

〔1〕 交通事故责任纠纷和危险驾驶罪的案件数量近年来大大增加，具有很明显的时代特征。笔者在江苏省、浙江省部分地区调研时发现，法院年均受理刑事案件同比基本持平。其中，盗抢案件数量急剧下降，一是因为人民币多以电子化的方式存放；二是因为摄像头的大范围安装。相应地，增加的案件有道路交通犯罪案件（如危险驾驶罪和交通肇事罪）与网络犯罪案件等类型案件。司法案件清晰反映时代的变迁，社会的发展。

件诉讼要素表，案件基本情况一目了然，便于法官全面、快速地审查案件事实，明确案件争议焦点。当事人根据诉讼要素表的指引为自己的主张提供相关证据，促进了裁判尺度的统一。作为对法官、当事人的指引和服务，要素式审判有利于在公正的前提下追求效率，符合司法责任制改革的目的。

例如，陕西省高级人民法院基于智慧法律大脑，运用网络化、数字化、智能化技术手段，建成要素式审判系统，辅助法官进行实体审判，服务当事人诉讼参与的信息化解决方案。该系统通过全网络异步的证据交换平台，将当事人要素确认、举证、质证、认证过程全部网络化、异步化，加强当事人和法院、当事人之间的良性交互。全链条提取分析当事人事实要素主张，自动标记当事人事实与证据争点，预设案件开庭笔录，为法官、书记员庭审准备工作提质增效；通过实时在线填充的裁判文书自动生成，实现根据诉讼进度一键实时生成裁判文书内容，法官可根据审理进度逐步完成裁判文书的高准确率生成。要素式审判系统是以法律知识图谱为核心的支撑实体诉讼与审判的知识服务体系，通过对司法大数据的持续深入研究，充分利用人工智能等信息技术手段，建成服务于实体诉讼、审判的法律知识图谱，丰富了智能化服务内容。在要素式审判系统建设过程中，陕西法院根据实体审判信息系统法律专业性更高的特点，探索智慧法院建设过程中“业务—技术”合作的新模式。该系统为法官提供了审判提示功能，将法官在案件中可能需要关注的要素进行推荐，指引法官锁定案件审理重点，帮助解决“审什么”的问题，实现规范法官审判活动，提升法官“审”的质量，从而提升“判”的质量。此外，对审判工作进行标准化改造，使用系统办理案件，单案累计办理时长大幅缩短。在未进行标准化之前，一个简单案件，审判法官累计审理时长（不含送达等事务性工作）约5小时；标准化改造之后仅需要2.5小时。尤其是文书撰写时间，从原来的2小时缩短到半小时。要素式审判系统的建设，实现了审判效率与审判质量的双提升。

4.庭审语音识别

语音识别系统通过将智能语音识别、合成以及语义理解等人工智能技术与法院庭审场景相结合，包括语音识别转写、离线语音转写、语音合成、语义理解、要素提取、语音唤醒、法言法语融合等功能，可为审判业务全流程提供语音能力支撑。通过在单个科技法庭中添加一台智能媒体主机设备即可支持语音信号输入，实现在庭审过程中对审判长、原告、被告、证人等各方陈述的内容实时识别成文字并自动排版。而在部分争议较大的案件庭审中，由于系统能够做到整个庭审过程全量信息的记录和保存，可为后续案件的处理提供客观的全面记录。同时，将非结构化的音视频数据转换为结构化的数据存储，为审判大数据建设奠定基础。智能庭审语音识别系统部署后，书记员只需进行少量修改即可实现庭审的完整记录，从而能够成倍提升庭审的效率，大幅减轻书记员的工作强度和压力，实现提升记录效率和准确率的目标。通过便捷的语言输入，减轻法官文书、司法材料的书写和录入工作，提高了法官文书工作的效率。特别是语音经识别转化为文字后，经断句、分词和结构化等大数据处理，还可进行高频词分析、内容检索、争议焦点归纳、法官庭审习惯分析、当事人画像、案件预判、知识挖掘等大数据利用，更好地服务法官办案、服务审判管理。江苏省苏州市两级法院从2017年开始使用该系统，已累计开庭30.6万余次，庭审笔录语音转写准确率达到93%以上，平均庭审时间减少30%，庭审效率提升20%～30%，庭审笔录完整度接近100%。

（二）维护司法公正

裁判权是一种主观心理活动，具有主观性和非唯一性的特征。法官的生活经验、情感偏好、年龄性别、性格特征等个体因素对法官裁判活动的影响是不可避免的，法官的个体特征在客观上也不可避免地导致同案不同判现象。然而，在信息时代，大数据算法可以实时分析同类案件的裁判结果以及每个争议焦点在裁判结果中的考量，有利于避免因法官个体因素所造成的案件判决偏离度过大的问题，促进法律适用统一和类案同判。

1.裁判结果偏离度分析

裁判结果偏离度分析或同案不同判预警是对法官裁判结果偏离度的分析提醒。通过对类案、个案进行研判，建设类案标准裁判评价指标，归纳同类型案件历史数据的特征，整理出同类型案件的裁判标准，形成类案裁判标准数据库，并以此为基础作出裁判尺度标准规则。该系统主动介入审判过程，采取以上算法规则，模拟法官裁量权的实施过程，利用同类案件的集体决策方式保证结果的可靠性；结合统计机器学习方法和专家规则方法，避免了单一决策的随机性误差，维护裁判规则的统一性。当分析结果出现较大偏离度时，系统会自动提醒法官注意同案不同判的存在，法官可据以纠偏；也可据以分析是否为“同案”〔1〕或“类案”，是否应当予以“同判”，此为引起关注的提示性提醒，决策权在于法官。同时，审判管理、审判监督人员也可以运用同案不同判预警系统检查法官的判决结果，将本地区同案不同判的类型案例纳入自动检测范围，进行案件的实时监测，提前对案件裁判结果进行研判分析预警，将审判监督贯穿审判权运行全过程，促进司法公平公正。该系统能够在确认案件为偏离案件的同时自动生成一份预警分析报告，该报告内容包括案件的基本信息、案件特征以及此次预警的审查结果和监督建议；同时会将类案偏离相关的数据和文书进行逐一罗列，使报告更具有说服力，从而有效地促进裁判尺度统一，增强司法公信力。

2017年，江苏法院利用人工智能和大数据分析技术，开发了同案不同判预警系统。该系统对海量裁判大数据进行情节特征的自动提取和判决

〔1〕本书中，“同案”即同类案件，和“类案”意思一致。

结果的智能学习，建立起具体案件裁判模型。根据案件的情节特征和案件复杂度从案例库中自动匹配类似案例集合，并据此计算得出类案判决结果，为法官裁判提供参考。同时，对于“同判度”较高的类案，如果法官制作的裁判文书判决结果与之发生重大偏离，系统予以自动预警，方便院、庭长行使审判监督管理职权。据统计，该系统成功预警案件准确率达到92%，展现了良好的应用前景。

2.类案智能推送系统

类案智能推送系统以海量司法大数据为基础，通过多维类案要素匹配进行类案智能推送。该系统全面采用新一代搜索引擎、知识图谱、深度学习、自然语言处理等人工智能技术，构建司法案件知识图谱，打造基于AI的第二代案例智能服务产品，主要用于解决类案查找过程中面临的精准性问题，辅助用户快速构建案件的语义画像（包含案由、案情事实、争议焦点、法律适用等要素），并基于语义画像从海量历史案件中发现相似案件，面向法官、检察官、律师、社会公众提供专业、智能、精准的类案推送服务。从实际操作层面看，这一系统可最大限度满足2017年8月《最高人民法院司法责任制实施意见（试行）》中提出的“承办法官在审理案件时，应当进行类案与关联案件检索”的要求。高精准度和全覆盖性的类案推送系统可以快速帮助法官确定可供参考的裁判规则、裁判尺度、裁判理由，降低法官在疑难复杂案件的事实判断、价值判断、法律适用、文书说理上反复斟酌的难度，为实现司法为民、推进司法公正等重要审判目标提供技术支撑。

2018年1月，人民法院类案智能推送系统正式上线运行。目前，该系统已覆盖全部1330个案由，通过机器自动学习构建超过10万个维度的特征体系，通过专业法律人员的类案场景模拟测试，全案由类案搜索准确率达到63.7%，民事、刑事常见的前十案由类案搜索准确率达到85.5%。

3.量刑规范化系统

量刑规范化系统运用大数据、人工智能及自然语言等技术，对刑事犯罪提供包含司法文书解析、规范刑期预测、类案推荐、法条推荐、量刑表生成、文书自动生成等规范量刑智能辅助，并在此基础上建立司法审判量刑数据库。该系统可以智能识别、提取犯罪事实和量刑情节，自动推送关联法条和类案，自动依据历史量刑数据推荐量刑，自动生成程序性法律文书和框架性裁判文书以及多维数据统计等。量刑规范化系统具备对起诉书、判决书等前置文书进行解析，智能识别和提取案件被告人信息、犯罪事实、量刑情节等与量刑相关的案件要素功能。支持选择从单份或多份文书中提取信息，同时需自动接收流程办案中的案件更新消息，推送提示消息由用户自主选择更新案件信息。该系统能够根据案件的犯罪事实、犯罪情节等要素自动计算量刑起点以及增加刑罚量，支持量刑情节、量刑幅度可配置；支持单人单罪、单人多罪、多人多罪、数罪并罚等不同业务场景；包括但不限于量刑起点判罚推荐、量刑情节调节幅度推荐、罚金刑判罚推荐、量刑结果推荐等。

2017年4月，海南省高级人民法院积极引入大数据和人工智能技术，自主研发出覆盖量刑规范化改革的全方位量刑规范化智能辅助系统。该系统不仅能辅助法官办案，还破解了量刑不当难题，一些经验在全国得到推广。该系统涵盖23个常见罪名加2个刑种适用，具有智能识别提取犯罪事实和量刑情节，自动推送关联法条和类案，自动依据历史量刑数据推荐量刑，自动生成程序性法律文书和框架性裁判文书以及多维数据统计等功能。该系统还可为法官自动推送类似案例，并对量刑给出分析和数据参照。据统计，该系统上线后法官办理量刑规范化案件的时间平均减少约50%，制作裁判文书的时间缩短约70%，制作程序性法律文书的时间减少近90%，大幅度减轻了法官量刑办案的工作量。

4.裁判文书纠错系统

裁判文书纠错系统采用大数据、自然语言技术，智能匹配法言法语，智能识别可能出现错误的词句，实现对文书多种错误的智能提示，可大大降低文书中低级错误的发生概率。一是从法律理论与法律规定方面来检查文书中的错误。主要是对案件法律条文引用、判决结果等方面进行纠错检验，尤其是对判决结果的检验，能够清楚地查找存在不符合法律规定的地方。二是从逻辑上查找文书错误，主要是通过对文书整体结构的扫描，查找不符合语法逻辑，或是段落间、分项间存在的逻辑错误。三是从拼写方面检查文书内容的错误，具体包括数字、标点符号、文字等拼写错误检查。四是自动识别文书格式错误并纠正。纠错系统除做好纠错工作外，还能按照规定的标准排版，解决审判人员只会输入文字，不会排版的苦恼，并自动生成送达回执等相关文书。

虽然有了裁判文书纠错系统作为技术保障，但针对一些法院的个别上网裁判文书存在低级错误等问题，最高人民法院2018年下发《关于全面提升裁判文书质量切实防止低级错误反复发生的紧急通知》，要求大力推广裁判文书智能纠错系统的安装和应用。该通知要求，借力科技手段，普及安装文书智能纠错软件，将智能纠错与人工审核有机结合，作为文书制发、上网公开流程的重点环节；按照智慧法院建设要求，全面强化信息技术在办案和审判管理工作中的应用，充分发挥随案同步生成电子卷宗、裁判文书智能辅助生成、文书智能纠错等软件的作用，从源头发现问题，有效辅助法官及时发现和纠正文书中的低级错误。如上海法院的裁判文书大数据智能分析系统，实现对裁判文书中61项要素的智能分析，发现人工评查不易发现的逻辑错误、诉讼请求遗漏、法律条文引用错误等问题，推进文书智能化纠错，助力司法公正。

5.司法区块链系统

为加强区块链技术与司法工作深度融合，充分发挥区块链事中留痕、事后审计、防止篡改、安全防护等作用，2019年5月，最高人民法院建成内外网一体化的“全国统一司法链平台”，并与杭州互联网法院和广州互联网法院存证平台贯通，实现内外网合计51个节点部署入链。在司法链平台向全国推广应用的过程中，主要面向高可靠性数据、高公信力信息、高风险性操作三类场景提供统一存证和验证服务。

一是高可靠性数据存证。面向数据存储、数据流转等过程中，对数据本身可靠性具有较高要求的业务提供存证验证服务，为数据防篡改提供支持。如互联网电子诉讼证据、微法院诉讼证据、诉服中心电子诉讼材料等多源诉讼证据的存证验证；短信送达查阅、微信送达查阅、网上公告送达、邮件送达查阅、线下送达签字凭据等送达多渠道回执的存证验证。二是高公信力信息存证。向诉讼当事人、社会组织机构提供法定文书、通知、调查令等人民法院高公信力信息的存证验证服务，为司法公信提供支持。如立案通知书、开庭通知书、调解书、终版裁判文书、律师调查令以及失信被执行人、限制高消费名单等信息的存证验证。三是高风险性操作存证。面向信息系统使用过程中，功能权限需进行严格管理的相关用户操作行为提供存证验证服务，为信息系统安全运行和常态化审计提供支持。如对网上卷宗调阅、执行查控、执行案款收支、案件结案后状态信息修改等操作行为进行存证验证。

司法链平台已经对典型应用进行了存证验证服务，司法链平台共有内网端19个节点、互联网端36个节点，截至2023年3月28日，司法区块链上链存证32.30亿条，以电子数据真实快速固定、合理采信推动审判公正高效。通过统一平台与杭州互联网法院、广州互联网法院等上链法院的贯通，实现对2019年1月以来上链法院审理案件网上立案、电子送达、证据交换与质证、网上阅卷、诉讼事项申请、材料递交、网上交费、互联网庭审等全过程信息的全量存证；对全国执行系统的执行当事人信息和限制高消费信息、失信被执行人信息完成了全量存证。

（三）助力司法改革

大数据、人工智能的运用给司法改革注入了强大的动力，科技对法学理论带来巨大挑战和冲击，对司法实践的影响同样巨大。一方面，随着高科技的发展，一些传统做法需要改变以适应时代的进步，这是科技在引领改革；另一方面，内生的司法改革需求，需要运用大数据、人工智能技术去解决，这是改革在寻找科技。2019年，《最高人民法院关于深化人民法院司法体制综合配套改革的意见——人民法院第五个五年改革纲要（2019-2023）》印发，涉及65项改革措施，其中“信息化”一词出现13次，“大数据”出现9次，“智慧法院”出现4次，很多司法改革内容与信息化、大数据直接相关。

1.推进以审判为中心的刑事诉讼制度改革

推进以审判为中心的诉讼制度改革是党的十八届四中全会部署的重大改革任务。此项改革不仅对庭审提出要求，同时强调从刑事诉讼的源头开始就必须按照裁判的要求和标准，全面、规范地收集、固定、审查、运用证据，确保案件裁判公平正义。通过数据交换、信息共享与业务协同，破除政法部门之间的数据壁垒，统一公检法之间的证据标准。2017年，在中央政法委统筹指导下，上海市委政法委统筹协调上海市公检法单位，由上海市高级人民法院牵头研发刑事案件智能辅助办案系统（又称“206系统”），着力解决刑事案件办案中存在的证据标准适用不统一、办案程序不规范等问题。〔1〕“206系统”充分运用大数据技术，在打通公安、检察、审判机关数据流转通道基础上将统一适用的证据标准指引、证据规则指引嵌入刑事办案系统，做到证据同步校验、瑕疵及时提示、流程智能卡控，确保提请逮捕、移送审查起诉的案件事实证据经得起法律检验，促进政法机关跨部门业务协同，提升办案质量和效率，有效防范冤错案，减少司法任意性，推进实现以审判为中心的刑事诉讼制度改革的目标。

实际上，上海“206系统”也可以说是一套细化的诉讼制度。通过该系

〔1〕 参见崔亚东：《人工智能与司法现代化——“以审判为中心的诉讼制度改革：上海刑事案件智能辅助办案系统”的实践与思考》，上海人民出版社2019年版，第111-116页。

统可以监督制度的执行，即从公安机关的侦查、报捕再到审判机关的审判。如强奸罪，其对应的要件与要素为何？是否违反妇女的意志？在何处发生性关系？根据对应的要件符合情况，“206系统”都会作出相关提示。如果是公安机关，其得到的提示就是在立案侦查阶段是否达到立案标准，是否满足报捕的条件等。因此，这其实是由政法机关协同协作的一套体系化制度，并借此提升制度执行的绩效。

截至2022年2月底，“206系统”建设应用基本实现三个100%目标：证据标准指引覆盖常涉罪名达到100%（已完成102个罪名证据标准指引，包含上海地区71个常涉罪名）；上海地区常涉罪名案件录入系统达到100%（凡在71个常涉罪名范围内的案件均要求录入系统）；一线办案干警运用系统办案达到100%。上海地区常涉罪名的刑事案件办理已实现从立案、侦查、报捕、起诉、审判均在刑事案件智能辅助办案系统内运行，系统累计录入证据材料5999万余页，提供证据指引54万余次，提示证据瑕疵5.5万余个。其中，公安录入18.6万余件，检察院审查起诉7.9万余件。最高人民法院总结上海法院试点建设经验，于2018年在全国法院推广建设刑事案件智能辅助办案系统，促进跨部门业务协同。

2.服务立案登记制改革

立案登记制自实施以来，对于切实解决人民群众反映强烈的“立案难”问题，保障当事人诉权，发挥司法在解决社会矛盾中的重要作用起到了积极作用。与此同时，这一制度也带来了案件数量井喷等问题，一定程度上加剧了“案多人少”的矛盾。习近平总书记在2019年中央政法工作会议上强调，要“深化诉讼制度改革，推进案件繁简分流、轻重分离、快慢分道”。[1]最高人民法院认真贯彻落实习近平总书记关于深化诉讼制度改革的重要指示精神，通过积极开展民事诉讼程序繁简分流改革试点，印发

〔1〕 参见《习近平出席中央政法工作会议并发表重要讲话》，载新华网，http://www.xinhuanet.com/politics/2019-01/16/c_1123999899.htm。

《关于人民法院深化"分调裁审"机制改革的意见》，持续深入推进案件繁简分流、轻重分离、快慢分道，实现调裁对接实质化、诉讼程序简捷化。

借助司法大数据的应用，从立案阶段开始，案件分流系统通过在立案环节确认案件类别的繁简因素，采取打分形式按照约定规则判断简案和繁案，将拟分流的案件进行综合评价与识别，将简案从大量案件中分离出来，采用诉前调解和后续速裁程序审理，实现将简案导入诉前调解和速裁程序进行快审，繁案导入普通程序进行精审的有理有据，达到优化司法资源，提高司法效率，促进司法公正，减少当事人诉讼成本的目的。借助此类系统，法官根据实际情况，勾选调整分和人工识别分要素，系统依据自动识别因素与法官确认的因素进行综合打分，并根据分值判断案件属于简案还是繁案，再根据案件的繁简情况给法官作推荐。让人民法院少数法官在前端办理多数简单案件的工作格局基本成型，"分调裁审"机制改革对于案件办理提速增效的优势更加明显。数据显示，2021年，全国法院速裁快审案件871.51万件，与2020年同比增加25.7%，速裁快审案件平均审理周期比一审民事案件缩短43%，审理周期大大缩短，群众满意度明显提高。[1]

例如，2020年6月，新疆维吾尔自治区高级人民法院繁简案件快速分流系统上线运行。该系统以第一审民商事案件案由、标的和主体为核心，科学设置27个关键要素、基础要素和参考要素，同时通过"应用系统算法+人工识别"方式，实现繁简案件自动识别并形成分值：60分以下为简单案件，自动推送至速裁程序，进入快速、批量、简化处理通道；60分以上复杂案件推送至审判流程管理系统。办案法官借助文书自动生成、类案检索、法条推送、强制纠错、自动上网等智能辅助，完成全流程办理。当前，繁简案件快速分流与纠纷多元化解相互支撑、相互融合、相互促进，该系统顺畅运行，推进了审判体系和审判能力现代化。

---

〔1〕 参见《人民法院一站式多元纠纷解决和诉讼服务体系建设（2019-2021）》，载最高人民法院网2022年2月24日，https://www.court.gov.cn/zixun-xiangqing-346831.html。

3.服务法官员额制改革

党的十八届三中全会提出依法治国的大政方针，其中针对法官的员额制改革措施成为推进司法体制改革的重要举措。员额制减少了原有法官数量，而如何选出专业水平高、业务能力强的法官，还需要大数据作为辅助参考。通过大数据分析可以实现三个业绩评价方面的功能：一是以办案数量、办案质量、办案效率和办案效果为基本评价内容，以一定时期内的审判、执行工作重点为附加评价内容，围绕基本评价内容和附加评价内容，设置基础指标、附加指标。二是针对案件难易程度设置不同的固定系数、浮动系数，实现案件的全方位评价，做到各类案件评价的公平、公正。除了对承办案件进行评价外，还有针对参与合议庭审理案件的系数评价，实现办案法官工作量的全面考核。针对非审理案件产生的工作量，也会根据相关案件的难易程度进行考核，实现审理案件及与案件相关的工作量的全方位评价。三是实现办案法官的实时考评，以天为单位，实时计算法官办案评价情况，辅助法官关注审理案件的质量、效率、效果情况。

2021年5月，海南省第一中级人民法院法官负面行为预警系统正式上线。举例来说，某法官借用考勤系统的漏洞，只保证早晚打卡两次，在两次打卡间隔时间外出兼职或者进行其他个人活动。该法官实际上没有完成自己的工作，但是从现有的考勤数据来看，只能看到一个“爱岗敬业”的人。而“法官负面行为预警系统”可以用于发现此类现象，辅助法院领导和审管部门直观了解法院各法官在案件办理过程中的关键节点以及关键指标上出现预警与异常等行为数据，从而为员额法官选拔、评价提供抓手。该系统由盯人盯案、层层审批向全院、全员、全过程的实时动态监管转变，确保放权与监督相统一，将立案、分案、送达、庭审、宣判、执行到结案、归档全过程节点纳入管控范围，将办案环节监督事项、职责清单嵌入负面行为预警系统，通过可视化平台从多个角度直观查看全院各庭、各法官不符合规则项统计数据，达到高效率和高质量管理。该预警系统自上线以来，海南法院在案件办理过程中规范化操作得到进一步提升，案件办理结案更及时、更高效，人民群众对政法办案满意度日益提升。海南一中院利用信息化管理创新方式通过信息化管理手段为服务法官员额制改革、打造专业过硬素质优良的政法队伍发挥了重大作用，该系统是制度技术化的体现和应用。

二、疏通"执行难"堵点，推进执行工作集约化、精细化与规范化

人民法院执行工作是依靠国家强制力确保法律全面实施的重要手段，是维护人民群众合法权益、实现社会公平正义的关键环节。[1]随着经济社会的快速发展，人民法院受理的执行案件数量也随之大幅增长。法院自身作出的判决、裁定、调解书等生效法律文书，以及行政机关、公证机构、仲裁机构等作出的可向人民法院申请执行的法律文书，未能全部得到及时、有效执行，被称为"执行难"。"执行难"产生的原因是多维度、多方面的，在此不做赘述。但毋庸置疑的是，人民法院作为强制执行的国家机关，一直在努力推动解决"执行难"这一社会难题。"'执行难'问题成为制约人民法院工作的'瓶颈'问题。十多年来，虽组织了多次全国范围内的执行积案清理活动，采取了多项举措，也取得了一定成效，但'积了又清、清了又积'问题非常突出，经年累月，积压了一大批未实际执结的案件，已成为束缚执行工作健康发展的巨大历史包袱。"[2]

党的十八届四中全会明确作出"切实解决执行难"的重大部署，要求"依法保障胜诉当事人及时实现权益"。为坚决贯彻落实党中央重大决策

---

〔1〕 参见《关于加强综合治理从源头切实解决执行难问题的意见》，载最高人民法院网2019年8月22日，https://www.court.gov.cn/fabu-xiangqing-178382.html。

〔2〕 刘贵祥：《人民法院执行工作现状与分析》，载《中国应用法学》2018年第1期。

部署，最高人民法院提出了"一性两化"的基本工作思路，即依法突出执行工作强制性，全力推进执行工作信息化，大力加强执行工作规范化。2016年3月，最高人民法院在第十二届全国人大第四次会议上提出"用两到三年时间基本解决执行难问题"。全国法院经过三年基本解决"执行难"工作，执行工作取得显著成效，人民法院执行工作取得历史性成就，发生了历史性变化。据统计，2018年年底，全国法院有财产可供执行案件法定期限内实际执结率为90.4%，无财产可供执行案件合格率为92.6%，信访案件办结率为94.4%，三年整体执结率为82.9%。中国社会科学院牵头完成"基本解决执行难"第三方评估，经科学评估作出评估结论，"三年来，人民法院消极执行、选择性执行、乱执行得到极大遏制，无财产可供执行案件终本程序标准和实质标准把握较严、恢复执行等相关配套机制应用较畅，新收有财产可供执行案件法定期限内基本执行完毕，被执行人规避执行、抗拒执行和外界干预执行明显改善但仍需各方面更多支持，人民法院'4+1'核心指标已达到预设要求，各项评估指标总体达标，'基本解决执行难'这一阶段性目标已经实现；但距离'切实解决执行难'还有一定差距，个别地区、个别领域执行难问题还相对突出，极少部分中基层法院没有达到预设要求。未来还需进一步构建和完善解决执行难长效机制，以早日实现'切实解决执行难'目标"。[1]

从"一性两化"的"全力推进执行工作信息化"工作思路，以及中国社会科学院第三方评估总结中的"借力信息化，提升查人找物能力和规范办案水平"执行工作成效中可以看出，近年来执行工作发生历史性变化，其中一条非常重要的经验就是人民法院顺应大数据时代，积极推进现代信息技术、大数据在执行领域的广泛、深度应用。在"基本解决执行难"工作期间，人民法院着力提升执行信息化、智能化水平，逐步建立和完善以执行

[1] 参见《中国社会科学院牵头完成"基本解决执行难"第三方评估》，载中国法学网，http://iolaw.cssn.cn/xxsz/201905/t20190524_4905327.shtml。

指挥管理平台为核心，以执行办案系统和执行公开系统为两翼，以网络查控、评估拍卖、信用惩戒等N个辅助系统为子系统的“1+2+N”执行信息化体系。执行信息化体系为规范执行办案、加强执行监管、提升执行质效、推进“切实解决执行难”发挥着重要作用。

大数据时代对于人民法院执行工作的意义在于，其要求法院执行部门全面掌握大数据，提升数据处理效率，分析数据、挖掘数据、共享数据、利用数据，进而服务于执行工作，特别是促进解决“执行难”。在推进过程中，人民法院依托大数据技术建立了覆盖全国，且基本囊括被执行人主要财产形式的网络化、自动化的查控系统，解决查人找物难的问题；建立跨地区、跨部门、跨领域的联合惩戒机制，解决当事人逃避执行、隐匿财产的问题。“从网络查控涵盖财产信息范围之广、执行人员使用之便利等方面来看，显然已经超过了绝大多数西方发达国家。”〔1〕以往需要法院派员外出甚至远赴外地调查、搜查、控制可供执行的财产，如今已在相当程度上对被执行人员利用“总对总”“点对点”〔2〕查控系统所替代。通过大数据在执行领域的广泛运用，人民法院执行工作在执行机制、执行模式、执行管理等方面已悄然发生了深刻的变化，正在逐步向执行工作智慧化迈进，使执行工作变得更加集约化、精细化、规范化。

---

〔1〕 如英国曾在2007年试图通过立法解决债权人提供债务人财产信息难的问题，允许其申请法院向行政机关、特定个人发出有关债务人财产状况的信息披露令，但政府拒绝采纳。See John Baldwin and Ralph Cunnington, “*The Abandonment of Civil Enforcement Reform*”, Civil Justice Quarterly 29 (2010), p. 168-169 .转引自陈杭平：《比较法视野下的执行权配置模式研究——以解决“执行难”问题为中心》，载《法学家》2018年第2期。

〔2〕 2014年，最高人民法院建立网络查控系统，加强与16个有关单位和金融机构等合作，通过信息化、网络化、自动化手段，在全国范围内查控被执行人及其财产，该系统被称为“总对总”网络查控系统。在最高人民法院推进建设“总对总”网络查控系统的同时，多数高级人民法院也在辖区内建设三级联网的“点对点”网络查控系统，实现对本省辖区身份和财产信息的有效查控，形成对“总对总”网络查控系统的有力补充。

（一）破解“查人找物难”，建立网络查控系统

财产调查是人民法院执行工作的重要环节，解决“执行难”问题，首要难题在于查人找物。传统“登门临柜”的查人找物模式，耗时费力、成本高昂、覆盖有限、效率低下，导致大量案件难以得到实际执行，当事人的合法权益难以实现，亟须探索信息化时代查人找物的新模式。构建执行大数据共享机制，实现大数据共享制度化，打破法院地域的限制，在保证数据安全的前提下，实现执行数据在全国法院的全面共享与互通；更为重要的是，人民法院与社会数据资源形成共享大数据资源池，人民法院与国家和社会性机构建立了大数据共享机制。

以往执行调查所需的信息被不同的行业、部门、地域等所掌握，相应的数据彼此间呈现隔离状态，未能形成数据共享的机制。为打破数据割裂局面，2013年，最高人民法院在早期建设试点的基础上，出台《关于网络查询、冻结被执行人存款的规定》，探索推动网络执行查控机制建设，通过大数据技术支撑，实现执行查询冻结银行存款的线上办理。2014年，最高人民法院与国家工商总局〔1〕联合发布《关于加强信息合作规范执行与协助执行的通知》，与中国银行业监督管理委员会〔2〕联合发布《关于人民法院与银行业金融机构开展网络执行查控和联合信用惩戒工作的意见》，与中国证券监督管理委员会联合发布《关于加强信用信息共享及司法协助机制建设的通知》，为网络执行查控系统建设奠定了制度基础。2014年12月24日，最高人民法院正式开通了“总对总”网络查控系统，经过多年努力，现在的网络查控系统各项功能得到全面提升，实现了对被执行人主要财产形式的“一网打尽”。一是可查询的银行从最初的20家扩展到现在的3900多家，农村信用社、城镇银行、外资银行均被覆盖其中，目前已基本实现对

---

〔1〕 现为国家市场监督管理总局。

〔2〕 已撤销。

所有银行业金融机构的全覆盖。二是可查询的信息种类从最初的单一银行存款扩展到现在的与中国人民银行、公安部、自然资源部、银保监会等16家单位、3900多家银行连通，查询16类25项信息。三是形成了以最高人民法院“总对总”为主体，以地方法院“点对点”为补充的查控体系。实际应用查控系统的法院由过去的30%扩展到现在的100%，全国各级法院广泛应用。据统计，截至2022年3月，全国法院通过网络查控系统累计查控案件11434.46万件，累计冻结资金20655.4亿元，查询房屋、土地等不动产信息40646.87万条，车辆15395.91万辆，证券26673.29亿股，渔船和船舶371.79万艘，网络资金806.39亿元。实践证明，各级法院应用全国法院网络执行查控系统，充分发挥了执行联动机制的作用，有效破解了执行查找财产的难题，提升了执行效率，执行到位金额呈现逐年上升的良好态势。最高人民法院“总对总”查控体系查人找物效果是传统模式无法想象的，在全世界是独一无二的，充分体现了中国的体制优势，也充分说明了司法大数据技术应用的巨大潜力。

截至2021年年底，通过网络查控系统可具体查询：(1)公安部门的车辆信息和出入境证照信息；(2)全国居民身份证号码查询服务中心的身份信息；(3)全国组织机构统一社会信用代码数据服务中心的统一社会信用代码/组织机构代码信息；(4)国家市场监督管理总局的企业法人基本登记信息、企业对外投资信息和个人对外投资信息；(5)人民银行的开户行信息；(6)商业银行的存款信息和理财产品信息；(7)证监会有关交易所的证券信息；(8)农业农村部的渔船信息；(9)交通运输部的船舶信息；(10)自然资源部的不动产信息；(11)国家税务总局的税务登记信息、纳税信息、退税信息和领取税票信息；(12)民政部的婚姻登记信息、低保人员信息和家庭收入信息、社会组织登记信息；(13)中银联的银行卡消费记录信息；(14)腾讯的财付通账户存款信息；(15)支付宝的账户财产信息；(16)京东金融平台的财产信息。可以说已经实现了对主要财产形式的一键查询。

此外，该系统还实现了对银行存款、金融理财产品、证券、船舶、财付通、支付宝、京东金融等财产的网络冻结功能和对银行存款、财付通、支付宝的网络扣划功能。全国法院网络执行查控系统的功能发挥，有赖于各协助执行单位的积极支持，有赖于各协助执行单位将查询信息数据化。目前，网络执行查控系统已基本覆盖主要的财产形式，但鉴于财产形式的日益多样化、财产信息尚待数据化等客观情况，仍需在国家层面推动协助执行单位对自身业务系统升级，加快推进其掌握财产、信用等信息的数据化，并配备满足协助司法机关日常实时查询的资源。

（二）破解“逃避执行难”，建立联合信用惩戒体系

解决“执行难”问题的第二大难题，在于当事人逃避执行、隐匿财产，不积极主动履行法律文书确定的义务。实践中存在较高比例的被执行人逃避执行、规避执行、抗拒执行、藏匿财产的情况，有的甚至无所不用其极。〔1〕其中，很多问题是没有办法通过查控系统解决的。因此，通过信用信息公开和共享，建立跨地区、跨部门、跨领域的联合惩戒机制是解决问题的关键所在，而这一惩戒机制的落地实施，正是基于大数据的数据共享和业务协同。依托大数据共享平台可以实现对失信被执行人身份、信用情况的大数据画像，当失信被执行人进入各部门职责范围时，可对其进行自动识别、控制、拦截，实现大数据联动惩戒。例如，当被执行人被纳入失信被执行人名单或者限制高消费人员时，相关的身份信息数据会被推送至人民银行、市场监管管理总局、民航、铁路等部门系统，上述协助部门在自身系统中识别该数据，在其购买机票、高铁票，办理贷款等业务方面进行拦截控制。同时，为达到对单位失信和限制高消费的实际惩戒效果，按照司

---

〔1〕 比较典型的包括：有的转移隐匿财产，把房产、汽车、股权、股票等证券登记在他人名下，以他人名义存款、投资、委托理财；有的企业设立多个公司，通过复杂的、令人眼花缭乱的关联交易转移有效资产；有的债务人玩失踪、销声匿迹，甚至以虚假诉讼、假离婚、假破产方式逃避债务等。参见《最高院刘贵祥：要把通过破产合理免除债务与逃废债区分开》，载新浪科技，https://finance.sina.cn/tech/2021-03-09/detail-ikkntiak6689185.d.html?fromtech=1。

法解释规定，系统还将单位的法定代表人、主要负责人、实际控制人、影响债务履行的直接责任人员四类人的信息数据一并推送，从而间接“惩戒”上述人员，迫使其履行对单位的相应责任。

最高人民法院于2013年出台《关于公布失信被执行人名单信息的若干规定》，建立失信被执行人名单制度，即“黑名单”制度，推动对失信被执行人进行联合信用惩戒，以此不断压缩失信被执行人逃避执行、规避执行、抗拒执行的空间，让失信被执行人“一处失信、处处受限”，迫使其主动履行法律文书确定的义务。2016年中办、国办印发《关于加快推进失信被执行人信用监督、警示和惩戒机制建设的意见》，强调要建立健全跨部门协同监管和联合惩戒机制，完善失信被执行人名单制度。2016年以来，最高人民法院与国家发改委等60家单位签署文件，采取11类150项惩戒措施，对失信被执行人担任公职及其出行、购房、投资、招投标等进行限制。通过与相关单位数据信息共享，互联互通，实现对失信被执行人自动识别、自动拦截、自动惩戒，真正让“老赖”无处遁形。2019年，中央全面依法治国委员会印发《关于加强综合治理从源头切实解决执行难问题的意见》，明确要加快推进失信被执行人信息共享工作，通过国家“互联网+监管”系统及全国信用信息共享平台，推进失信被执行人信息与公安、民政、人力资源社会保障、自然资源、住房和城乡建设、交通运输、文化和旅游、财政、金融监管、税务、市场监管、科技等部门以及有关人民团体、社会组织、企事业单位实现公共信用信息资源共享。[1]依托司法大数据支撑的失信被执行人名单制度得到社会各界的广泛认同，通过失信惩戒系统产生的失信被执行人信息数据，已经成为社会信用建设的主要数据内容，有力推动了我国社会诚信体系建设，联合信用惩戒措施已成为积极推进国家治理体系和治理能力现代化的重要创新举措。

---

〔1〕 参见《关于加强综合治理从源头切实解决执行难问题的意见》，载最高人民法院网2019年8月22日，https://www.court.gov.cn/fabu-xiangqing-178382.html。

在最高人民法院建立全国性联合信用惩戒体系的基础上，各地法院纷纷主动作为，与当地有关部门联合补强信用惩戒体系。例如，近年来，福建省高级人民法院为深入推进惩治和预防腐败体系建设，健全完善人民法院权力运行的监督制约机制，立足智慧法院建设成果，针对不断出现的廉政风险新特点、新问题，按照“科技+制度”的思路，从信息化角度提出集预警、防范、管理、监督、纠错“五位一体”的廉政风险防控系统（“清风”系统）的建设。通过全面梳理司法权力在法院内部的分布及运行情况，系统收集廉政风险点，构建风险数据模型，抓取审判信息管理系统、执行流程信息系统、执行案款系统、信访举报系统、干部人事系统等13个司法数据较为集中的子平台原始数据，汇总融入“清风”大平台，破除信息壁垒，让司法权力运行的每一个流程节点全景式展现在“清风”系统；逐步做到权力运行网上公开、权力行使网上监控、廉政风险网上预警，实现对司法行为的全过程、全方位、全领域管控，不断创新监管方式，科学、有效地把审判权、执行权关进制度的笼子，为审判权运行监督制约和风险防控机制建设插上现代科技的翅膀。“清风”系统以司法大数据平台的数据推送为依托，深度挖掘运用海量司法数据，建立融风险信息采集、风险配置、实时预警、分析研判、风险处置反馈为一体的数据体系，加固廉政边界，精细廉政图谱，实现科技控权，构建静默化、自动化、可视化的监督方式。

“清风”系统充分利用大数据的特点，活用司法大数据平台中的数据资源，进行数据的分析、碰撞，实现现有数据的应用价值。系统从案件立案至归档，全流程动态设置廉政风险点89个，按设定的规则自动提示风险，实现监督自动化。福建法院根据“清风”系统风险提示精准锁定问题，深化开展信访举报甄别、司法巡查、审务督察、“一案双查”等，着力抓早抓小“治未病”，查摆问题“止初病”，督促整改“消已病”。2022年，全省法院借助“清风”系统风险提示，有效预警各类案件38709件，督促全省法院排查整改2018年以来电子化的各类案件80余万案次，运用“四种形态”处理124案次，实现廉政风险抓早抓小、防微杜渐，提升对执法办案不规范、不廉洁行为的发现、防控能力，健全司法制约监督体系，强化队伍监管，促进司法公正廉洁。

（三）破解“财产变现难”，全面推行网络司法拍卖

在法院执行程序查控的财产中，土地、房产、车辆、股权、知识产权等约占60%，需要通过评估、拍卖等方式变现后，才能向申请执行人支付。过去，财产的评估拍卖是一大难题。传统的委托拍卖机构的拍卖方式，成交率低、溢价率低，还要向当事人收取高额佣金，还常常出现围标串标、暗箱操作和权力寻租等种种问题，是以往廉政问题的“重灾区”。以互联网技术为主的新一轮科技革命为传统财产变现模式的变革提供了前所未有的机遇。最高人民法院将互联网技术与司法拍卖有机结合，积极探索、推广开展网络司法拍卖。2017年3月，最高人民法院上线网络司法拍卖平台，与淘宝、京东等互联网司法拍卖平台进行对接，实现全国法院拍卖标的物统一管理、统一发布，全面推行网络司法拍卖，着力解决财产变现难题。传统拍卖程序中的公告、缴纳保证金、竞买、确认成交等所有拍卖行为都在互联网拍卖平台上进行。网络司法拍卖覆盖的种类非常广泛，小到手机电脑、戒指手镯，大到船舶、飞机、房地产，还有股权等。目前单笔成交价最高的是100多亿元的高速公路收费权，这在传统拍卖中难以想象。据统计，截至2023年3月，全国法院累计上拍标的物601.83万件，成交量144.54万件，成交额2.32亿万元，平均成交率63.6%，为当事人节约佣金707亿元。

随着网络司法拍卖的广泛应用，以往传统委托评估确定参考价的方式难以满足财产处置的效率需求。最高人民法院于2018年8月出台了《关于人民法院确定了财产处置参考价若干问题的规定》，总结大数据在确定参考价工作中的应用经验，明确规定了当事人议价、定向询价、网络询价、委托评估四种方式，确定了财产处置参考价的新模式。其中，定向询价是人

民法院向掌握财产计税基准价、政府定价或者政府指导价数据的特定国家机关、事业单位等有关机构进行询价。网络询价是在定向询价不能或者不成，抑或在双方当事人一致要求进行网络询价，且财产无须由专业人员现场勘验或者鉴定并具备网络询价条件的情况下，人民法院通过司法网络询价平台进行询价。网络询价平台具有财产的一定时期既往成交价、政府定价、政府指导价或者市场公开交易价等多种价格数据，根据财产特征进行大数据分析，从而给出财产处置参考价。2019年年初，最高人民法院研发上线全国法院询价评估系统，实现当事人议价、定向询价、网络询价和委托评估等功能，与执行案件流程管理系统、执行指挥平台对接，实现执行案件数据、处置财产信息的对接共享。法官在执行案件管理系统可一键发起查询，查询结果线上反馈，切实提升执行工作效率。实践中存在下述场景：执行法院通过网络执行查控系统，利用数据共享机制，从协助部门线上查询到被执行人名下房产，通过将法律文书数据化传输，指令查封房产。查封的数据会相应地同步反馈执行办案系统，承办法官可在办案系统中提请网络询价，将数据化的财产信息推送至京东、淘宝、工商银行等试运行的网络询价平台。上述网络询价平台基于数据库计算，一般当天就可反馈询价结果，反馈结果的均价为确定的处置参考价。参考价确定后，承办法官通过网络拍卖系统，同样将有关信息数据化上传系统，通过互联网司法拍卖平台进行自主拍卖。从上述财产处置的数据化流程中可以看出，基于大数据技术应用的网络司法拍卖系统、网络询价评估系统的推广，大大提高了财产处置的效率。

（四）破解“执行管理难”，建立全国四级法院统一的执行办案平台

为解决以往执行案件底数不清问题，统一规范全国法院执行办案标准和流程，强化关键节点管控，最高人民法院建立了四级法院统一的执行办案平台，即人民法院执行案件流程信息管理系统。该系统以信息化为

抓手，将执行案件全部纳入执行管理系统，以层级管理、质量管理、效率管理、绩效管理为重点，及时生成、公开相关节点信息，形成执行法院、上级法院、当事人对执行案件“多位一体”的监督功能，有效解决消极执行、拖延执行、选择执行等执行失范问题。强力推行网上管理、网上监督、网上审批、网上考评，将各项法律规定、规范制度通过执行管理系统进行转化、落实，切实解决执行工作中长期存在的执行懈怠、执行案款不清、执行家底不明、执行不透明等问题。这套系统在全国四级法院使用，分为直接使用与对接使用两种模式。对接使用省份的办案系统在具备直接使用系统功能的基础上，还可创新增设其他系统功能，不仅方便灵活，也有利于全国办案系统的不断优化更新。该系统在业务操作层面简单便捷，并能智能辅助法官办案，减轻法官的工作量，提高法官的工作效率。同时，为充分发挥大数据应用执行统一管理、统一指挥、统一协调等方面的作用，解决长期以来执行力量分散、协调不畅、指挥不力、执行管理不到位等困扰人民法院的问题，最高人民法院基于办案系统生成的底层基础办案数据、协助单位共享的相应数据信息等，建立了执行指挥管理平台，进一步深挖应用办案数据。在案件管理层面，以案件管理为中心，对关键数据项自动提取分析，为领导决策提供支撑。该系统通过与其他业务系统相互关联，完成多渠道的立案系统、网络查控系统、财产评估拍卖系统、信息公开系统、事项委托督办、失信惩戒等业务平台对接，有效杜绝了案件体外循环，全面优化传统查人找物办案方式，快速推进财产处置，高效公正执行标的，联动失信被执行人名单采集、推送、司法公开，威慑惩戒失信人员。

具体而言，一是以大数据分析应用促进规范执行。对于执行办案的关键节点，经过数据的分析比对，可以判断甄别未按法律或司法解释规定完成工作的超期节点信息，并将其数据化推送至管理平台。上级法院执行指挥中心按照分级督办的工作机制执行督办，并进行跟踪催办，确保执行工作的节点能够严格按照法律规定、法定程序规范进行。例如，对于超期未发执行通知、超期未查询财产、超期未启动财产处置、超期未发放案款、超期未办结信访案件等关键办案节点，相应的超期督办信息被大数据精准分析，针对性解决违反规定的问题，促进严格规范执行。通过对原始数据采集分析，建立执行质效系统，支持全国各级法院对本院及辖区法院的执行质效进行实时分析监管，促进领导决策的科学性。

二是以大数据实时特性提高执行协作效率。基于办案系统研发执行事项委托系统功能，解决了全国各地法院跨区域办理执行事项成本高、效率低、信息不对称等问题。在实践中，执行法院往往有需要省内其他地区或省外法院代为执行的事项，如委托调查、委托控制财产等，以往都是通过邮寄相应法律文书的方式。不仅如此，还存在法院之间相互推诿扯皮、缺乏监管的问题。在此项工作中，通过大数据的应用，执行人员可以快速在办案系统中生成相应事项委托的法律文书，通过系统数据化审批，传输至相应受托法院，受托法院接收数据化电子法律文书后可迅速办理，实现全国执行事项委托工作有章可依、有迹可循、可管可控。基于大数据在执行协作方面的应用，人民法院正在不断健全以执行事项委托为主的全国统一协作执行工作机制，切实强化全国执行“一盘棋”的理念。基于应急调度服务平台的应用，发挥大数据多样性的优势，加强执行指挥中心值班备勤，上级法院通过音视频、实时地理位置等多样性的数据信息，对辖区法院值班备勤、现场执法工作进行检查，确保形成反应迅速、令行禁止的实时联动备勤，完善应急事项紧急处理工作机制，为实现覆盖全国、上下一体、内外联动、响应及时、保障有力的全国四级法院执行指挥调度工作格局奠定基础。

三是以大数据整合应用实现终结本次执行程序案件动态管理。终结本次执行程序制度是指在被执行人无财产可供执行的情况下，将执行案件暂时退出执行程序，纳入终本库，进行案件管理，并定期查询是否出现可执行的财产，一旦有可供执行财产，即予恢复执行。为规范终本程序，最高人民法院先后制定下发了一系列规范性文件，严格规定终本案件应当符合的程序标准和实质标准，建立全国法院终本案件动态管理系统，基于大数据管理分析，形成了“严把进口、规范管理、畅通出口、有序退出”的终本案件动态管理机制。通过各类办案信息数据的比对分析，支持办案系统智能判断执行案件是否符合结案条件，对于未有提起网络执行查控、采取限制消费、终本约谈等数据信息的，系统不允许终本结案，严把进口关。对于终本结案进入终本库的案件，系统自动按期启动网络查询，反馈有财产信息数据的，将其数据信息推送至办案法官甄别恢复执行，规范该类案件动态管理。对于符合执行程序移送破产审查的案件，大数据分析可作出提示指引，进一步畅通终本案件出口、有序退出。

四是以大数据集约化甄别推动高效执行。部分执行案件量较大的法院或省份正在充分结合执行大数据的应用，探索推广执行案件繁简分流、事务集约办理工作机制。在案件繁简分流大数据应用方面，对于首次执行案件及财产保全案件，在立案后或者完成集中查控后，根据查控结果大数据分析，以有无足额财产可供执行、有无财产需要处置、能否一次性有效执行等数据分析结果，实施繁简分流，实现简案快执、难案攻坚。随着区块链技术的应用，在不远的将来，一些简单案件通过大数据的应用，可能不再需要人工介入即可智能化执行完毕。在事务集约办理方面，加强执行信息化系统数据的综合应用，支持执行事务性工作的集约办理，对执行程序中的文书制作和送达、网络查控、事项委托、执行外勤、网拍辅助、案款发放、终本恢复线索核查、涉执信访等事务工作，推动形成标准化、流程化的操作模式，保证执行事务性工作办理的效率。

五是以大数据的全面精准促进执行公开。基于各类执行数据的汇总资源，一方面，人民法院建立了中国执行信息公开网，将未结执行案件、终结本次执行程序案件、失信被执行人信息、限制消费人员信息、财产处置信息等可以公开的数据信息，及时向社会公开。在经济社会活动中，人民群众均可事先查询公开的执行数据，以便及时规避执行数据信息提示的风险。另一方面，通过执行信息公开网以及“智慧执行”App等，人民法院向身份验证通过的当事人及时反馈执行进展信息，并可在线接收当事人的留言以及财产线索等数据信息，执行大数据的高速运转大大提高了当事人与法官之间的沟通效率和效果。

为进一步提高大数据在执行领域的智能化应用，最高人民法院还于2022年出台了《关于加强区块链司法应用的意见》，明确要探索建立符合条件的执行案件自动发起查询、冻结、扣划以及执行案款自动发放智能合约机制，在确保程序合规的前提下简化审批环节，进一步提升执行效率。针对被执行人财产查控、失信被执行人联合惩戒等需求，构建人民法院与行政执法、不动产登记、金融证券保险机构、联合信用惩戒等单位的跨链协同应用，建立自动化执行查控和信用惩戒模式，提高协同执行工作效率。在移动执行、无纸化办案、卷宗随案生成等方面，人民法院充分结合现代信息技术和大数据应用，执行工作与信息技术进一步深度融合，不断取得科技赋能，助力提升执行工作的集约化、精准化、规范化水平，为实现执行工作高质量发展注入持续、强劲的动力。

三、助力打通司法服务“最后一公里”，提升诉讼服务的精准化、高效化与便捷化

自近代法典编纂以来，传统的诉讼中心主义将诉讼作为解纷中心，导致诉讼“爆炸”，司法资源短缺，由此造成诉讼迟延与人民群众对司法服务便捷高效的期待形成张力。“诉讼爆炸的现象在法制历史上并不少见，诉讼案件的剧增可能导致法院系统不堪重负，一旦司法无法满足社会对诉讼这种‘公共产品’的需求，政府对社会的治理就会产生失序、脱轨甚至混乱

的情况，进而影响审判的社会治理功能实现。”[1]“随着经济社会迅速发展，互联网时代来临，法院必须回应新的社会需求，其纠纷疏导和纠纷解决功能也必然发生变化。”[2]诉讼服务作为司法文明的窗口，处于纠纷解决的“前端”，也面临新的机遇与挑战。

在这一背景下，人民法院借助司法大数据，践行以人民为中心的发展理念，将智慧法院建设成果应用到传统司法模式之中，以互联网、大数据、云计算为基础构建一种新的在线诉讼服务模式，立足于人民群众多层次、多样化的司法需求，聚焦人民群众反映强烈的立案难、诉讼难的重点、难点、堵点、痛点问题，优化甚至重塑网络场景下的诉讼程序和司法规则，打通司法服务“最后一公里”，最大限度消除当事人诉讼不便，更好地实现司法正义，努力让人民群众在每一个司法案件中感受到公平正义。[3]2019年8月，最高人民法院发布《关于建设一站式多元解纷机制一站式诉讼服务中心的意见》，推动纠纷解决和诉讼服务理念更新、机制变革，实现一站式多元解纷、一站式诉讼服务。该现代化服务体系融入了集约、高效、智慧、精准、共享等与司法大数据直接相关的元素。2021年1月，中共中央印发《法治中国建设规划（2020—2025年）》，要求“全面建设集约高效、多元解纷、便民利民、智慧精准、开放互动、交融共享的现代化诉讼服务体系”。大数据同一站式多元解纷与诉讼服务工作的深度融合，有力推动了人民法院诉讼服务建设进入更加便捷、透明、高效的智慧时代。

司法大数据为建设更加便捷、透明、高效的诉讼服务体系加速助力，为社会公众提供诉讼风险分析、诉讼结果预判、诉前调解建议等服务，鼓励当事人选择非诉方式解决争端；为调解员赋予强大的数据参考信息，促

---

〔1〕 陈卫东：《诉讼爆炸与法院应对》，载《暨南学报（哲学社会科学版）》2019年第3期。

〔2〕 高薇：《互联网时代诉讼服务现代化的中国叙事》，载《人民法院报》2021年3月14日，第2版。

〔3〕 参见肖建国：《人民法院一站式建设中的中国司法智慧》，载中国法院网2021年3月14日，https://www.chinacourt.org/article/detail/2021/03/id/5866135.shtml。

进矛盾纠纷源头化解、多元化解、实质性化解。

（一）诉前提供诉讼风险预估分析

在诉前阶段，司法大数据的相关应用可以为当事人提供诉讼风险预估分析。大数据技术可以深度分析用户的诉讼行为，发掘用户的个性化需求，通过海量司法数据的挖掘，为社会公众提供诉讼风险分析、诉讼结果预判、诉前调解建议等服务，引导当事人选择更为经济的纠纷解决方式，有效促进矛盾纠纷多元化解与诉源治理。当前，诉讼风险评估系统已在很多法院应用，当事人在诉前即可以输入案情有关描述，提交完成后获得通过大数据分析生成的法律建议书，其中包含法律意见、行动建议、法律法规以及类案参考等内容。该系统会最终出具一份风险评估报告，科学提示当事人采取调解或诉讼等不同解纷途径所花费的时间、经济成本，提醒当事人结合自身实际情况理性选择，鼓励当事人对适宜调解的案件，通过诉前调解方式解决纠纷，这也是借助大数据智能预测、风险评估的能力鼓励当事人选择非诉方式解决争端的有效实践。

诉讼输赢的预判涉及人的主观抉择，个人给出的建议不一定可靠，朋友给的建议可能会倾向你的观点，律师与当事人之间有律师费的利害关系，预判也不一定可靠。这时，人工智能、大数据就可以提供相对理性的评估，这也是诉讼风险评估系统所具有的优势。近年来，诉讼代理合同纠纷类案件频发，充分暴露诉讼当事人与诉讼代理人之间的信息不对称这一突出问题，不仅严重影响已有纠纷的顺利解决，甚至还有可能引发新的矛盾。例如，一些当事人因其法律知识水平限制，与诉讼代理人之间存在信息不对称、缔约能力不对等等情况，个别律师基于利益最大化考虑，可能利用不对称的消息损害当事人的利益。诉讼代理人一般会对诉讼结果提前进行评估，但诉讼代理人的预判未必准确，可能出现当事人难以接受而拒付代理费用的情况。司法大数据相关应用就为解决上述问题提供了可能，通过为诉讼当事人与诉讼代理人提供诉讼风险评估，最大限度地实现诉讼相关信息在当事人与诉讼代理人之间的公开、透明、共享，消除诉讼当事人与诉讼代理人之间的信息不对称，甚至倒逼律师工作向更加规范化、精细化、高效化的方向发展。

2015年，山东省淄博市中级人民法院上线诉讼风险指数平台，帮助当事人知悉诉讼风险，引导其选择非诉解纷途径的第三方、中立的评估系统，在帮助当事人更快、更好解决纠纷的同时，还能提升法院工作效率，减少事务性工作。该平台以诉讼案件的案由为入口，共设定民间借贷纠纷、担保合同纠纷、买卖合同纠纷、离婚纠纷等十几类基本评估案由。当事人在使用终端时，首先选择相应的评估案由，随即进入风险评估问卷调查。系统会随机生成多个选项供当事人选择，评估题目涵盖诉讼标的额，诉讼中是否需要鉴定、是否需要财产保全等多项内容。之后，系统会根据当事人的选择，通过大数据分析，从风险、时间、经济、感情、信誉五个方面给出建议的纠纷解决途径，进而实现纠纷解决的多元化。对于系统分析后自动生成的诉讼风险评估报告，当事人可直接打印或扫描二维码来获取。该报告不仅可以供当事人查阅，帮助其更好地选择诉讼手段以维护自身合法权益，减少并力求避免不必要损失，还可以为今后的诉讼提供案情的核心要素，为立案法官提供数据支持。

（二）有效识别虚假诉讼、恶意诉讼

党的十八届四中全会通过的《中共中央关于全面推进依法治国若干重大问题的决定》指出，加大对虚假诉讼、恶意诉讼、无理缠诉行为的惩治力度。虚假诉讼不仅损害他人的利益，也妨害了正常的司法审判秩序，严重损害司法权威以及司法公正和效率。目前，利用司法大数据，在立案阶段就能实现虚假诉讼的提前预警、自动识别及有效应对。而在没有全国法院数据联网、大数据和案件关联的情况下，这些是不可想象、不可实现的。

这一应用主要是通过大数据技术对当事人、案件基本信息等情况进行数据分析、关联案件检索等，掌握当事人的涉诉情况，为发现当事人虚假诉讼、恶意诉讼、涉众型诉讼提供技术支持，增强预测预警预防虚假诉讼、恶意诉讼能力水平，做到早发现、早处置，把风险隐患消灭在萌芽阶段。

最高人民法院信息中心委托中国司法大数据研究院开发虚假诉讼智能识别系统，系统着眼于人民法院在立案、审判、执行中遇到的问题，特别是在实现立案登记制改革后出现的大量恶意诉讼、无理缠诉等行为，通过信息化、智能化信息技术有效规制不当诉讼行为，维护正常司法秩序。该系统基于司法大数据及深度学习、自然语言处理等人工智能技术，发挥司法大数据全面筛查、自动关联、精准识别、提前预测、及时提醒等优势，针对涉众类案件、滥诉案件、虚假诉讼案件等案件风险进行盘查监控，直观呈现法官所受理案件的风险状况。同时，建立健全全国滥诉、虚假诉讼失信人名单库，为法官提供智能、精准、权威的案件风险预警服务。2020年，全国已有20家法院开展相关试点工作。试点期间，对超过6500件案件进行自动筛查，覆盖208个案由，识别虚假诉讼、无理缠诉、涉众型案件准确率超过85%。目前，全国3100多家法院应用该系统，提供虚假诉讼预警4000余次，有效提升源头防范、关口把控虚假诉讼能力水平。〔1〕

江苏省高级人民法院研发的“套路贷”虚假诉讼智能预警系统2019年8月30日上线，运用云计算、大数据、NLP和智能算法等技术，实现对“套路贷”虚假诉讼的自动预警、科学认定、准确打击和源头防范。“套路贷”虚假诉讼智能预警系统支持对民间借贷等八类高发案由案件的智能预警。该系统通过构建智能算法模型，解构法院内部信息、公安信息、市场监督管理信息，结合案件中行为的联系、事实的关联、证据的印证，系统分析原告起诉频次等79个识别监督点，形成风险标签体系；运用大数据思维方式

〔1〕 参见《人民法院一站式多元纠纷解决和诉讼服务体系建设（2019-2021）》，载最高人民法院网2022年2月24日，https://www.court.gov.cn/zixun-xiangqing-346831.html。

分析各类碎片数据，结合识别监督功能，甄别判断异常情况。同时以“人”为中心，运用数据挖掘技术建立对“套路贷”虚假诉讼案件和当事人的大数据智能画像，从“人”向“案”进行关联扩展，综合判断所有涉案信息，全面分析人、案风险预警等级和风险概率。“套路贷”虚假诉讼智能预警系统的上线运行，有效遏制了“套路贷”虚假诉讼不良风气。自上线以来，江苏法院干警共654万人次使用该系统，成功从自2013年以来的127万余名原告中识别出高、中风险放贷人，有效防范“套路贷”虚假诉讼。

（三）赋能多元解纷更加便捷高效

公正高效便捷解决纠纷是现实国情需要。多元化纠纷解决方式的有效运用、电子信息技术加快诉讼效率、各诉讼平台联动运行是新时代解决上述问题的有效举措。[1]在法治建设格局中，人民法院履行的司法职责，具有化解矛盾、定分止争、救济权利的功能。各级人民法院认真贯彻落实习近平总书记“坚持把非诉讼纠纷解决机制挺在前面”的要求，紧紧围绕党的十九届四中、五中全会提出的“坚持和完善共建共治共享的社会治理制度”“完善人民调解、行政调解、司法调解联动工作体系”[2]“构建源头防控、排查梳理、纠纷化解、应急处置的社会矛盾综合治理机制”等重大部署[3]，以人民法院调解平台建设为抓手，为人民群众提供线上高效率、低成本的纠纷解决方案。

2018年2月，最高人民法院上线人民法院调解平台。该平台在大数据技术思维的驱动下，按需导向、多元共治，集在线咨询协商、中立评估、诉

〔1〕 参见宋朝武：《一站式建设打造多元解纷和诉讼服务新局面创造中国特色司法文明新高地》，载《人民法院报》2021年3月14日，第2版。

〔2〕 参见《中共中央关于坚持和完善中国特色社会主义制度 推进国家治理体系和治理能力现代化若干重大问题的决定》，2019年10月31日中国共产党第十九届中央委员会第四次全体会议通过。

〔3〕 参见《中共中央关于制定国民经济和社会发展第十四个五年规划和二〇三五年远景目标的建议》，2020年10月29日中国共产党第十九届中央委员会第五次全体会议通过。

前调解、诉中调解、在线仲裁、在线诉讼等功能于一体，使在线纠纷的受理、分流、化解、反馈等实现信息数据全覆盖，打通线上线下调解渠道，为当事人提供绿色便捷的网络调解平台，走出一条根植中国土壤，符合我国实际，有效融合调解优良传统与现代信息技术的在线多元调解路径，让纠纷解决更便捷、更高效、更多元，实现了以低成本、高效率化解群众纠纷，同时又起到预防控制纠纷的作用。该平台自上线以来，经过四年建设发展，已成为应用覆盖面最广、解纷功能最集约、调解资源最丰富、化解案件量最多、诉调对接最顺畅的强大平台，为当事人提供全时空、跨地域、全流程的一站式在线解纷服务，成为中国法院向世界展示的一张“金名片”。

人民法院调解平台打破地域阻隔和时空限制，打破数据孤岛，将有关部门参与社会治理、化解矛盾纠纷职能协同起来，与其他相关部委调解网站实现对接，将各类调解优势资源集成起来，将协商、评估、调解、诉讼等解纷方式对接起来，将委派调解、司法确认、立案、速裁快审等流程贯通起来，不但可以广泛集合法院审判资源和社会调解资源，重塑解纷格局，形成纵横联动、开放融合、集约高效的纠纷解决网络，为当事人对调解员提供更多的选择，最大限度提升纠纷解决效能。其中，一个重要的技术应用就是调解员通过平台的大数据智能比对与分析，可以快速获得当事人画像、精准调解案例参考、精准法条推荐、精准裁判文书参考等，从而汲取大数据智慧，使每一个调解员都拥有“军师智囊”。该平台利用司法大数据，赋予调解员强大的数据参考信息，提升了调解成功率。截至2023年3月，四级法院100%应用调解平台，在线接收调解申请累计超过4125.51万件，已调解成功2695.21万件，直接引导在线立案236.80万件。现在，平均每个工作日有4.3万件纠纷在平台调解，每分钟就有51件成功化解在诉前。即便当事人远隔千里，身处国外，也能服务直达、掌上解纷，纠纷解决变得更加高效、便捷。这与传统的工作模式大不相同，形成人民法院多元解纷力量“大合奏”，司法大数据赋能带来了显著的进步。[1]

（四）促使诉讼服务更加便民利民

司法为民是人民法院工作的根本宗旨。人民法院一站式多元解纷和诉讼服务体系建设的核心是服务人民群众，最大限度消除当事人诉讼不便。近年来，最高人民法院充分运用互联网、移动互联网、云计算、大数据等技术，统筹建立了中国移动微法院（现升级为人民法院在线服务）、人民法院网上申诉信访平台、全国法院统一送达平台、“12368”诉讼服务热线、人民法院网上保全系统、人民法院委托鉴定系统、全国法院涉诉信访管理系统、全国法院视频信访系统等，为人民群众提供了立体化诉讼服务新体系。

（1）诉讼服务中心。诉服大厅业务具有人流量大、案件量大、案情多属于生活中常见纠纷等特点，当事人个人诉讼占比高，老年人有一定占比。作为法院的窗口部门，诉服大厅是法院接受群众评判的第一张名片，办事是否简便、高效，关系到群众对法院的满意程度。因基层法院案件量大等特点，通过智慧法院建设提升诉服大厅办事效率的必要性更为突出。对诉服大厅业务合理分区，解决了业务办理过程安全、有序、高效的需求；结合基层法院案件和当事人特点，合理建设了信息化智能设备，便利当事人自助操作，提高当事人来院办事效率，推进了智慧法院建设；同时，配备专人引导，方便老年人等人群办理业务，从根本上实现便民、利民的初衷，解决各类人群的业务办理需求，并推动诉服大厅业务的提升和发展。

（2）人民法院在线服务平台。2016年以来，随着移动互联网、移动支付在我国的兴起，人们已经习惯利用手机工作、生活。为了尽快适应科技的变革，方便群众诉讼，最高人民法院在“宁波移动微法院”基础上，推动

---

[1] 参见最高人民法院：《中国法院的互联网司法》，人民法院出版社2019年版，第23页。

全国法院上线“中国移动微法院”App，实现“指尖上的诉讼”，作为人民法院面向互联网社会公众的统一司法服务总入口，为案件当事人、法官、律师及其他社会公众等角色用户提供一站式的在线诉讼、多元解纷、法律咨询等司法服务。通过移动端统一入口提供立案、交费、开庭、送达、保全、鉴定等“一网通办”诉讼服务，实现群众办理诉讼事务全天候“不打烊”、全流程“零跑腿”。2021年，全国法院网上立案1143.9万件，移动端三成以上网上立案申请在8小时之外非工作时段、非工作日提交。2022年3月1日，“中国移动微法院”App转型升级为“人民法院在线服务”App。“人民法院在线服务”App充分继承“中国移动微法院”App标准版的主要功能，通过统一全国法院在线服务的业务流程和技术标准，构建一站式多元纠纷解决和诉讼服务平台，引领诉讼活动跨区域、跨层级联动办理新格局。

升级后，原“中国移动微法院”App总入口、最高人民法院本级及32个高级人民法院移动微法院小程序端以及“中国移动微法院”公众号全部汇入“人民法院在线服务”App。截至2023年3月，多方视频已使用24万余次，网上开庭36万余次，文书送达案件1545多万件，文书送达份数8096万余份，文书送达人次数3080万余次，网签调解协议106万余份，审判立案申请2169万余件，执行立案申请530万余件。截至2023年3月26日，“人民法院在线服务”App已在31个省（区、市）和新疆生产建设兵团均以协作法院身份提供了跨域立案服务。其中，协作法院发起跨域立案案件16万余件，管辖法院完成跨域立案案件16万余件。疫情期间，全国法院利用“人民法院在线服务”App网上立案1273.52万余件，网上开庭34.97万余次，网上调解100.57万余次，网上证据交换268.46万次，电子送达1465.97万件，跨域立案14.16万件。

（3）全国法院统一送达平台。该平台通过与各地法院审判管理系统实现对接，可随时接收电子送达业务请求，并通过内网发送匹配请求到公安网、司法大数据平台、新浪邮箱、电信运营商、中国邮政以及“12368”等第三方平台，同时通过平台之间的对接，接收来自第三方平台的查询结果。该送达平台将构建置信度模型来分析接收到的查询结果生成分析结果，并选择最优途径来进行送达业务。2021年，72%的民事、行政案件通过送达平台送达，累计送达9724万次，其中电子送达4147万次，有效破解长期困扰当事人和法院的“送达难”问题。[1]

（4）“12368”服务热线。人民法院打造统一对外服务号码“12368”服务热线，对外支持人民群众、律师拨打“12368”联系法官、查询案件、预约诉服等；对内支持法官、书记员统一使用“12368”号码联系人民群众，统一平台、统一号码解答人民群众诉求。截至2023年3月，全国法院已全部开通“12368”诉讼服务热线，为当事人提供查询、咨询、立案、事项办理等“一号通办”服务，做到一号响应，服务“零距离”。2021年，人民法院“12368”诉讼服务热线办结群众来电诉求765.1万件，接通率达95.75%，群众满意度超过96%。江西法院在“12368”诉讼服务热线一号通办基础上创设“赣法民意中心”，全省三级法院同步上线运行。运行9个多月，共接待处理群众线上线下诉求18.5万余件，其中95%的诉求均一次性办理到位。湖北法院在“12368”诉讼服务热线专门开通“不立案”及涉企案件投诉功能，进一步拓宽群众监督渠道，共接听处理来电70.2万次，其中涉

〔1〕 参见《人民法院一站式多元纠纷解决和诉讼服务体系建设（2019-2021）》，载最高人民法院网2022年2月24日，https://www.court.gov.cn/zixun-xiangqing-346831.html。

企来电2.4万次，不立案投诉51次，事项平均办理时间小于2天，服务满意度达99.72%。黑龙江法院持续推进“打官司不求人”工作，命名20个法院为“打官司不求人示范法院”，诉讼参与人满意度达99.38%。北京法院建立“接诉即答、接单即办”一站式诉讼服务机制，充分发挥“12368”诉讼服务热线“一号响应”作用，2021年办结群众诉求25.2万个，回访满意度达100%。[1]

（5）人民法院网上保全系统。根据法律规定，利害关系人因情况紧急，不立即申请保全将会使其合法权益受到难以弥补的损害的，可以在提起诉讼或者申请仲裁前向被保全财产所在地、被申请人住所地或者对案件有管辖权的人民法院申请采取保全措施。为了使当事人快捷办理保全业务，最高人民法院建成全国法院适用的人民法院网上保全系统，依托现代信息技术和司法大数据有效应用，变革工作理念与工作方式，有效打通诉前、诉中保全流程网上办理，实现网上保全、网上担保、保全重点节点监控等，加快推进审判辅助事务在线化集约化办理，为法官减负，让正义提速。目前，全国四级法院已全面应用网上保全平台，对接32家保险、担保公司，实现保全申请、审核、办理全流程在线开展。保全平台运行以来，截至2021年12月底，各级法院累计办理网上保全案件52.89万件，总标的额14456亿元。2021年，78.22%的保全案件实现网上办理，较2020年同期增长30%以上。[2]

（6）人民法院委托鉴定系统。该系统对外可与专业机构工作平台对接，充分运用信息技术实现对外委托鉴定工作的规范化、专业化、智能化、集约化、动态化管理，集约办理对外委托鉴定辅助事务，包括辅助审查、确

〔1〕 参见《人民法院一站式多元纠纷解决和诉讼服务体系建设（2019-2021）》，载最高人民法院网2022年2月24日，https://www.court.gov.cn/zixun-xiangqing-346831.html。

〔2〕 参见《人民法院一站式多元纠纷解决和诉讼服务体系建设（2019-2021）》，载最高人民法院网2022年2月24日，https://www.court.gov.cn/zixun-xiangqing-346831.html。

定机构、办理委托、移转材料、参与勘验、参与听证、司法统计和沟通协调等，实现对专业机构工作全程信息留痕、期限提示和节点监控，对专业机构的业务能力、工作质效和服务水平等进行监督、考核及评价，并对专业机构名录实行动态管理。目前，全国法院已100%应用委托鉴定系统，实现委托鉴定网上流转、全程留痕、公开透明、可视监管。该系统上线以来，截至2023年6月，共有19454家专业机构入驻，累计在线委托鉴定154万件，覆盖827个案由和29项鉴定类别，鉴定后采信率高达99.7%，平均周期比线下鉴定缩短37.1%。

（7）跨域立案。为解决人民群众异地诉讼不便问题，依托“中国移动微法院”App，最高人民法院、高级人民法院、中级人民法院、基层人民法院及1万多家人民法庭连接起一张“立案协作网”，实现全国范围跨域立案和一体化移动诉讼服务。特别是跨域立案，打破了案件地域管辖限制，增强了法院间协作，共同为当事人提供立案便利，让其享受方便、快捷、优质的诉讼服务。2019年8月至2023年3月，全国法院提供跨域立案服务16万余件，有效解决群众异地诉讼不便问题。此外，最高人民法院出台《关于为跨境诉讼当事人提供网上立案服务的若干规定》，通过跨境诉讼网上立案系统，为外国人、港澳台同胞、华人华侨以及在国外和港澳台地区登记注册的企业和组织跨境诉讼提供在线身份认证、一审民商事网上立案、委托代理视频见证等服务。

（8）互联网法院。为应对网络空间纠纷不断上升的形势，在浙江法院率先探索建立电子商务网络法庭的基础上，2017年6月，中央全面深化改革领导小组[1]审议通过了《关于设立杭州互联网法院的方案》[2]。同年8月

〔1〕 根据2018年中共中央《深化党和国家机构改革方案》，中央全面深化改革领导小组改为中央全面深化改革委员会。

〔2〕 参见《习近平主持召开中央全面深化改革领导小组第三十六次会议》，载中央人民政府网，http://www.gov.cn/xinwen/2017-06/26/content_5205603.htm。

18日，杭州互联网法院正式挂牌，其诉讼平台实现与多个电商平台对接，涉互联网案件相关诉讼从立案、送达、举证、质证、庭审、调解到判决、执行全流程在线进行，使当事人足不出户就能参与诉讼，解决纠纷。自2017年5月1日试点以来，杭州互联网法院已受理互联网纠纷案件9.8万余件，开庭平均用时27分钟，平均审理期限41天，一审服判息诉率98.1%，审判质效大幅提升，让数字正义触手可及。在杭州互联网法院改革试点成功的基础上，2018年8月和9月，在涉网诉讼高发的北京、广州相继成立了北京互联网法院、广州互联网法院。

以上多种诉讼方式切实为人民群众参与诉讼提供了便利，特别是在疫情期间，各级人民法院通过"中国移动微法院"等平台畅通网上诉讼服务渠道，提供立案、交费、开庭、调解、送达等全方位服务，克服疫情对法院工作带来的不利影响。据统计，2021年1月1日至2022年11月11日，全国法院网上立案2134.4万件，网上开庭360.2万次，网上调解1336.7万件，分别占立案、开庭、调解总量的30.94%、14.72%和42%，线上诉讼的比重越来越大，极大便利了人民群众。

（五）线上诉讼服务延伸至法院最基层

截至2021年12月底，全国法院实际运行的人民法庭有9654个。在类型上，全国有乡村法庭6028个，城市法庭1288个，城乡结合法庭2338个，另外不少地区建立了人民法庭巡回审判点。此外，全国目前共有专业人民法庭840个，强化了行业性、类型化矛盾纠纷或者区域性突出矛盾纠纷的社会治理功能，成为人民法庭工作新亮点。全国人民法庭立足核心职能，妥善处理大量征收征用、劳动争议、婚姻家庭、商铺租赁、民间借贷等矛盾纠纷，着力源头预防，注重非诉讼方式及时就地化解。据统计，2019年至2021年，全国人民法庭新收各类案件共计1183.6万件，审结1150.7万件，切实维护了人民群众的合法权益，服务经济高质量发展。

2019年11月，最高人民法院建设上线了全国人民法庭信息化平台，包括人民法庭工作平台（用于法院内网）和人民法庭信息平台（用于法院外网）。人民法庭工作平台是关于人民法庭工作的信息管理平台，用于加强对人民法庭工作信息的收集、分析、运用。平台设有首页、工作动态、案件质效、多元化解、统计分析五个模块，共分五个层级，通过逐级下钻的方式展示全国和各地方法院的人民法庭信息。人民法庭工作平台以信息化建设为依托，以可视化管理为理念，将人民法庭的基本情况、人员（员额）配备、案件质效等信息深度整合，实现了对人民法庭人、案、事等信息的实时监测、智能分析。截至2022年2月，人民法庭工作平台总共接入法庭数量1.2万余家，采集人员数量4.8万余人，总共采集全国基础数据130项。人民法庭信息平台是关于人民法庭工作的新闻宣传平台，包括全国主站和32个省级子站，主站及各子站设有首页、法庭新闻、工作动态、法庭党建、法庭信息公开、业务指导、经典案例、基层治理、法庭专栏等栏目，全面展示人民法庭的新闻动态、工作成效、队伍建设、为民举措、先进事项等工作情况，使社会公众能直观了解基层法庭的动态，加深人民群众对法律的认知、对法院工作的理解。

全国人民法庭信息化平台使先进的诉讼服务方式延伸至大多数偏远乡镇的派出人民法庭，服务全国法院干警和广大人民群众，推动健全基层社会治理体系，加强源头预防、化解矛盾。该平台强化与当地乡镇街道的衔接以及与综治中心的协同，充分利用网格化管理机制平台，及时掌握和研判综治矛盾纠纷信息，发挥网格员、特邀调解员作用，促进基层纠纷源头化解。人民法庭推出网上立案、电子送达、自助查询、文书印制、短信联系平台等方式服务辖区群众，最大限度释放人民法庭诉讼服务潜能，切实为群众提供一站式、规范化诉讼服务。城区法庭、城乡结合法庭基本实现科技审判法庭全覆盖，能够实现网上调解、网上庭审、网上直播、电子卷宗随案生成、无纸化办公、电子签章、智能合议等功能。截至2023年6月中旬，全国人民法庭入驻平台12229所，法官19302人，法官助理8858人，书记员10482人，新收案件373.87万件，已结案件30.87万件。

人民法院调解平台将解纷“触角”向基层网格、企业园区、重点行业不断延伸，通过进乡村、进社区、进网格，让农村地区优质司法资源供给更加充沛。该平台作为促进基层社会治理现代化的创新举措，自2021年11月部署以来，在线对接基层治理单位超过4.5万家，形成“横向到边、纵向到底”的基层解纷服务大格局，让大量矛盾纠纷在基层就能得到实质性解决。〔1〕

四、优化司法资源配置，推进审判管理的数据化、科学化与智能化

大数据的价值在于提供科学的方法论，通过数据助推管理方式变革。“人案矛盾”曾是长期困扰人民法院的难题，智慧法院建设为解决这一难题提供了方案。智慧法院建设不仅使法院审判执行工作进入了信息化发展的快车道，而且为创新和加强审判管理提供了路径。这一有效路径便是司法大数据的深度应用。“现代司法很多问题的本质在于司法资源分配。”〔2〕为审判资源的精准分配提供数据支撑则属于司法大数据技术应用的独有优势。将现代科技与司法工作深度融合，构建完备的信息化监督管理体系，优化传统的审判管理方式，不仅能够有效提高司法质效，而且通过司法大数据的应用构建起扁平化的审判管理体系，实现事后监督管理向

---

〔1〕 参见《人民法院一站式多元纠纷解决和诉讼服务体系建设（2019-2021）》，载最高人民法院网2022年2月24日，https://www.court.gov.cn/zixun-xiangqing-346831.html。

〔2〕 Robert W. Kastenmeier, Michael J. Remington, “Court Reform and Access to Justice: A Legislative Perspective”, Harvard Journal on Legislation,Vol.16,No.2（Spring 1979）, p.301-342. 该文章睿智地指出，司法问题归根结底是资源分配问题，解决方式无外乎几种：扩张资源（国家财政增加司法预算）；替代资源（ADR分流）；节约资源（程序精进简化）；理性使用资源（诉讼合并分流等根据案件类型合理分配程序）；废止使用资源（不当起诉排斥、调解）等。转引自孟醒：《智慧法院建设对接近正义的双刃剑效应与规制路径》，载《中国政法大学学报》2020年第6期。

事前管理、事中管理转变，推动程序管理向实体管理转变，是实现人民法院科学管理、创新管理的必由之路。

（一）有助于优化审判绩效考核，合理配置审判资源

审判绩效考核关系司法工作导向，关系人民法院审判事业科学发展，关系法院和法官的切身利益，既十分重要，又非常复杂。近年来，审判绩效考核工作越来越引起法院系统内外的关注，专家学者也从审判绩效考核的功能、原则、方法、具体指标、异化等不同层面和维度开展了一系列研究。由于审判工作维度更丰富、内容更复杂、量化更困难，如何开展审判绩效考核一直是各级法院考评职能部门的重点、难点工作。将信息技术真正运用到审判绩效考核这项工作中来，借助司法大数据这一有力工具，能够清晰展现人案比，合理测量法官工作量，从而使绩效考核方案更优化、更科学、更合理。

过去，司法数据来源主要靠人工填报、手工统计，数据搜集的途径较少，数据比较单一。因此，绩效考核的指标、内容长期固定，不外乎是结案数、结案率、发改率等指标。但这些考核指标有一部分是案件质量评估指标，直接拿来考核可能会存在问题。如今，智慧法院建设已进入4.0时代，随着法院信息化技术的不断发展，司法数据逐渐完备，已实现从基础建设向全面应用的巨大转变。最高人民法院建设完成司法数据中台，实现从“人找数”向“数找人”的模式转变。该数据中台以全国法院司法审判信息资源为基础，开展数据资源的深度挖掘，实现覆盖审判、执行、信访、调解等业务维度共数十类统计数据的推荐，可根据不同类型的用户进行精准定制化推荐，将法官干警关心的消息提醒、办案绩效、审判执行工作运行态势以及热点信息进行点对点推送。受益于数据中台的建设和全流程网上办理、全程留痕的工作方式，所有的基础考核指标均可以通过技术手段从数据平台获取，即使更丰富更细化的指标也能获取，为构建一套更加科学

合理的绩效考核指标体系奠定了重要基础。

审判绩效考核工作的难点在于确定考核指标的科学性、合理性。传统的工作模式是对既有的基础指标在征求各审判业务部门的基础上进行"修修补补",并且重效率指标、轻质量指标,而在司法大数据的支持下,可以依托现有的审判流程业务数据,更加科学地对法官工作量进行测量,并把科学的测量方法用于考核,这是人民法院未来绩效考核的重要发展方向之一。四川、江苏、上海等地的法院已经开展了相关的实践,不仅可以优化现有的指标体系,而且能够进一步丰富指标体系。通过科学合理的测量法官工作量,依据法官工作量来编制法官员额,科学配置审判资源,有助于缓解部分地区法院的"人案矛盾"问题,对于深化司法体制改革具有重要意义。

(二)有助于准确掌握审判执行工作运行态势,辅助管理决策

从宏观上来看,司法大数据有利于人民法院掌握审判执行的案件态势和特征,辅助管理决策,合理配置司法资源。以辅助优化审判资源和提升质效为主线,基于司法审判信息资源开展审判执行工作运行态势分析,动态发现社会矛盾的发展规律及审判实践中的突出问题,进而反馈司法实践予以响应。

数据显示,立案登记制改革以来,人民法院案件受理量2016年突破2000万件,2019年突破3000万件,部分法院"案多人少"矛盾尤为凸显。[1]有效运用大数据可以全面统计分析各地法院、各业务部门的审判执行工作情况,从而开展有效的审判流程管理、审判运行态势分析。

光有"案"的情况还不够,"人"的信息与案相结合,才能实现司法资源的科学合理调配。建设全国法院人事信息管理系统,支持队伍管理和改

〔1〕 参见周强:《深入贯彻习近平法治思想　推动新时代人民法院工作高质量发展》,载中国法院网2021年3月16日,https://www.chinacourt.org/article/detail/2021/03/id/5872744.shtml。

革决策科学化是司法大数据应用的又一生动案例。2016年，最高人民法院研发上线全国法院人事信息管理系统，供全国法院部署或对接使用。该信息系统实现了全国所有法院人事信息的网络传输和实时更新，能够支持法官、司法人才、人民陪审员的分类分层管理。目前已经形成一个针对全国法院法官干警、司法人才、人民陪审员的中心数据库，这些人事信息资源共享给大数据管理和服务平台以及审判业务系统，为审判运行态势分析以及管理决策提供人事信息基础服务，实现人员绩效考评。例如，运用司法大数据技术对办案系统数据进行实时分析和监测，对比立案数据、审理周期等进行分析，预警提示突击结案、虚假报结等引发的系统数据异常波动；提供审限临近和长期未结案件统计查询功能，及时提醒相关法院和法官加快案件办理进度。值得一提的是，人民法院大数据管理和服务平台以汇聚的海量司法审判数据为基础，提供可视化、多维度的案件审判态势分析，并支持每个月自动生成包含案件排名、案由分析等内容的审判执行工作运行态势报告，直观地为决策管理工作提供可靠的数据支撑，全面提升分析研究的针对性、时效性和准确性。通过统计全国法院案件收、结、存数据，实时形成全国案件态势；根据全国多发案件类型的数量、区域分布情况，分析经济发展、社会治安等热点问题；通过对长期未结案件的统计分析，实现对案件审理超审限的监督管理。

具体到某类案件，在案件态势发展预测与预防方面，司法大数据可以清晰反映当前某类犯罪的特点和规律，便于有针对性地制定司法措施。例如，对“套路贷”受害者和犯罪分子分布等情况进行分析，有助于更精准地打击和预防犯罪；对“套路贷”受害者群体的普遍特性进行分析，有助于提出更有针对性的救助和治理方案。又如，通过分析电信网络诈骗案件数据，显现电信网络诈骗的特征，为制定相应防范措施提供有效参考与支撑。在司法政策出台及效果反馈方面，最高人民法院司法解释与重大司法政策、司法改革举措的出台，背后都离不开司法大数据的分析、研究和支撑。

近几年，笔者了解到绝大多数司法解释或司法政策的出台，在前期调研论证时，会针对具体问题进行大数据分析，通过数据分析报告来支撑、论证相关条文拟定或制度设计。例如，在确定“关于调整一审民事案件级别管辖的标准”时，如何确保标准的科学合理性、贴近审判实践且不违背制度设计的初衷？司法大数据运用与研判就发挥了重要的参考作用。

司法大数据应用于司法政策制定的另一个生动实践体现在最高人民法院推动的四级法院审级职能定位改革试点工作中。以最高人民法院历年来作出的生效裁判为数据基础，通过大数据的运用与研判，政策制定者详细测算了最高人民法院二审、提审以及指令再审的情形、比例等数据，预估了最高人民法院将来的案件结构、不同类型的案件比例，为进一步优化四级法院的职能定位提供了重要的数据支撑。

（三）有助于加强监督管理，保障审判依法有序

在审判监督管理方面，运用司法大数据还可以提升审判监督管理的自动化、精细化与智能化水平。一是有助于科学测定法官、司法辅助人员的工作量，建立相对平衡的办案工作机制；二是有助于科学设置绩效考评指标，建立相对完善的审判监督管理体系；三是基于汇聚的司法人事数据和案件数据，推进“人—案”融合关联，建立“人与案、事与人”多维度大综合的人事绩效管理体系，为法官员额制司法改革下的审判资源配置提供定量化的数据支持；四是运用大数据对法院审判质量和审判效率相关性进行实证分析，有利于科学掌握审判质量和审判效率指标之间的关系，树立正确审判管理理念。

2018年，最高人民法院上线运行智能审务督察系统，以审务督察业务应用为主线，对全国法院庭审、诉讼服务等业务活动中的不规范行为进行智能督察，有效提高审务督察工作频度、力度和覆盖面。该系统提供督察概览、智能督察、人工督察、审核督导、督察任务管理、线下督察管理、督

察通报和问题反馈等功能模块；综合采用视频智能分析和人工复核等方式，自动发现和记录各级法院审判和诉讼服务活动中的不合规行为，支持通过督办、催办等方式督促各级法院及时排查和整改深层次、规律性问题，不断改进司法工作作风。

例如，2015年以来，河北省高级人民法院创新研发重点案件监督管理平台，制定统一规范的监管规则，建立案件特征识别库，并以此为基础实现大数据自动分析、系统自动标记、平台实时提示、全程在线记录等，确保审判监督管理依法有序、规范到位。又如，浙江省台州市中级人民法院研究开发台州法院清廉司法风险防控系统，设置7大类60个审判、执行和综合风险点指标和红黄蓝三色风险预警提示。截至2021年5月，该系统共计触发56个风险节点监控，较2019年4月减少了77.41%，实现司法廉政风险的有效防控。

（四）有助于解决当事人和代理人之间信息不对称问题

按照科斯定理，若交易成本为零，无论权利如何界定，都可以通过市场交易达到最佳配置，而与法律规定无关。但在人类社会中，交易成本无处不在、无时不在。交易成本的产生与信息的不对称关系紧密。人民法院作为国家审判机关，是通过法官审理个案和适用法律来维护社会整体的公平正义。从广义上说，整个诉讼过程符合市场的特征，因此也应符合市场规律，各主体之间的信息不可能完全对称。那么，合约双方存在信息不对称性必然导致信息拥有方为牟取自身更大的利益而损害另一方的利益，这种行为运行的结果在经济学理论上被称为道德风险和逆向选择。

实践证明，信息不对称广泛存在于包括法律市场在内的社会各个领域。一直以来，关于诉讼当事人和代理律师之间信息不对称的问题广泛存在。代理律师为了维护诉讼当事人的合法权益，通过代理形式为当事人提供法律服务。除了法律援助外，这种法律服务通常是有偿的。依据次优理论，诉讼当事人一般不会将不利于己方的信息公开给代理律师，代理律师也是如此。那么，诉讼当事人与代理律师之间的信息不对称将普遍存在，律师收取了当事人的报酬，必须替当事人“消灾”。为了弥补信息不对称，一方面，律师利用自己熟知法律的优势，替当事人代理诉讼，出具法律意见；另一方面，部分律师甚至利用自己的复杂背景，在法庭外实施具有道德风险甚至违法犯罪的行为。另外，一般诉讼当事人难以了解本应属于公开信息的案件进展情况，而代理律师则可以凭借自己在相关案件经验或信息上的优势地位，向当事人收取不合理费用，甚至通过自己的信息优势而不是专业优势来获得案件代理。

但事实上，如果法院不公开案件信息，律师获取信息的渠道就很难保证完全是正当的，这无形中又增加了一些权力寻租的风险。为解决这些问题，最高人民法院以及各地法院均建设了中国审判流程信息公开网、诉讼服务网以及律师服务平台等，向当事人及诉讼代理人公开案件审判流程信息和提供必要的咨询交流渠道，方便当事人及诉讼代理人随时能够获取案件进展，消弭当事人及诉讼代理人之间的信息不对称。

为更好地保障律师执业权利，除了全国统一的平台之外，各地法院也积极开拓了创新服务新渠道。例如，重庆市高级人民法院在充分听取律师意见的基础上整合智慧法院建设成果，推出重庆法院律师服务平台2.0版，于2020年1月2日上线试运行。升级后的平台为律师提供3类12种在线诉讼服务，着力解决“问累”“诉累”和“跑累”，切实提升诉讼服务智能化和律师体验感。重庆法院律师服务平台的全流程在线诉讼服务功能让律师参与更容易、覆盖信息查询功能让律师办案更简易、全方位交流互动功能让律师法官沟通更便捷。平台设置“联系法官”功能，律师可通过该界面向承办法官提出咨询问题、代理意见和其他建议，法官及时通过回信、回电等方式加强与律师的沟通，双方的交流信息全程留痕，形成规范化、常态化的沟通机制，更加利于构建法官与律师的新型“亲”“清”关系。

（五）有助于解决鉴定、评估、公证机构不规范、乱收费问题

司法鉴定是人民法院办案过程中的重要一环，鉴定结论对于最终的裁判结果有直接影响，因此特别需要具备科学性、准确性和客观性。而司法鉴定涉及的范围极广，评估对象也是多种多样的，包括法医类鉴定、文书鉴定、痕迹鉴定、环境监测司法鉴定、工程造价司法鉴定等。司法评估则涉及财产作价等，直接与涉案当事人的利益密切相关。司法实践中，大量案件都需要委托司法鉴定、评估，使鉴定、评估这一环节变成诉讼类案件乃至非诉案件中至关重要的环节。鉴定、评估视选择的机构以及鉴定种类的不同，往往需要排期等待，客观上拉长了诉讼进程。一些诉讼当事人及其代理人甚至利用鉴定、评估这个环节人为拖延诉讼进程，大量案件因鉴定、评估环节而长期未结，严重影响了诉讼效率。同时，司法鉴定机构的资质及其规范性也是影响司法鉴定评估规范性的重要因素。因此，提升鉴定、评估的效率及其质量是提升审判质效的重要抓手。

鉴于此，为进一步优化营商法治环境，不断提升委托司法鉴定评估工作水平，统一委托司法鉴定工作标准，加强司法鉴定工作的精细化管理，最高人民法院在地方法院探索建立线上鉴定评估委托平台的基础上，统一部署建立了人民法院委托鉴定系统。该系统支持查询全国所有专业类别鉴定机构的信息并提供评分，为人民法院、当事人及机构提供指引，方便老百姓“用脚投票”，助力解决了鉴定、评估机构不规范、乱收费等情形，真正实现委托鉴定网上流转、全程留痕、公开透明、可视监管。

五、提高人民群众获得感，推进司法公开的主动化、常态化与可视化

司法大数据与司法公开互为因果、互相影响。一方面，司法公开推动了司法大数据的生成，为司法大数据的丰富和应用奠定了重要基础；另一

方面，司法大数据的应用与发展倒逼司法公开的推进。司法大数据应用通过提供个性化的司法信息推送和探索式的司法公开检索，方便当事人和其他诉讼参与人参与诉讼，不仅有利于司法的管理和监督，提高审判执行质效，更有利于实现“努力让人民群众在每一个司法案件中感受到公平正义”的目标，通过深化司法公开让正义更加可感、可知、可见。

（一）司法公开的两个维度

一般认为，司法公开有狭义公开与广义公开两个维度。“狭义公开限于审判公开，主要指庭审公开与判决的公开，广义公开则是指除涉及国家秘密、个人隐私和商业秘密方面的信息外，与审判有关的所有信息公开。”[1]长期以来，无论是在立法，抑或在司法实践中，狭义公开都更受关注。近年来，随着司法改革向纵深推入，最高人民法院积极回应人民群众对司法信息获取的需求，以前所未有的广度和深度推进司法公开由狭义的审判公开向广义的司法公开拓展。

（二）四大公开平台建设

近年来，最高人民法院先后建成全国统一的裁判文书公开、庭审活动公开、审判流程公开、执行信息公开等司法公开平台，越来越多的司法数据向公众开放，拓展了司法公开的广度和深度，给人民群众带来“看得见”的正义。同时，特别值得强调的是，利用互联网公开裁判文书、庭审活动、执行信息、司法案例等内容，便于社会各界获取海量审判资源，使社会各界对司法的研究、分析、应用成为可能。

1.中国审判流程信息公开网

2014年11月，最高人民法院建成中国审判流程信息公开网，通过该平台向公众公开审判流程信息，各地法院也建立了自有平台，人民群众根据

---

〔1〕 张新宝、王伟国:《司法公开三题》，载《交大法学》2013年第4期。

立案所在法院登录不同地区的网站实现审判流程信息的查询。2018年9月，中国审判流程信息公开网全新改版升级，全国法院审判流程数据实现前后台统一，通过同一平台向社会公开。此前，中国审判流程信息公开网以链接形式接入各高级人民法院审判流程信息公开平台，当事人分别登录案件管辖法院所在地区审判流程信息公开平台查询案件进展信息，获得信息公开内容，公开及时性各地均有不同。

依托新版中国审判流程信息公开网，全国法院审判流程信息公开全面深化拓展。一是实现面向全国法院案件当事人统一服务。全国法院所有案件当事人和代理人通过在法院立案时留下的身份信息，在案件查询模块登录后，便可以查看本人及本人代理的案件进展信息，查看法院发送的公开文书和送达文书。二是实现全国法院所有案件信息统一自动公开。依托人民法院大数据管理和服务平台汇聚的全国法院审判信息资源，全国法院案件进展信息统一、自动推送至中国审判流程信息公开网。三是实现案件流程信息公开内容统一规范。公开渠道不断拓展，案件流程信息公开范围全面覆盖立案、审判、开庭、结案等全流程。信息依法公开，同时将审判流程信息公开渠道拓展至短信、微信等多种渠道，向当事人及其诉讼代理人推送案件流程信息。据统计，截至2023年3月，公开案件信息54.90亿余项，访问量8.66亿余人次，流程信息公开率达到99%以上。

2.中国庭审公开网

2016年9月，最高人民法院开通中国庭审公开网，直播全国各级人民法院的开庭审理活动。中国庭审公开网支持各级法院通过互联网统一平台向社会公众直播人民法院刑事、民事和行政等案件的庭审音视频实况，支持社会公众获取庭审预告、直播回顾、庭审录播和重大案件庭审实况，为全国各级法院更好地发挥庭审实质化作用、自觉接受人民群众监督提供了直接渠道，也为广大社会公众直观了解各类案件庭审情况、关注公正司法过程提供了重要窗口。在这个平台上，民事、行政案件的原告、被告的诉讼行为，刑事案件中的侦查、公诉行为，以及被告、律师的辩解辩护意见，都与审判活动一起，同步接受法庭内外的监督和评判，直观、生动地向全社会传播中国法庭的司法形象。据统计，截至2023年6月，中国庭审公开网累计直播庭审超过2191万余场，访问量超过633亿人次。

3.中国裁判文书网

2014年1月1日，《最高人民法院关于人民法院在互联网公布裁判文书的规定》正式实施。同时，最高人民法院开通了中国裁判文书网，统一公布各级人民法院的生效裁判文书。2016年，修改后的司法解释扩大了裁判文书上网公开的范围。根据该司法解释，各类判决书、裁定书、支付令、驳回申诉通知书、国家赔偿决定书、强制医疗决定书、刑罚执行与变更决定书、拘留罚款决定书、民事公益诉讼调解书、行政调解书等有中止、终结诉讼程序作用，或者对当事人实体权益有影响、对当事人程序权益有重大影响的裁判文书，原则上均上网公开。裁判文书大规模上网，使中国第一次有了全国性的、公开的、细节化的法律数据。

此后，最高人民法院不断优化中国裁判文书网，提升裁判文书网的应用成效。一是实现中国裁判文书网性能优化，将网站迁移至人民法院“开放云”提升资源保障能力，依托司法公开大数据可视化信息技术，解决了索引数据量较大导致检索速度缓慢的问题，增强对裁判文书网用户访问的支撑能力，网站整体响应时间达到“258秒”要求。二是提升网站安全性，优化裁判文书网防爬虫的机制，强化安全保障，从技术上杜绝了商业爬虫和爬虫攻击，大大减少了无效访问，从而为正常访问释放了大量带宽。在商业爬虫中，“某查查”首当其冲，但不可否认的是“某查查”对社会的诚信体系是有贡献的。“某查查”通过爬虫技术爬取的司法数据主要是中国裁判文书网上的文书数据。如果强行通过反爬虫技术断掉“某查查”及类似企业的司法数据来源，对这些企业无疑是不小的打击。笔者认为，既然“某查查”等企业对整个社会诚信体系的建立有所贡献，应当酌情限制数据爬取行为。的确，数据汇聚系统的建立花费近十年时间，全给商业机构用于获利似有不妥，而应是让数据服务广大人民群众。但是从某种程度上来说，相关机构最后还是服务于公众，服务于社会的，因而从公共利益的角度来讲，还是应该予以一定支持。三是完成了中国裁判文书网内网镜像站建设，使法院干警能够在内网检索文书，发挥裁判文书网的案例参考作用。中国裁判文书网通过不断优化，其影响力大幅提升，截至2015年年底，中国裁判文书网公开文书近1500万份，总访问量达到4亿人次；而截至2023年6月，中国裁判文书网文书总量突破1.41亿份，文书总量提升9.4倍以上，访问总量1036亿人次，访问量提升250多倍，成为全球最大的裁判文书公开平台，彰显了中国法院和法官群体的司法自信。

4.中国执行信息公开网

2013年，最高人民法院建立中国执行信息公开平台，通过互联网端向社会公众提供执行信息公开和执行信息服务。随着执行信息化系统的丰富完善和执行领域大数据的深入应用，目前该平台已成为集约化的执行公开平台，与执行案件管理系统、失信惩戒系统、询价评估系统、网络司法拍卖系统、终本案件动态管理系统对接，融合共享各执行信息化系统间的数据，实现全国法院执行案件信息、失信被执行人信息、限制消费信息、财产处置信息、终本案件信息等内容的社会公开，使信息公开更加全面、权威、方便、及时，向当事人和社会提供优质的“一站式”执行信息公开服务。该平台与上述执行信息化系统实现数据共享，支持社会公众及时查询有关当事人的涉案执行信息；还支持当事人通过该平台，基于立案时预留的手机号验证注册账号，登录平台查询相应案件流程节点实时信息，及时掌握办案进展，并可在线与执行法官互动交流。此外，该平台提供执行指南、法律法规、理论与实务、执行资讯、法官风采、典型案例、执行微电影、数说执行等内容信息服务，方便人民群众及时了解执行法律法规和执行工作相关信息，通过大数据的实时融合分析将人民法院执行工作主要内容信息予以公开呈现，充分调动了社会各界参与执行、支持执行、监督执行的积极性。截至2022年11月，中国执行信息公开网正在公布的失信被执行人782万余人次，访问量超过2.04亿人次，公开失信被执行人1114万人，累计公开终本案件信息已超过2100万件。

（三）以公开促公正

司法数据的公开极大地提高了办案流程的透明度，使司法过程看得见、摸得着、感受得到，以“看得见”的方式对审判执行工作实施有效监督，倒逼法官持续提升服务大局、司法为民、公正司法的态度和能力，通过确保类案同判，有效地推动阳光司法、透明法院建设，不断提升公平正义实现的广度、深度和温度。应该说，党的十八届四中全会《中共中央关于全面推进依法治国若干重大问题的决定》要求构建的开放、动态、透明、便民的阳光司法机制已基本形成。这正是司法体制改革所付出努力和取得成果的生动写照，人民法院兑现了“正义不仅要实现，而且要让老百姓看得见”的庄严承诺。这些目标的实现，离不开上述司法大数据应用平台的开发及建设。

在此背景下，智慧法院建设强调借助大数据与人工智能技术，依托先进的图（OCR）、文（NLP）、声（语音识别）、像（视频解构）处理技术实现对裁判文书与庭审视频等非结构化、半结构化司法公开信息的结构化处理，实现从海量的裁判文书与庭审视频库中提取、挖掘关键要素的目的。即以数据挖掘为基础形成司法公开知识图谱，并在此基础上依据社会公众的需求与偏好个性化地推送司法信息。[1]

---

〔1〕 参见王禄生：《智慧法院建设的中国经验及其路径优化——基于大数据与人工智能的应用展开》，载《内蒙古社会科学》2021年第1期。

第五章　司法大数据助力中国高质量发展的五大深化方向

司法作为社会矛盾解压阀，同时能集中反映产生社会矛盾的政治、经济、社会、文化、生态等各个领域的运行压力状况。如果说矛盾纠纷是社会之病，司法就是医社会之病，司法大数据则是各领域的体检数据或典型性指标。从某种程度上说，司法大数据是社会矛盾运行到一定阶段的信息累积与折射。反过来，通过司法活动特别是司法大数据可以看到经济社会运行中部分政策、制度、法律、改革举措等实施过程产生的最尖锐的矛盾与落实效果，以及政策、制度、法律和措施的融合情况。从这个角度说，司法数据是相关政策、制度、法律、举措的执行情况和成效得失的体现和反映。当同类型的司法数据积累到一定量级的时候，可以在一定程度上量化地反映社会发展中存在的问题及发展趋势。

司法大数据还可以反映政策、制度等合成的实施成本。实现政策与政策、制度与制度以及二者之间的合成需要解决好两个问题：一是实现制度目标，包括经济发展、社会稳定等；二是减少成本，通过合成达到成本的最小化。而合成实现的成本有多大，则可以通过司法大数据作出一定程度的判断。如矛盾纠纷及案件的数量、标的金额、当事人数量等数据可以反映经济社会运行成本，某类案件审理的周期、司法资源和诉讼费、律师代理费等可以反映矛盾解决的司法成本。对这些数据进行分析还可以发现相应的函数关系，建立科学的分析模型。正是由于司法大数据可以作为评估经济社会运行状况、政策和制度实施效果以及成本的重要依据之一，科学研究并应用司法大数据对于促进经济社会发展，完善和发展中国特色社会主义制度,推动国家治理体系和治理能力现代化具有重要价值。

党的十八大站在历史和全局的战略高度,对推进新时代"五位一体"总体布局作了全面部署。从经济、政治、文化、社会、生态文明五个方面,制定了新时代统筹推进"五位一体"总体布局的战略目标。[1]随着司法大数据量级的增大、研究的深入,其逐步在国家"五位一体"总体布局各相关领域发挥作用,不仅可以从司法角度揭示经济、政治、文化、社会、生态文明建设过程中存在的矛盾点及其特征,也为有效处理复杂问题提供决策支持。

一、司法大数据服务经济建设

使市场在资源配置中起决定性作用,更好发挥政府作用,把握新发展阶段,贯彻创新、协调、绿色、开放、共享的新发展理念,加快构建以国内大循环为主体,国内国际相互促进的新发展格局,推动高质量发展,统筹发展和安全,这是我国对基本经济制度和经济建设的要求。我们可以利用司法大数据为这些要求的落实和具体政策措施的制定、调整提供有力支持,包括发现经济建设过程中的具体问题,以及找到有针对性的解决方案等。

(一)司法大数据为经济研究开启崭新视角

我们可以从多个不同角度对经济社会发展进行观察分析,而司法大数据则是一个较为独特的视角。从某种程度上说,观察视角就像是一扇窗户,窗户开大一点或小一点,或者角度不同,看到的光线和场景都会有所不同。司法大数据是评价经济政策得失的一个很好的观察点。例如,从司

[1] 参见《习近平谈治国理政》(第2卷),外文出版社2017年版,第38页。

法视角研究农村土地制度，能看到涉农村土地纠纷案件的数量、案由分布、区域分布、区域文化特征等；而案件争议标的金额大小则可以在一定程度上反映区域经济发展程度，甚至矛盾纠纷的剧烈程度等。[1]相对于研究者之间的知识储备和个人素质的差异，基于司法大数据的视角之下的研究更为稳定。

具体来说，涉民事、刑事、行政等多个实体法领域的司法大数据都可以对应反映经济社会的某些具体内容。民商事领域的司法信息能反映经济社会运行中的矛盾、现象以及规律。行政领域的司法信息能反映老百姓对行政行为的认可程度以及是否存在违法行政行为，进而反映出老百姓对政府的满意程度。刑事领域的司法信息能反映经济社会运行中的矛盾和现象，如打砸抢，在一个区域是简单的偶发行为，还是和当地经济政策有一定的关联性。案件类型的变化也可以折射出社会问题，如危害国家安全、杀人、盗窃、强奸等不同的案件往往反映不同的社会问题。司法信息不仅涉及司法、执法领域，还包括经济社会生活的方方面面，它是司法领域的信息的系统集成。从这个角度来说，司法信息不仅是案件结果，不能只通过判决书来梳理司法信息，还要关注包含诉讼过程的其他信息。司法信息不仅是统计学上的概念，而是蕴含事物矛盾运行规律的一些认知，这个视角是经济学家仅从经济领域无法获取的。从某种程度上说，如何避免趋同性，避免同质化无效劳动，如何开启新的视角，进行创新突破成为领先者，这是未来各类科研都关注的问题。而就经济建设而言，司法大数据就是一个崭新的视角。

（二）司法大数据为经济政策措施提供科学决策依据

习近平总书记指出，大数据发展日新月异，我们应该审时度势、精心

---

〔1〕 参见孙晓勇：《涉农地案件的诉源分析——以司法大数据为基础的考察》，载《环球法律评论》2021年第4期。

谋划、超前布局、力争主动，[1]深入了解大数据发展现状和趋势及其对经济社会发展的影响，更好服务我国经济社会发展和人民生活改善。司法大数据正加速融入经济社会的各个领域，并产生重大而深远的影响。司法大数据不仅揭示了传统技术方式难以展现的事物关联，也为有效分析复杂问题提供了新的手段，如挖掘民间借贷纠纷、金融纠纷、房地产纠纷、劳动纠纷等案件中的数据，进行宏观和微观经济形势分析。司法大数据正日益成为重要的工具要素，助推我国社会发展、经济转型、民生安全，为相关决策的制定提供科学支撑。

人民法院是维护公平正义的最后一道防线，诉讼数据是社会矛盾通过司法途径得以解决的最终呈现，具有很大的研究价值。运用司法大数据折射反映出的国家或省市区县的经济社会运行状况，为当地进行“数字体检”，能够及时发现经济社会运行风险隐患，有助于提升当地党委和政府决策服务能力，推进经济社会高质量发展。例如，2020年新冠疫情期间，浙江省嘉兴市中级人民法院针对重点领域、重大风险开展“专项化”司法大数据分析，向市委市政府和浙江省高级人民法院报送《关于新冠肺炎疫情对我市经济运行和社会治理潜在影响的专题分析报告》，研判、预测辖区中小微企业经营风险、商贸综合体运营风险、房地产企业违约风险、服务行业转型风险、劳动密集型企业用工风险、防控措施行政风险、医疗行业潜藏风险、疫源管理风险、纠纷积压风险九大风险点，并提出相应的对策和建议，聚焦风险高发、易发的关键领域和环节，加强分析研判、预警预判，切实提升了防范化解潜在风险能力水平。又如，江苏省南通市中级人民法院编写的《2019上半年南通法院评审判执行运行情况评估报告》《基于司法大数据的2019上半年南通经济社会运行情况评估报告》，在呈报南通市委市政府主要领导后，均获得决策层的高度认可及批示，并据此联合

〔1〕《推进大数据发展应更好发挥政府作用》，载央广网2018年4月17日，https://baijiahao.baidu.com/s?id=1597947837740926202&wfr=spider&for=pc。

市政府有关经济管理职能部门开展进一步的深入研究和治理工作。最高人民法院对南通市中级人民法院开展的此项工作作出肯定性评价："总结南通中院运用司法大数据服务经济社会发展的经验，努力提高司法大数据的应用水平。"[1]

司法大数据有助于分析预测经济运行态势和防范风险，为地方政府加强区域系统性风险防范提供支持。例如，房地产是当前我国社会最主要的生产生活资料，房地产行业影响着经济社会的运行发展，在很长时期内是我国经济的"压舱石"。财产处置是人民法院执行工作的关键环节，事关各方当事人合法权益保障。在法院执行工作中，房地产也是被强制变价处置的数量最多、价值最大财产类型，直接关系大量债权人权利的实现。以"法拍房"为例，通过司法大数据可以观察经济发展中的一些典型现象。2017年以来，随着人民法院网络司法拍卖的不断推广，其公开透明、价格优惠、权利保障的优势逐步显现，网拍房产及土地使用权广受社会关注，成为购置房地产的一种途径。有一些网络媒体特别关注某些区域的"法拍房"问题，认为"法拍房"对房地产市场造成较大冲击，严重影响了房地产市场的供需、价格等；也有媒体甚至炒作"法拍房"的数量近年来急剧上升，据此认为可能出现经济危机。笔者借助司法大数据的运用，对网络司法拍卖模式运行五年（2017-2021年）以来的"法拍房"数据进行了深入分析。从图1可看出，上拍财产、房产总体都呈现逐年上升趋势，但未发现上拍房产占总上拍财产比例的增加，反而在下降，均属于较为平稳运行，未发现"法拍房"激增、数量过大无人竞买等舆论炒作的问题。

---

〔1〕 参见《数助决策：打造司法大数据服务市域社会治理能力提升的南通模式》，载最高人民法院网2019年12月14日，https://baijiahao.baidu.com/s?id=1652826522444861491&wfr=spider&for=pc。

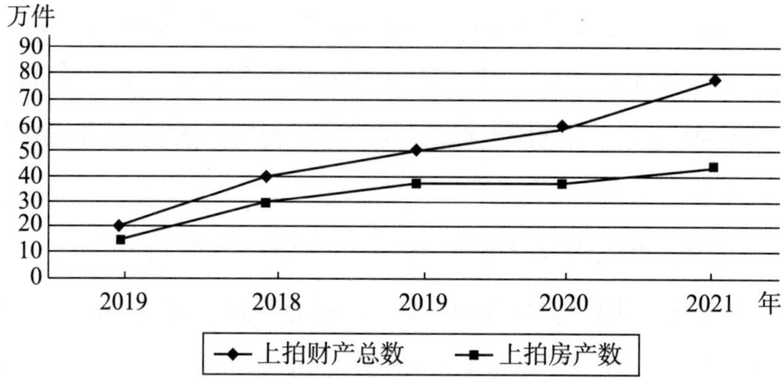

图1　上拍财产总数及上拍房产总数变化趋势对比

然而，从司法大数据的角度可以看出，房价下跌或成交量下降也是不争的事实。2017–2021年，上拍所有财产成交数量分别为9.12万件、18万件、20.85万件、24.41万件、30.87万件，共计103.25万件。房产成交数量分别为5.92万套、13.66万套、14.92万套、14.17万套、14.49万套，共计63.16万套。如图2所示，房产成交总数量虽较大，但未呈现逐年增加趋势。2017年，房产成交数量占所有财产总成交数量的比例为61.17%，且近四年房产成交数量占比呈现逐年下降趋势。

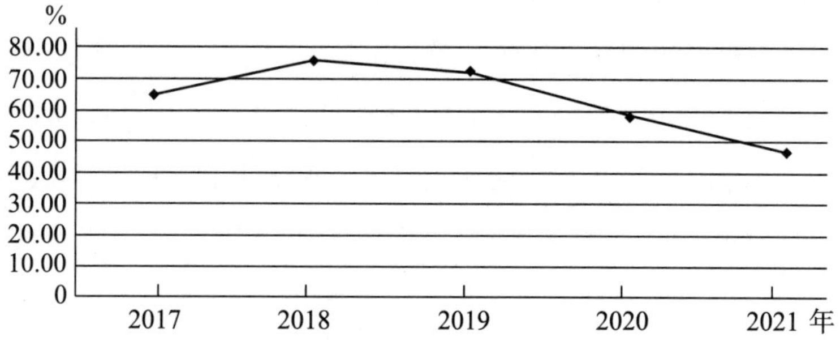

图2　房产成交数量在所有成交财产中的占比

通过以上两个趋势图可以得出一个结论，房产的流拍数量在不断增加。究其原因，一是越来越多的当事人通过提起执行异议的方式影响房产拍卖程序。执行异议本是法律赋予当事人、利害关系人及案外人进行合法权利救济的手段，但如果被滥用，会导致司法拍卖举步维艰，执行工作受到严重干扰。为防止当事人恶意提起执行异议，一些法院开始探索使用继续执行责任险。二是房产的价值不被看好。以北京为例，近年来北京地区"法拍房"数量变化不大，主要因为北京的房产尤其是住宅用房的价格比较稳定。流拍的大部分房产是非住宅的商业写字楼或者公寓。一方面，受落户、水电、物业管理、产权年限等政策影响；另一方面，受疫情影响，很多公司选择线上办公，租用办公场所需求大幅减少。商业写字楼、公寓的租金下降，买受人对房屋的价值及趋势的观望情绪增强，导致出现流拍现象。

又如，一般在研究房地产市场运行时，可以通过商品房成交量、全社会个人按揭贷款数据等进行分析判断。但是，如果引入司法大数据分析就会发现，房屋买卖合同纠纷与金融借款纠纷的走势趋同。简单地说，商品房成交量会受信贷政策影响，房屋买卖纠纷同样受信贷政策影响。通过对房屋买卖纠纷案件走势的分析，结合金融信贷等数据，能够更为准确地感知和判断房地产市场运行中是否出现异常或风险。

"知之愈明，则行之愈笃；行之愈笃，则知之益明。"对"法拍房"所涉司法大数据的上述分析，有力澄清、回击和纠正了社会某些媒体所传递的错误导向与认识，有助于正确认识"法拍房"现状；针对相关政策提出更为贴切的政策建议〔1〕，进而作出更加科学合理的决策，更好服务经济社会发展大局。同时，也要看到"法拍房"的司法大数据分析是对现行经济社会中房产现状的客观反映，其既反映了经济下行压力背景下债务纠纷易发多发，进入执行程序案件不断增多的原因，也揭示了网络拍卖效率、透明度、溢价率等大幅提升的原因。当然，部分案件也折射出一套房屋之上"杠杆率"过高这一问题，一旦债务环节发生资金链断裂，就可能引发整个债务

〔1〕 笔者结合司法大数据对人民法院近五年来法拍房的情况分析，结合实地调研走访，提出探索构建我国的司法救助制度，通过国家直接或间接收储解决楼市宏观调控的短期问题，司法救助资金为流拍的法拍房兜底等政策建议。

链条陷入诉讼执行的风险。如果相关诉讼执行数据能与有关金融主管部门共享，就会在一定程度上更加方便其了解有关金融政策在实践中的发力效果，有针对性地运用相关政策进行补强或调整。这些研究对于金融部门、房产监管部门规避金融风险，加强房产管理都有重要的现实意义。

（三）司法大数据有助于维护国家金融安全

金融司法是金融市场发展的“晴雨表”。与金融业快速发展伴生的问题和集聚的矛盾一旦传导至金融审判领域，就会在人民法院特别是金融专门法院受理的案件中有直接的体现。应该说，司法大数据对金融运行的折射和反映是多方面、多层次的，并主要通过以下三个路径维护国家金融安全。

1.司法大数据服务国家金融管理中心建设

从实践看，司法大数据在服务国家金融管理中心建设方面发挥着重要作用。例如，北京金融法院联合中国司法大数据研究院，对近几年全国金融案件进行深入分析，围绕互联网金融平台风险隐患、学科类教培机构上市公司退市法律风险等开展专项调研，形成《金融领域司法案件大数据分析研究报告》，并通过调研报告和政策建议为党委、政府决策提供参考。此外，北京金融法院还积极探索与各监管机构、金融机构、专业数据研究机构等互联互通，共同构建数据协同平台，共建金融司法大数据研究中心。其与北京市地方金融监管局协作，将北京“冒烟指数”〔1〕监测系统和审判系统对接共享，通过金融风险的量化与分级预警，在立案、审判、执行等各

〔1〕“冒烟指数”是纳入监管系统的企业综合风险的量化等级，超过一定数值纳入监管关注范围。法院与北京市地方金融监管局协作，将“北京冒烟指数监测系统”和审判系统对接共享，高风险企业如果涉诉，系统会在立案、审判、执行等各阶段对承办法官进行风险提示，帮助法官了解当事人情况，完善审理方案。同时实现金融法院与监管机构对金融风险的联动预警，依法支持管理政策机制创新。详见《北京金融法院发布重磅举措支持“两区”建设：加强法定数字货币、虚拟财产保护》，载《北京青年报》2021年8月11日，A7版。

阶段对承办法官进行风险提示；同时，实现金融法院与监管机构对金融风险的联动预警，依法支持管理政策机制创新。北京金融法院提出保障北京证券交易所25条举措，服务国家金融管理中心建设。又如，上海金融法院深入推进金融审判专业化、信息化建设，依托金融司法大数据的分析研判，建立金融纠纷法律风险防范报告年度发布机制，服务上海国际金融中心建设。

再如，2022年2月28日，《全国人民代表大会常务委员会关于设立成渝金融法院的决定》通过，自2022年3月1日正式施行。成渝金融法院的设立，有利于提升成渝地区的金融审判能力和司法保护力度，营造良好的金融法治环境，以司法审判有效引导金融服务成渝地区实体经济的发展；防控区域金融风险，降低区域诉讼成本，缩短区域诉讼周期；通过司法大数据的运用提示预警金融风险，为防范区域金融风险提供决策辅助。成渝金融法院的设立将有利于更好地服务成渝地区双城经济圈和西部金融中心建设，助力成渝地区双城经济圈、西部金融中心建设步入“快车道”。

2.司法大数据服务金融风险防范

当前，宏观金融风险面临着一些新情况，呈现一些新特征。突出表现在银行业金融风险逐年上升、地方政府存量债务违约风险、资本市场系统性风险、金融中介责任风险、涉众型金融风险五个方面。近年来，人民法院运用金融司法大数据等有效工具，在全力保障金融债权清偿、加大对中小投资者保护力度、依法规范金融企业公司治理等方面采取有效措施，主动作为，及时妥善化解金融领域风险矛盾。

第一，利用司法数据库，探索建立标准化批量金融案件快速处理绿色通道。如对于信用卡还款违约等标准化审理的纠纷案件，一些地方人民法院借助互联网、人工智能等技术，将银行信用卡信息数据库导入人民法院司法数据库，自动识别和提取原被告身份信息、合同内容等，自动进行排期开庭，自动计算本息并草拟裁判文书送法官审定，最后自动订卷归档，极大地提高了审判效率，提升了银行清收此类小额金融债权的效益。

第二，借助互联网技术的大数据的数据结构和云技术的计算能力，解决金融领域信息不对称问题。金融企业的公司治理需要与业务模式特质相匹配。金融企业公司治理主要处理的是信息不对称，以及在复杂治理主体结构的情况下如何规范多重利益相关者的多重交叉关系。与传统银行业务依赖甚至凭借借贷双方存在信息不对称不同，新金融企业的终极使命是消除信息不对称和使金融彻底脱媒。金融脱媒的努力方向决定了新金融的历史使命是借助互联网技术的大数据的数据结构和云技术的计算能力来解决信息不对称问题。[1]新金融企业更多是平台性质和科技企业，采用有限合伙构架，实现投票权配置权重向管理团队倾斜，变相形成“同股不同权”构架，这种复杂结构关系给司法带来了新挑战。

第三，建立大数据协同利用的合成制度，对市场主体进行信用评估。人民法院深入贯彻习近平总书记关于“要健全风险监测预警和早期干预机制，加强金融基础设施的统筹监管和互联互通，推进金融业综合统计和监管信息共享”[2]的要求，在确保数据安全的前提下，做好人民法院与金融机构之间的数据对接。金融机构可以利用司法大数据进行市场主体信用评估，及时发现交易对象涉诉风险，甚至制作“黑名单”。金融监管部门可以利用司法大数据进行金融风险预警、评估，尽早发现和处置金融风险。刑事侦查部门可以利用司法大数据发现违法犯罪线索，如一些地方法院积极探索通过民间借贷纠纷案件相关数据查找“套路贷”犯罪线索，并提供给公安机关，有效形成合力打击。人民法院发挥司法建议的作用，及时将

---

〔1〕 郑志刚：《新金融企业的公司治理》，载盘古智库2021年10月1日，https://baijiahao.baibu.com/s?id=1712379092715260383&wfr=spider&for=pc。

〔2〕 习近平：《深化金融改革　促进经济和金融良性循环健康发展》，载《人民日报》2017年7月16日，第1版。

在案件审理中发现的金融企业经营管理漏洞和有关部门监管漏洞通报相关企业和部门。

第四，运用金融、通信等大数据，建立解决“资金池”监管难题的跨部门协同机制。其一，建立非法“资金池”甄别预警机制。由公安机关主导，金融监管等部门配合，运用金融、通信等大数据及时甄别社会资金规模化聚集现象并进行预警、核查，及时发现“资金池”。如“P2P”平台的本质是信息中介平台，不允许建立“资金池”但在过去几年很多经营者通过控制大量账户骗取出借人资金，而骗取的资金最终要归集到违法者的“资金池”中，通过司法大数据是可以及时发现的。其二，对合法的“资金池”要赋予购房者等资金方应有的知情权、监督权。如购房者可通过政府网站，查询预售许可项目对应的预售资金监管账户入账、支取、余额等。其三，协同控制付款进度。银保监会、住建部门应及时明确“主体结构封顶”等相关工程进度标准，购房者根据工程进度分期支付款项。购房者的定金、首付款打入监管账户后才能办理购房合同网签。其四，明确各相关主体的民事、行政和刑事责任。发放贷款的银行违规提前放贷、付款的，应当对购房者损失承担赔偿责任，并视情节承担罚款、停业整顿或者吊销经营许可证等行政责任。房地产开发企业挪用专款专用资金的，除应当交回资金外，还应当承担相应行政责任，造成严重后果的应当承担相应刑事责任。

第五，有效发挥智慧法院在数字经济、数字金融中的重要作用，构建数字时代司法新模式。人民法院应积极回应数字经济、数字金融发展对司法的需求，明确裁判标准，强化规则指引，深入落实人民法院在线诉讼、在线调解、在线运行“三大规则”及《关于加强区块链司法应用的意见》，探索建立中国特色互联网司法规则体系，构建数字时代司法新模式，以更高水平的数字正义服务数字经济高质量发展。坚持“四个面向”，依法促进数字人民币等金融工具更好服务实体经济和民生领域，在有效激发居民消费潜力，畅通宏观政策传导渠道，促进普惠金融发展等方面发挥积极作用。[1]要加强数字经济法治问题研究，深化人民法院与研究机构、高等院校交流合作，共同研究解决数字技术、数字金融、数字经济发展带来的新情况、新问题，强化裁判规则引领，促进数字法治发展。

3.司法大数据服务金融机构规避风险

司法大数据有助于分析行业以及潜在客户涉诉风险，为企业开展金融业务提供风险辨识。在企业金融风险防控方面，司法大数据可以为银行、保险、互联网金融企业开展多维度涉诉风险关联分析，针对金融风险评估和预警需求，有效服务金融机构的反欺诈、信贷风控、资产追溯、风险评估等需求。如中国司法大数据研究院、《21世纪经济报道》于2022年1月联合发布的“司法大数据在企业金融风险防控场景的应用”，能够为金融监督机构继续有针对性地开展专项行动、形成高效打击金融风险犯罪活动合力提供充分的数据向导和决策支撑。企业诚信体系中有若干指标，如何把司法数据植入并量化，是一个重要课题。无论是货币银行、投资银行或者保险机构、信托机构，所有的金融机构的大目标都是一样的，即减少损失，挣更多的钱。如何减少损失？必须做好风险识别、风险防控，考虑将包括企业涉诉信息等在内的司法大数据和金融机构自有的企业历史信贷数据相结合，开发人工智能应用并融入金融风险识别系统中。

金融机构可以通过司法大数据的深度应用降低呆坏账率。银行存在四大基本风险：市场、流动、合规及信用风险。金融机构有大量的账户、交易数据，司法大数据和金融机构自有大数据相结合，能够帮助银行分析客户的信用风险、欺诈违约的概率。金融机构的传统逻辑判断或许是：客户过去是什么表现，基于此做预测，判断其未来作出相关行为的概率。这样

---

〔1〕 数据显示，截至2021年年末，数字人民币的试点场景超过800万个。数字人民币可以实现定时定向支付，能够更加高效地与财税政策配合，让政策红利“精准直达”困难群众和市场主体，提高居民消费意愿，帮扶服务业等行业走出困境，促进普惠金融更好发展。

的判断工具每年能帮银行降低多少风险是有量化指标的。相较而言，人工智能的逻辑方法更先进。即使客户过去没有欺诈行为，但可以通过其异常行为或者一些表象行为来预测其未来实施欺诈行为的概率。如老年人容易受骗，一般向老年人借钱，第一次很快就会还钱，第二次多借一些钱，还钱时再加上利息，第三次继续借，还钱时也加上利息，直到最后一笔钱有去无回。老年人更依赖自己的经验分析，但是对于金融信用风险的经验分析可靠性不足。那么如何通过异常行为或者表象行为进行预测？这不仅涉及对未来发生概率的判定，要对数据进行进一步结构化和非结构化分析，甚至还要对某些数据再进一步细分解析。

开发这种人工智能应用需要更多的金融机构历史数据以外的其他数据作为支持。数据量越大，其学习能力越强，趋势判断越准确，而金融客户的诉讼及调解数据就是极为有益的补充。这与医疗检查相类似，如智慧医疗的机器人系统如果拥有数万张之前的肺癌诊断CT，分析什么样的图像最后会发展为肺癌，那么该机器系统判断肺癌的准确性就非常高。看一张新CT片时，它有学习能力，不但可以判断病情，也收集到信息，机器系统会越来越“聪明”。

当前，司法大数据构建的金融风控系统用户覆盖已达96家金融机构，如工行、建行、交行、光大银行等金融机构，每年对防范金融风险投入超百亿元规模。同时，在企业自我风险防控方面，可以为中央及地方各类企业提供企业涉诉风险防范服务，如提供合规自检、自身涉诉监管治理、合同签约风险审查、人员司法背调等。司法大数据也可以识别制约金融案件办理的因素，进一步提升案件办理效率，维护企业经济利益。例如，江苏省苏州市中级人民法院通过司法大数据分析，发现20%的金融案件因被告送达地址不明确导致相对正常案件的诉讼周期平均增加5个月。经认真研判分析后，苏州市中级人民法院向全市30余家银行发出司法建议书，建议“银行签订金融合同时，增加‘文书送达地址确认书’”，得到银行系统积极响应，明显降低了该类诉讼的诉讼周期及诉讼成本，也缩短了银行维护经济利益的周期。[1]

（四）司法大数据有助于优化营商环境

营商环境是一个国家和地区重要的软实力，背后体现的是一个国家、一个区域的核心竞争力。近年来，党中央、国务院高度重视改善和优化我国营商环境。营商环境特别是制度环境，对科技创新的影响巨大。科技强，经济强；经济强，国家强。创新驱动至关重要，关乎国家安全和发展。深入推进智慧法院建设必须注重创新驱动发展，强化创新体系和创新能力建设，推动科技创新与司法工作深度融合。从制度与科技创新相互赋能的角度思考，法院如何通过制度的改革推动科技的进步、国家的发展？尤其是如何发挥司法制度的作用？

例如，过去房地产开发商拖欠实际施工人工程价款，实际施工人提起诉讼，并申请将楼盘保全。楼盘的价值可能高达上亿元，但是拖欠实际施工人的款项没有那么多，可能只有几百万元，这种情况一般该如何处理？实际施工人可以找保险公司出一个保函，用对等的资产申请财产保全。又如，在科技创新领域，如果一项合伙研发的技术有了突破，合伙人却因意见不合产生纠纷提起诉讼，并申请行为保全，导致企业不得不停止研发。对法院来说，保全不过是一纸裁定，但是对科技公司来说，行为保全会导致企业停摆半年，意味着企业和市场脱节，错过了科技突破的黄金时机，或是科技公司正处于越过创新“死亡之谷”的过程中，停顿研发的话就意味着等死。这种情况下，如何使司法尽可能“不拖后腿”，而是主动营造良好的营商环境？很多时候，各种制度产生的矛盾会在司法端有所体现，司法端如何才能更好地处理这些矛盾？

---

〔1〕 朱旻：《“金点子”助推经济高质量发展——江苏金融审判司法建议保障市场健康发展》，载《人民法院报》2018年6月3日，第1版。

对此，笔者认为司法要为创新赋能，创新也能助推司法提质增效。尤其是一些立法尚存空白的领域，司法的个案裁判更能体现规范、引导、惩治、矫正作用，体现社会主义核心价值体系，贯彻落实习近平新时代中国特色社会主义思想。具体到科技和制度的关系，体现为制度要有利于推动社会进步的价值观，不能让坑蒙拐骗变成影响科技创新驱动、技术进步的“绊脚石”。对此，司法不能袖手旁观。这是一件非常有现实意义但也很难的事。法院应该发挥好司法案例的导向作用，引导社会良好的营商环境。

大数据的蓬勃发展，为营商环境的不断持续深入优化提供了巨大的动能，为我国不断提升营商综合实力提供了强大支撑。大数据征信引领征信行业的发展，对营商环境的优化带来深刻的影响。市场营商环境的优化，一方面，依赖外在的法律法规来规制和调整；另一方面，要激发其内在动力。随着信息技术的高度发展，司法大数据的收集和利用对企业乃至整个市场都带来巨大的变化。例如，安徽法院在全国率先实现人民法院调解平台与工商联商会调解服务平台“总对总”对接，充分发挥“法院+商会”在线多元化解民营经济领域纠纷方面的显著优势。根据世界银行于2019年10月发布的《2020年全球营商环境报告》，中国在全球190个经济体中跃居第31位，其中体现司法工作机制运行状况的“司法程序质量”排名第一，充分体现了我国司法大数据和法院信息化建设的重要成就。[1]同时，也意味着国际机构信任我国的司法程序质量以及大数据为司法赋能的制度。

信用评价体系一般是针对市场主体过去的信用情况的展示。如何提升社会信用水平？信用水平影响交易成本，影响经济运行。如债权和物权之间的部分或倾向于债权的部分，有没有重复出让、重复融资、重复交

〔1〕 世界银行:《〈2020年全球营商环境报告〉发布——中国排名连年跃升》，载搜狐网2019年10月29日，https://www.sohu.com/a/349651862_676545?qq-pf-to=pcqq.group。

易？可能因为出让方被迫或者恶意，而给对方带来经营风险。一个国家的不同区域，诚信方面也会有所差异。有的区域口碑和诚信好，交易成本或制度成本就小；有的区域口碑和诚信差，会导致彼此不信任和信息不对称，影响产品生产、分配、流通、消费等环节，或者使政府在这些环节中要投入更大的精力和资本去监督、监控、测量等。从大的方面看，信用水平低可能影响生产要素的配置，甚至增加制度成本；从小的方面看，信用水平低不利于生产资料使用效益的最大化。

良好的营商环境既可以减少交易风险，又可以降低经营成本。如果处理不当，可能会产生两方面后果：一是经营上的风险，从某种程度上说可能产生法律风险、实施风险或者决策风险；二是经济成本，经济成本也反映在时间成本上，即要花费大量的时间和金钱提前进行自我判断或事后维护自身权益，从某种程度上说，影响的是企业的形象。例如，企业有诉讼缠身，不但耗费经营成本和时间成本，还影响企业形象，我们姑且可以称为影响企业的环境成本。如何降低企业的这些成本？可以考虑通过制度。这些制度包括国家制度、区域性制度、单位制度等，也包括中长期制度、短期管理制度。当然，还有分行业的制度，如文化制度、管理制度、金融制度、工商制度、监督制度等。良好的制度创造了良好的社会秩序和营商环境，可以降低生成经营和维护成本，促进了社会发展。

“某查查”“某企查”等数据网络公司通过收集和分析网络上的公开数据对市场主体进行信用评价。这些数据一部分来自网络上的公开信息，如上市公司的公开信息、政府公开信息；另一部分则是企业的涉诉信息，帮助企业分析自身经营风险，以及在筛选合作伙伴时，准确地预估交易对象可能存在的风险。大数据的深度利用不仅通过公开信息保障了公众的知情权，也能约束企业诚信经营，避免产生更多的涉诉负面信息和不良记录。当然，“某查查”“某企查”所应用的企业涉诉信息仅是司法大数据的一部分，并不是司法大数据中的全量企业涉诉信息数据。我们可以利用全量企业涉诉信息数据，建立企业涉诉的终身档案。从一个企业成立到成长、消亡，跟踪并建立企业的长期档案，构建企业的性格画像，类似于个人的性格特征。同时，把企业的性格画像和企业的法人以及经营管理层绑定起来，通过不公开的数据关联，可以分析企业的信用状况及其对信用的重视程度。同理，可以在不侵犯个人隐私的情况下给每个涉案人构建信用画像，将一个人的涉诉信息与其他诚信体系的数据相结合，建立个人的终身信用档案。一旦有了企业和个人终身信用档案、个人终身信用档案，每个个体可以有一个终身的信用ID。一般来说，企业和个人都有“爱面子”和维护良好形象的自我保护意识，信用ID使企业和个人重视对形象的自我维护，从而营造良好的营商环境，完善经济社会秩序。

2020年，中国司法大数据研究院依托人民法院大数据管理和服务平台汇聚的审判资源信息，设计了法治化营商环境司法评估指数体系框架和指标。该指数体系的设计是以法治化、国际化、便利化为原则，在充分借鉴和应用世界银行、国家发改委营商环境评价体系及方法的基础上，重点突出法院为改善投资和市场环境，营造稳定、公平、透明、可预期的营商环境所需提供的司法服务和保障，以司法大数据的深度应用研究为基础助力营商环境的优化。该指数体系也充分借鉴了世行营商环境评估指标的理念、方法。一是尽量抛开主观的感受，采用客观数据；二是在全国具有可比性，在指标的设计和选择上具有普适性；三是运用司法大数据通过数字体检的方式辅助法院领导和党委、政府进行科学决策，辅助法院为营造稳定、公平、透明的营商环境提供公正高效的司法服务和保障，为党委、政府建设法治化营商环境提供司法预警、决策支持。

该指数体系主要分为两个部分。第一部分主要按照“法治化营商环境司法保障指数”，从审判公正、审判效率以及执行效率三类指标对营商环境的司法保障情况进行“数字体检”，以辅助各地法院在法治化营商环境建设中提供更加优质、高效的司法服务。第二部分主要按照“法治化营商环境司法观察指数”，从法治政府建设、市场优化、营商诚信三类指标对营商环境建设的实效情况进行“数字体检”，以辅助党委、政府及时发现和掌握营商环境建设中可能存在的风险和隐患，妥善做好重大风险防范和化解工作。该指数体系实现了从“法治实施评估”到“法治实效评估”，从“单一评估”到“多元评估”，从“社会总体评估”到“司法具体评估”，从司法大数据的视角观察整体营商环境的建设情况，对赋能营商环境优化具有独特的价值。

二、司法大数据服务政治建设

习近平总书记强调：“要运用大数据提升国家治理现代化水平。要建立健全大数据辅助科学决策和社会治理机制，推进政府管理和社会治理模式创新，实现政府决策科学化、社会治理精准化、公共服务高效化。”[1]党的十九大报告提出，“全面依法治国是国家治理的一场深刻革命”。司法大数据源于司法实践，能反映政法系统协同办案的新需求，司法实践中遇到的新情况、新问题，行政案件体现出的依法行政状况，以及人民群众遵法守法情况等。这些信息通过系统汇聚到大数据平台中，同时需要通过大数据平台去帮助实现政策目标。随着司法大数据研究和运用的深入，其在服务全面依法治国中的作用必将越发突出。

（一）服务科学立法，促进立法质量提升

通过大数据挖掘技术，研究国家法律、行政法规、地方性法规等法律渊源之间的系统关系，并通过相关法律适用情况分析，为法律法规的“立、改、废、释”提供重要依据，提高立法质量和效率。在某项新的法律或司法

〔1〕《习近平主持中共中央政治局第二次集体学习并讲话》，载中央人民政府网，http://www.gov.cn/xinwen/2017-12/09/content_5245520.htm。

解释出台后，司法大数据可以从宏观整体数据层面判断该法律或司法解释的运行情况，通过继续深入分析，甚至可以判断某个条文在司法实践中是否属于“沉睡条款”，司法应用情况如何，是否存在裁判分歧等。

在立法过程中，立法者可借助司法大数据有效提升立法调查研究的量化分析水平，并预测法律法规的实施效果。从定性走向定性与定量适度结合，从而为顶层设计提供参考与辅助，促进科学立法，成为推动治理决策的“方向标”，以更好地促进国家治理体系和治理能力现代化。例如，中国司法大数据研究院于2018年1月完成的《刑事罪名应用情况》报告显示，2013年至2017年，各年度仅使用过1次的刑事罪名占全部罪名的比例达17%-24%。其中，为他人提供书号出版淫秽书刊罪，传染病菌种、毒种扩散罪以及战时相关罪等27个罪名近五年使用次数为零，有成为“僵尸罪名”的趋势。这一报告通过分析评估有可能成为“僵尸罪名”的法律条文，为法律法规的制定、修改、完善提供了有益参考。

又如，2018年10月底重庆公交车坠江重大事故发生后，中国司法大数据研究院发布《公交车司乘冲突引发刑事案件》司法大数据分析报告。[1]该报告显示，此类案件2017年较2016年增长4.8%，近七成案件由乘客引发，冲突原因多是下车（37.74%）、车费（17.92%）等琐事；近九成案件发生在公交车运营过程中；超八成案件中被告人存在攻击司机和抢夺车辆操纵装置等严重威胁行车安全的行为；约四成案件中造成人员重大伤亡的恶劣后果。这一分析充分显示公交车司乘冲突问题对人民群众的公共出行安全造成了严重侵害，应该依法从严惩处妨害安全驾驶犯罪。这一分析报告不仅及时回应了人民群众重大关切，也为有关部门出台指导意见，以及对

[1]《司法大数据专题报告之公交车司乘冲突引发刑事案件分析》，载最高人民法院网2018年11月19日，https://www.court.gov.cn/fabu/xiangqing/130611.html。

相关罪名的立法修订提供了重要参考。[1]

再如，针对前些年各地频发的高空抛物、坠物等案件，2019年司法大数据专题报告《高空坠物伤人案件特点和趋势》分析显示，2016年至2018年，全国法院审结的高空抛物、坠物民事案件呈现逐年上升趋势，其中有近三成因为高空抛物、坠物导致人身损害；受理的相关刑事案件中有五成多造成被害人死亡，超一成造成被害人重伤。这一大数据报告不仅揭示了高空坠物已成为人民群众生命财产安全的一个重要威胁，对于《民法典》第1254条在《侵权责任法》第87条的基础上增加相应规定，以及将高空抛物行为纳入刑法（2021年3月1日《刑法修正案十一》第291条第2款）规制，切实维护人民群众"头顶上的安全"起到了积极的推动作用。

制度强则国家强，制度优势是一个国家赢得战略主动的重要优势。[2]制度强首先必须制度精，而不能和制度多画等号。盲目地追求制度数量可能带来后续一系列实施上的问题。可以用大数据回溯技术，检验制定制度的初衷是否实现，同时利用大数据计算制度实施后的成本及效果，也可以预判有没有必要通过国家层面立法形成相关法律制度。

公正司法方面，可以看到，党的十八大之后，法官的廉洁意识有了极大的提升。因为事中有约束，事后还有监督，法官徇私枉法的空间非常小，有利于真正做到"让权力在阳光下运行"。权力是人民赋予的，通过司法改革放权于法官，同时实施司法责任制，就是要让"权力"回归于为人民服务本身。坚持以人民为中心的发展思想，发展全过程人民民主，推动人的全面发展方面，通过司法大数据及技术，约束法官不当用权，从人民的司法需求方面，让公正被感知，让公平被感受，推动人民民主和人的全面发展。

---

〔1〕 例如，2019年1月，最高人民法院、最高人民检察院、司法部联合发布《关于依法严惩妨害公共交通工具安全驾驶违法犯罪行为的指导意见》；2020年12月26日，第十三届全国人民代表大会常务委员会第二十四次会议通过的《中华人民共和国刑法修正案（十一）》，新增妨害安全驾驶罪。

〔2〕 人民日报评论员：《坚持和完善人民代表大会制度——论学习贯彻习近平总书记中央人大工作会议重要讲话》，载人民政府网，http://www.gov.cn/xinwen/2021-10/16/content_5642949.htm。

（二）服务严格执法，助力法治政府建设

在全面依法治国进程中，实现依法行政任重而道远。笔者最早从事法学相关工作的时间可以追溯到参与制定《湖南省行政程序规定》的时候。在法治政府的背景下，湖南省较早就开始做行政法律规制的论证、评估、实施、反馈等工作。对于当时湖南在行政立法方面的做法，当地不少地方领导还没有完全理解领会其重要意义。那个时候各区县政府还是坚持“唯GDP论”，相互之间主要攀比经济增长率的高低，没有意识到依法行政的重要性。“行政机关应当按决策权、执行权和监督权既相互制约又相互协调的原则，设定权力结构和运行机制”，这句话出自2008年10月1日起实施的《湖南省行政程序规定》第11条，该规定在依法行政方面作了很好的尝试。

如今，还有少数地区和领域的行政权存在边界不清晰的情况，主要表现为：第一，涉及面广。每个领域都涉及行政权的行使，体现为多种行政行为，如行政处罚、行政许可、行政强制等。第二，部分权力缺乏硬性约束。近些年，有些行政机关希望把部门政策法律化，但很多时候部门政策就是通知、精神。这种“立法部门化”现象前些年已经受到了很多批评。

因此，需要从调查数据、司法大数据中找到与行政行为相关的信息进行分析，以效果为导向，反过来对规范行政行为提出相应的建议。行政审判司法大数据是发现政府治理风险和问题的重要渠道。基于行政审判所形成的司法大数据，可以构建一套科学、合理的法治政府司法综合指数评估体系，更为准确地发现政府在行使职权过程中存在的问题，并预测在建设法治政府的过程中可能会出现的问题。法治政府建设成效评估是一项复杂的系统工程，人民法院受理的案件源于经济社会发展和社情民意的矛盾反映，是量化表征、科学评估法治政府建设成效的重要支撑和参考。

目前，已有不少机构对地方法治政府建设成效进行官方评估或第三方评估。这些评估体系主要侧重于制度构建和制度实施的评估，主要考察政

府部门及其人员的职权行为是否按照预先设定的制度目标完成任务，属于对法治政府建设相关制度实施情况的评估，通常是通过实地调研、访谈、调查表等形式反馈数据。此类评估由于没有大量的直接数据支持或佐证，有一定的局限性。一方面，无法全面、准确了解法治政府建设的实际效果；另一方面，依靠考察对象提供小样本数据的方式使评估结果真实性难以保证。而基于司法大数据的法治政府评估可以提供能够反映法治实效的真实、客观的评估结果。司法大数据具有外部性和独立性共存的特点，行政审判司法大数据所映射的依法行政水平呈现群众对行政活动的真实反应以及行政纠纷发生、裁判、化解的客观过程。行政审判司法大数据的量化能为行政实践与创新提供建设性意见，对衡量法治政府建设的进度具有积极的意义。

根据最高人民法院的要求，中国司法大数据研究院依据《全面推进依法行政实施纲要》(2004年)、《国务院关于加强市县政府依法行政的决定》、《国务院关于加强法治政府建设的意见》(已失效)、《法治政府建设实施纲要（2015-2020年）》等相关指导文件，形成了法治政府司法综合指数评估体系，以2016年至2020年全国31个省级行政区的新收及已结行政案件作为数据分析样本，用一套量化标准评价我国各地区的法治政府建设进程和成效，为我国各地区法治政府建设实践提供有益的决策建议。该评估体系主要通过“政府涉诉指数”“行政违法指数”“行政不作为指数”“行政执法规范指数”“政府信息公开指数”“政务诚信指数”“行政机关负责人出庭应诉指数”“行政赔偿指数”“行政争议实质性化解指数”“行政滥诉指数”10个二级指标对政府法治建设情况进行“数字体检”，辅助党委和政府及时发现和掌握依法行政、法治政府建设所取得的成效以及所面临的挑战等。

同时，人民法院公正、及时审理行政案件，解决行政争议，保护公民、法人和其他组织的合法权益，监督行政机关依法行使职权，是推进法治政府建设的关键环节和反映政府治理效果的重要场域。例如，中国司法大数据研究院2021年发布的《司法大数据决策参考》显示，2016年至2020年，全国各级人民法院新收行政一审案件逐年同比增长率为11.31%、11.19%、8.28%、-7.70%，整体呈现增长率放缓直至出现负增长（有一定疫情影响）趋势。从涉诉案件量看，一定程度反映了政府的依法行政水平在进一步提升。该期报告还显示，从各类行政管理领域案件量来看，涉及土地、拆迁的案件占比为16.89%，比例较高。各级地方政府应当高度重视该类问题，一方面，要尽可能将矛盾纠纷化解在土地征收和拆迁过程中，妥善兼顾发展和公平，尽量避免这些矛盾纠纷进入行政诉讼；另一方面，要规范相关行政行为，提高政府依法行政的水平和能力。

（三）服务公正司法，维护司法标准统一

习近平总书记在党的十八届四中全会上指出，推进以审判为中心的诉讼制度改革，目的是促使办案人员树立办案必须经得起法律检验的理念，确保侦查、审查起诉的案件事实证据经得起法律检验……有效防范冤假错案产生。[1]严格公正司法的核心在于统一司法审判标准，严格按照法定程序办案，将法律规定不折不扣地落实到位。2016年10月11日，最高人民法院、最高人民检察院、公安部、国家安全部、司法部联合发布并实施《关于推进以审判为中心的刑事诉讼制度改革的意见》。这一司法改革措施的实施，建立以审判为中心的诉讼制度，强调从刑事诉讼的源头开始，就必须按照最终的裁判要求和标准，全面、规范地收集、固定、审查、运用证据，确保案件裁判公平正义。

以审判为中心的诉讼制度改革要求统一证据标准。虽然《刑事诉讼

〔1〕 参见《中国共产党十八届中央委员会第四次全体会议文件汇编》，人民出版社2014年版，第93-94页。

法》和“两个证据规定”[1]明确了各类证据的采纳标准，但在司法实践中，经常出现非法取证或者取证不规范等问题，导致一些证据材料丧失证据能力。通过大数据深度应用和人工智能分析，全面总结各类案件的特点和规律以及近年来防范和纠正冤假错案的经验教训，可以科学制定契合证据法律规范，符合司法裁判要求，适应各类案件特点的证据标准，为办案人员提供细致明晰、切实可行的办案参考，使办案机关按照裁判的要求和标准收集、固定、审查、运用证据，在各个诉讼阶段严把案件事实关、证据关。在这一过程中，随着数据量的增加、标准的细化及实践可操作性越来越强等，大数据将发挥越来越重要的作用。

2018年，在中央政法委的推动下，贵州省法院加快推进跨部门大数据办案平台建设，设计了采取基于数据交换的松耦合架构，明确了平台主要提供系统间的数据交换共享服务的建设方案，制定了统一的政法机关跨部门数据交换标准和接口方式，实现了审查批捕、移送审查起诉、提起公诉、审判执行、减刑假释、罪犯释放、社区矫正、电子换押等执法司法全流程网上办理。跨部门大数据办案平台自2019年全面启用以来，已累计交换刑事案件数据20.9万件（次），实现了刑事案件办案单位、办案流程的全覆盖，网上跨部门协同办案，其中贵州全省60%以上的刑事换押工作通过平台实现了单轨制运行。该平台推进数据互通共享，使大数据更好地服务司法办案、规范司法行为，每年不仅节约大量人力、物力，成为“数据多跑路，干警少跑腿”的典型应用，更为重要的是，有效地践行了以审判为中心的诉讼制度改革精神，统一了证据标准，破解了在取证、收集证据阶段的司法不公行为。上海刑事案件智能辅助办案系统在此基础上更加注重证据指引，从公安、检察、法院这一链条中，根据罪名设定，系统指引执法机关要满足证据的数量和质量，否则系统无法进行下一步操作。该系统依托互联

[1] 2010年5月，最高人民法院、最高人民检察院、公安部、国家安全部和司法部联合发布了《关于办理死刑案件审查判断证据若干问题的规定》和《关于办理刑事案件排除非法证据若干问题的规定》。

网、大数据、云计算等现代科技，充分运用图文识别（OCR）、自然语言处理（NLP）、智能语音识别、司法实体识别、实体关系分析、司法要素自动提取等人工智能技术，通过制定统一适用的证据标准指引、证据规则指引，并嵌入公检法司机关刑事办案系统中，实现对办案人员统一证据标准、证据规则的指引和对证据的校验、把关、提示、监督，确保侦查、审查起诉的案件事实和证据经得起法律检验，确保刑事办案过程全程可视、全程留痕、全程监督，减少司法任意性，防范冤假错案产生。〔1〕

除了统一证据标准之外，统一司法尺度与裁判标准，发挥审判程序应有的制约把关作用，也是严格公正司法的题中应有之义。最高人民法院积极构建司法知识服务平台，通过分析应用系统智能服务能力需求，在全国法院范围遴选优质智能服务，与司法人工智能引擎集成整合，为各类应用提供智能服务支撑。目前，司法知识服务平台已经完成了对全国54项知识服务的遴选和评估工作，累计调用次数已经超过1.5亿次。特别是“法信智推”完成全国32家高级人民法院及下辖基层法院全覆盖，实现在全国法院的全面落地，全年为超8万名法官累计提供服务1000余万次。〔2〕该系统具备相似案例自动推送，类案检索报告辅助生成，法条、法律观点主动推送等功能，保证法官在审理过程中可随时调取类案，有利于促进司法公平公正。

（四）服务全民守法，筑牢法治社会根基

人民是法治建设的主体，是法治国家的主人。人民权益要靠法律保障，法律权威要靠人民维护。只有人人参与的法治，全民守法才具有坚实的社会基础；只有将法治观念植根于民心，人人尊法学法守法用法，法治

〔1〕 崔亚东：《司法科技梦：上海刑事案件智能辅助办案系统的实践与思考》，载《人民法治》2018年第18期。

〔2〕 参见《全面加强智慧法院建设　推动构建中国特色、世界领先的互联网司法模式》，载最高人民法院网2022年3月8日，https://www.court.gov.cn/fuwu-xiangqing-349631.html。

中国才能形神兼具，行稳致远。[1]

中共中央、国务院印发《法治政府建设实施纲要（2021—2025年）》，有针对性地提出健全政府守信践诺机制，要求建立政务诚信监测治理机制，建立健全政务失信记录制度，将违约毁约、拖欠账款、拒不履行司法裁判等失信信息纳入全国信用信息共享平台并向社会公开，强化社会监督。笔者认为，可以考虑将司法大数据与人才、技术、金融等领域信用体系的大数据予以融合，共同促进信用体系建设。例如，为每个自然人以及企业建立一个信用ID，将其与信用评价有关的数据全部对应，以此对市场主体信用进行追踪，并从多维度看待信用ID的应用问题，如查看企业有没有诉讼、有没有负债、履行判决情况等能够反映其信用状况的数据。作为司法机关，需要完善涉诉有关数据的提取、归集和利用各环节数据标准、采集分类和操作流程规定。而司法大数据有效地解决了这一问题，已经归集的涉诉数据相当于"某查查"两倍以上的相关数据量。在信用ID基础上建立起企业终身信用档案，测算企业的信用状况及其对信用的重视程度。例如，2021年郑州"7·20"特大暴雨灾害后，鸿星尔克低调捐赠，网友给予的超现象级热情反馈就凸显了社会以及群众对企业自愿承担社会责任的认同。这样的企业之所以能够在社会最需要的时候承担起社会责任，一定是以其在日常经营中有较高的信用水平为基础的。当没有类似于郑州暴雨这种舆论触发事件发生时，这样的企业如何能够被市场及时发现并产生相应的市场价值？此时，就需要一套制度让诚信档案的查阅成为公共产品，促进企业和个人全民守法、全民诚信意识的建立。

最高人民法院建成的司法链平台，内外网一体，涵盖部分法院、国家授时中心、多元纠纷解决平台、公证处、司法鉴定中心等36个互联网节点、15个法院内网节点，可面向全国各级法院和人民群众提供统一数据存证和

---

〔1〕 参见李若兰：《全民守法筑牢法治社会根基》，载中国共产党新闻网，http://theory.people.com.cn/n1/2018/0326/c40531-29888172.html。

验证能力，实现了执行当事人信息、限制高消费人员信息和失信被执行人信息100%上链存证。该平台充分向人民群众开放，可以让有产生纠纷风险的数据入链，在纠纷发生时调取可信的证据，减少发生纠纷的概率。

法院的司法公开和在线调解也是引导公民守法、普法的过程。随着中国裁判文书网、中国审判流程信息公开网、中国执行信息公开网、中国庭审公开网司法公开四大平台的建成运行，案件从立案、审判到执行，实现了全部重要流程节点信息化、可视化、公开化。司法公开形成的大数据在构建开放、动态、透明、便民的阳光司法机制的同时，不仅让人民群众感知司法民主的过程，也通过民主，可知，可感进行了最直接的普法宣传。在引导公民遵循法律途径定分止争的过程中，人民法院将诉讼风险评估、案例数据公开等信息推送给当事人，并引导其通过调解的方式解决纠纷。

三、司法大数据服务文化建设

在五千多年文明发展中孕育的中华优秀传统文化，在党和人民伟大斗争中孕育的革命文化和社会主义先进文化，积淀着中华民族最深层的精神追求，代表着中华民族独特的精神标识。[1]文化是国家的灵魂和民族的血脉赓续，是一个民族传承和发展最根本、最深沉、最持久的力量，也是凝聚民族向心力，增强民族自信心，团结各族人民共同奋斗的坚强基石。法治文化是社会主义先进文化的重要组成部分。人民法院从司法实践中挖掘弘扬社会主旋律素材，提炼主题、激发灵感，讲好中国法治故事，讴歌伟大时代，积极践行社会主义核心价值观，促进社会主义法治文化的全面发展。司法大数据的出现和普及不仅为司法机关赋能增效，还打破了研究机构长期以来数据匮乏或数据垄断的局面。司法大数据凝练海量素材案例可广

〔1〕 参见《习近平谈治国理政》(第2卷)，外文出版社2019年版，第36页。

泛应用于法学教育、法律文化研究。司法大数据支撑司法研究切实服务法学研究、法学教育、司法科技创新，形成了一个产、学、研相结合的司法文化体系。司法裁判在社会生产生活中具有规则引领和价值导向功能。“一个案例胜过一打文件。”人民法院通过分析研判社会各领域的案件所汇聚而成的司法大数据可以发现那些违背社会主义核心价值观的问题，并依据司法权予以纠正，或通过司法建议推动有关单位或部门解决。

（一）司法大数据促进知识产权保护

2019年11月，中共中央办公厅、国务院办公厅印发《关于强化知识产权保护的意见》，提出加强知识产权保护，提高我国经济竞争力，遏制知识产权侵权易发多发的现象，改变权利人维权“举证难、周期长、成本高、赔偿低”的局面。2020年4月，最高人民法院发布《人民法院知识产权司法保护规划（2021–2025年）》，旨在贯彻新发展理念，构建新发展格局，推动经济社会高质量发展。2021年3月3日，最高人民法院发布《关于审理侵害知识产权民事案件适用惩罚性赔偿的解释》。

从党中央决策部署到法律规定，我国知识产权司法保护制度构建日臻完善，知识产权司法保护的价值意义日益凸显。党的十八大以来，人民法院持续加强知识产权司法保护，充分发挥最高人民法院知识产权法庭以及北京等4个知识产权法院、各地知识产权法庭职能作用，加强对关键核心技术和原始创新成果的知识产权保护，有力服务创新驱动发展和科技强国建设，服务高水平科技自立自强，[1]也是在依法保护文学艺术等文化领域知识产权，服务文化强国建设，鼓励创新文化和文化创新。2018年至2022年，全国法院审结一审知识产权案件219.4万件，呈现快速增长态势。最高人民法院出台植物新品种权司法解释，审理“金粳818”水稻、“丹霞红”梨

---

〔1〕 参见《践行为民宗旨　严格公正司法——访最高人民法院分管日常工作的副院长贺荣》，载最高人民法院网2022年3月2日，https://www.court.gov.cn/fuwu-xiangqing-347921.html。

树等案件1585件，促进种业自主创新；加大惩罚性赔偿力度，2022年侵犯知识产权案件判赔额较2018年增长153%，在涉WAPI通信标准必要专利侵权案中判赔1.43亿元；依法保护科研人员技术成果利益和科研经费使用自主权，营造鼓励包容创新的法治环境；依法平等保护中外权利人合法权益，助力营造我国开放、公平、公正、非歧视的科技发展环境。为解决不断出现的新问题、新情况，最高人民法院每年根据司法大数据总结已作出的生效判决提炼裁判规则，形成裁判案例数据库，为统一法律适用、保护新兴领域知识产权发挥示范指引作用。同时，定期分析知识产权案件审判数据，了解不同类型的知识产权案件的审判动态，便于进一步完善新领域新业态知识产权法律制度，完善规制知识产权滥用行为的法律制度，提高知识产权保护法治化水平。

近年来，网络知识产权保护在知识产权保护体系中越来越重要，相关诉讼案件的数量和规模已经超越了传统的知识产权保护案件量。网络知识产权是网络技术与知识产权结合的衍生品，与传统的知识产权相较而言，在互联网条件下权利人智力劳动成果的传播范围可以在瞬间到达互联网所覆盖的各个角落，突破了传统知识产权的时间和地域限制。当前，网络知识产权不断涌现社会影响较大的新型案件，当事人面临侵权成本低、审理周期长、维权成本高、赔偿数额低等问题。

从互联网知识产权侵权纠纷案例分析入手，通过大数据挖掘分析案件的特征，总结提炼案件关键因素、影响原因、变化趋势等，有利于加强网络知识产权司法保护，为营造稳定公平透明、法治化、可预期的文化环境给出分析建议。通过司法大数据分析可知，互联网知识产权案件数量的变化同数字技术和网络技术的发展存在正相关关系。一方面，网民的数量不断增加，网络普及程度越来越高，数字技术和网络技术的发展催生了互联网公司的不断发展，导致越来越多互联网知识产权案件的发生；另一方面，互联网资源的不断创新也是新型案件类型的关键影响因素。以北京市为例，在北京法院2013 年至 2017 年一审受理的知识产权侵权案件中，互联网知识产权侵权占总量的 73.13%。随着互联网的迅猛发展，互联网知识产权侵权案件呈现快速增长势头，2017年案件量是2013年的5.53倍之多。其中，网络著作权所占比例最大，2017年网络著作权占整个互联网知识产权侵权的91.35%。因此，需要加大对互联网知识产权侵权的打击力度，注重根源治理，进一步保护网络文学、网络艺术和科学作品依法传播，鼓励作者原创，产出具有独创性的智力成果。

（二）司法大数据为文化传播赋能

讲好法治故事，传播法治好声音，促进司法为民、公正司法，营造良好法治环境，是人民法院践行执法者普法的职责所在。对于人民法院而言，有数以亿计的司法案例形成的案例库，要在众多的司法案例中通过大数据挖掘出典型的、生动的，对司法文化宣传有教育意义的案件[1]，发挥典型司法案例对社会公众行为模式的引领功能，突出司法裁判对社会诚信建设的示范和推动作用。要形成生动的法治故事，通过引人入胜的表现手法，把蕴含在个案中的法律知识和价值追求传递给广大受众，弘扬社会主义核心价值观，面向社会提供知识和文化服务，面向国际传递我国的司法文化理念。

1.国内司法文化宣传

司法案例是公共资源，司法案例库是国家的基础设施。基于真实案件的司法故事，可以对其进行加工并产生含有附加值、广为传播的产品。选中一个精彩的案件，让当事人和审理法官回顾、讲述这个案件的背景、过程、前因后果，就形成了经典的故事。司法案例变成司法故事后，还可以形成剧本等衍生产品，并具有版权属性。如“聂树斌案”，聂树斌因故意杀人、强奸妇女被执行死刑后，2005年，网上通缉逃犯王书金被抓获并声称

〔1〕 如“葛长生诉洪振快名誉权、荣誉权纠纷案”等。

其是“聂树斌案”的真凶，引发社会广泛关注。最高人民法院指令山东省高级人民法院复查河北省高级人民法院终审的聂树斌故意杀人、强奸妇女一案，案件经过慎重复查，2016年12月2日，最高人民法院第二巡回法庭对原审被告人聂树斌故意杀人、强奸妇女再审案公开宣判，宣告撤销原审判决，改判聂树斌无罪。“聂树斌案”的再审不仅社会影响重大，其判决在司法理念、裁判规则等方面也具有重要指导意义。人民法院切实贯彻疑罪从无原则，对历史疑案的处理切实坚持了实事求是的态度，进一步明确了对证据缺失的裁判规则。聂树斌的母亲张焕枝收到河北省高级人民法院寄送的国家赔偿决定书，获得国家赔偿共计268万余元，该赔偿决定中的130万元精神损害抚慰金创下国内冤错案国家赔偿的最高纪录。张焕枝说：2016年12月2日，法官在法庭上公开宣判聂树斌无罪，这不是向我一个人宣判，是向全国宣判，这是向社会传达一种声音，司法改革，错案必纠。这个真实的案例，生动体现了人民法院实事求是、有错必纠的决心，彰显了司法机关坚持无罪推定、疑罪从无、实体和程序并重的司法理念，对今后办案工作产生积极深远的影响。

2021年秋天，笔者在基层调研过程中发现，乡村文化和城市文化之间的冲突造成了不少基层纠纷，为基层自治带来许多困扰，成为基层法院不小的工作负担。例如，城市务工人员放假回家给家里老人买外卖作为正餐，由此引起家庭纠纷。笔者认为，也许可以借由社交媒体、视频平台等网络宣传渠道传播正能量文化，调和双方的价值观冲突。如通过抖音推送一些短视频、文字故事等给上述群体，以短视频的形式展现身边人身边事，人民群众容易产生共鸣，更易于接受相关案例所传达的核心价值观，从而提升司法公信力。同时，也可以把案例剪辑成短视频，通过抖音、快手等传播渠道，利用故事的趣味性，快速传播故事所蕴含的社会主义核心价值观。所以，在“五位一体”建设方面，法治可以延伸至文化建设领域，形成法治文化。而这种延伸就要靠司法案例，靠法治故事去传播案例所体现的社会主义核心价值观。

2.国际司法文化传播

2021年11月11日，中国共产党第十九届中央委员会第六次全体会议通过《中共中央关于党的百年奋斗重大成就和历史经验的决议》指出，加快国际传播能力建设，向世界讲好中国故事、中国共产党故事，传播好中国声音，促进人类文明交流互鉴，国家文化软实力、中华文化影响力明显提升。利用司法大数据，可以从海量案件中挖掘涉外或适合向国际展现中国司法自信、司法公正以及先进司法理念的案例，结合习近平外交思想和习近平法治思想，向全世界讲好中国法治故事，传播中国法治强音，让国际社会理解、认同、尊重、相信中国法治。

面向国际社会，重点可以向三类群体传播习近平法治思想：第一类是外国的政府官员，以国家元首为代表的国家官员拥有决策权，他们对中国司法的理解与信任能决定其国家和我国之间司法问题的方针走向。第二类是国际上一些有影响力的企业财团，对它们进行正面引导有利于在贸易、关税、科技甚至未来的货币汇率等领域内，开展“没有硝烟的战争”。第三类是外国的法官，中国人和外国人在国外的矛盾纠纷的最终解决途径就是诉诸法院，需要法官作出公正裁决。

商务部等部门联合发布的《2021年度中国对外直接投资统计公报》显示，2021年中国对外直接投资流量1788.2亿美元，比2020年增长16.3%，连续十年位列全球前三。截至2021年年底，中国在“一带一路”沿线国家设立企业超过1.1万家，约占中国境外企业总量的1/4。2021年，对“一带一路”沿线国家直接投资241.5亿美元，创历史新高，占中国全年对外投资流量总额的13.5%；年末存量2138.4亿美元，占存量总额的7.7%。[1]如何保护境外的中国资产？这就需要通过对外宣传，使外国官员、企业界人士、外

〔1〕 参见商务部、国家统计局和国家外汇管理局联合发布《2021年度中国对外直接投资统计公报》，载商务部网站，http://www.mofcom.gov.cn/article/xwfb/xwrcxw/202211/20221103365310.shtml。

国的法官等群体了解中国司法的公平公正，促使其出台合理的政策，作出公正的判决。据不完全统计，中国国家法官学院已邀请58个国家和地区的法官来院访问研修，这就是向国外法官展示我国司法理念的绝佳途径。通过介绍中国的司法制度、经济建设成就，让国外法官了解中国制度、中国经济、中国文化；通过介绍中国的司法案例，让国外法官了解判罚标准、审判方式以及具体案例判罚是否公正。耳听为虚，眼见为实，借此打破西方媒体对我国的偏见和抹黑。这非常考验我们的对外传播能力，因为对外传播要考虑对方的实际需求，不能刻意地灌输式传播，需根据对方兴趣有针对性地传播。

我国的司法大数据，特别是向社会公开的裁判文书、庭审直播等数据引起了海外一些研究机构的主动关注，成为相关研究获取资料的访问热点之一。据统计，截至2023年6月，中国裁判文书网海外总访问量超过1036亿次，访问来源覆盖全球210多个国家和地区。亚洲国家最为关注，其次为北美洲、欧洲、大洋洲、非洲和南美洲。从国家和地区来看，来自美国、加拿大、日本、澳大利亚、印度、德国、俄罗斯、英国的访问量靠前。从国外访问数据的维度看，中国裁判文书网作为目前全球最大的裁判文书网，在超17亿人次海外访问量的背后，是其本身拥有的巨大能量。这得益于我国日益增长的国际影响力和信息化建设水平的不断提升以及智慧法院的成功建设。公开源于自信，公开促进公正，大量的案例公开是"阳光法院"建设的重要成果和直观体现。清华大学何海波教授回忆在国外做访问学者时，"跟外国同行谈及中国裁判文书网公开，许多人觉得很新鲜，常常发出'Wow''Amazing'的赞叹！就像'天眼'、超大型计算机一样，裁判文书上网也可以说是一项国家级的工程，别的国家想做也做不了。它体现了我们体制的巨大优势"。[1]目前，在美国的哥伦比亚大学、斯坦福大学、加

---

〔1〕 参见《中国裁判文书网：法治中国的"亿"道亮丽风景》，载《人民法院报》2020年9月5日，第1版。

州大学伯克利分校等知名学府，一些研究机构开始以中国裁判文书为样本从事中国法律的实证研究。中国裁判文书网走在了世界前沿，数据利用比较充分。中国法院重视信息公开，为国外学者提供了研究机会和数据宝库。数百亿次的总访问量和超17亿人次的海外访问量充分证明，随着我国日益走向世界舞台中央，中国裁判文书网已经成为展示我国现代法治文明的重要窗口，其充分展示了中国的司法自信，也是向全世界传播中国司法文化，讲好中国司法文明的一种有效手段。

3.司法理念的有效性传播

司法文化传播的有效与否取决于司法理念和传播行为的一致性。首先，要解决传播内容的有效性问题，就要明确传播方式、传播地域和传播对象。其次，传播后需要进行效果评估，要进行习近平新时代中国特色社会主义思想是否入脑入心的评估，利用评估得出的数据改善传播方式、传播内容和传播对象。例如，以习近平法治思想进入影视作品的比例为指标，结合作品能够深入人心、打动人的比例，进行成效评估。最后，建立一套传播制度，让习近平新时代中国特色社会主义思想作为马克思主义中国化的最新理论成果，特别是习近平法治思想走入寻常百姓思想观念中，真正做到入脑入心。这样，就建立了一个双向的、动态的不断优化、不断矫正、不断完善的文化传播体系。对于全国的法官而言，习近平法治思想入脑入心尤为重要。笔者认为，可以为每名法官学员制定一个载明学习情况的ID，包括习近平法治思想在受训课程中融入的比例，网课或是现场教学的受训方式等。法官作为依法治国的主体，既是参与者、践行者，也是助力者；既是司法者、执法者，也是守法者。要把国家情怀、国家需要通过习近平法治思想传达给法官，进一步加强培训教育，重点阐述理念。要让习近平新时代中国特色社会主义思想“进课堂、进教材、进头脑”，入脑入心，同时要养成作为法官的使命感、荣誉感、责任感。仅有使命感，没有责任感，就是空洞的使命。要通过培训，把使命感和责任感融会贯通，让法官裁判的每一个案件经得起历史和法律的检验。

总之，基于司法大数据的司法文化传播，应坚持自主性的思想文化标准，建构具有中国特色的法治话语体系，充分展现中国特色社会主义法治的生机与活力。应充分运用大数据、新媒体等工具，拓展平台和渠道，开展国际法治主场外交，让中国特色社会主义法治理论和法治道路在对外宣传阐释中得到全面、客观、准确的传播。

（三）司法大数据助力产、学、研、用相结合的司法文化体系

大数据时代的经济学、政治学、社会学和许多科学门类都会发生巨大甚至是本质上的变化和发展，进而影响人类的价值体系、知识体系和生活方式。借助大数据技术的运用，社会科学研究者能够以更大规模、更快速度，从更细微层面观测与研究人类行为，以此来检验以往社会科学理论命题，拓展新的研究课题，或者实现与传统研究方法的融合创新。在司法领域，得益于中国近年来对司法公开理念的大力贯彻，司法大数据这一新兴的研究资源应运而生。司法大数据的出现和普及使研究人员获得了以前所没有的数据。司法公开数据支撑司法研究形成了一个产、学、研、用相结合的互动通联体系，通过不断深化应用法学研究，拓宽研究方法与场域，切实服务法学研究、法学教育、司法科技创新。

1.司法大数据服务法学研究

当前，大数据时代的经济学、政治学、社会学和许多科学门类都会发生巨大甚至是本质上的变化和发展，进而影响人类的认知方式、价值体系、知识体系和生活方式。随着中国裁判文书网这一全球最大的裁判文书网的出现，我国的法律实证研究得以从之前的“小数据”研究转变为基于“大数据”的科学研究。异于传统实证研究的新形式正在因司法大数据的出现而成为可能，使我国应用法学研究焕发新的生机与活力。在法学和社会学研究方面，已经有很多高质量研究成果是借助司法数据分析研究而实现的。

"大数据时代将要释放出的巨大价值使得我们选择大数据的理论和方法不再是一种权衡，而是通往未来的必然改变。"〔1〕未来还会有更多法律实务人士参与司法大数据研究，从证据规格、办案指引、类案标准等角度制作法律知识图谱，训练人工智能有效识别数据、快速分析数据、精准推送数据。

2.司法大数据服务法学教育

大数据也为法学教育研究的发展创造了前所未有的便利条件，通过提供大量生动的典型案例和海量的司法数据，让法学教育从书本走向实践。司法大数据加强了学术界与实务界之间的沟通交流，推动了计算机科学、信息管理等学科与法学的深度交叉融合。2017年1月，最高人民法院在东南大学联合成立人民法院司法大数据研究基地，目的是通过加强司法大数据的研究和应用，全方位发挥司法大数据在服务国家和社会治理、服务经济社会发展、服务法院建设等方面的价值。在最高人民法院的支持下，2017年9月，中国政法大学成立法治信息管理学院，旨在培养既懂现代信息技术和大数据信息管理，又懂法治运行规律的专业人才。与此同时，还有一些高校正在积极进行互联网司法研究中心、数字法治研究中心、数据法学研究中心、智慧法院研究院等的筹备和建设工作，旨在加强司法科技创新、网络空间治理，推进互联网司法和法院智能化建设，为智慧法院建设提供智力和人才支持，推进数字法治人才培养、数字法学研究和智慧司法实践。

3.司法大数据服务司法科技

随着司法大数据社会价值的实现，司法大数据越来越引起国家科技部门的关注。司法大数据与司法科技应用的关系好比面粉和面包的关系，或是化工产业中石油和聚乙烯的关系。同时，司法大数据也是构成国家大数据体系的"四梁八柱"之一。2016年，科技部正式立项国家重点研发计划"多元智能化诉讼服务及审判执行关键技术研究"项目，这是科技部首次

〔1〕［英］维克托·迈尔-舍恩伯格、肯尼思·库克耶：《大数据时代：生活、工作与思维的大变革》，盛杨燕、周涛译，浙江人民出版社2013年版，第94页。

设立有关司法信息化、司法大数据的国家级重点研发项目。该项目基于互联网技术研究推动人民法院构建多元诉讼服务手段，提升司法便民水平；基于大数据技术研究推动人民法院司法大数据和知识平台建设，为以知识为中心的智慧法院建设奠定技术基础。2017年，科技部“基于人工智能的庭审信息化关键技术及装备研发与应用示范”项目立项；2018年，面向法院、检察院和司法部的“公正司法与司法公开科技创新工程”重点研发任务启动，公共安全专项司法专题研究任务先后发布；2022年，国家法官学院承担的科技部国家重点研发计划“社会治理与智慧社会科技支撑”“泛在化司法案例与涉外法治智能研判关键技术研究”正式立项，科技创新全面助力国家司法公信力提升的格局基本形成。

4.司法大数据服务创新研究

一般而言，当代经济学家是很推崇模型分析的，实践中，决策往往依据实证基础上的经验研究。实证研究可能需要大量的样本，然后需要对每个样本归类，并对每个样本的因果关系进行确认，最后再回归分析。这种研究需要结合样本进行具体分析，样本的质量、数量及科学性决定了研究的成败。而经验研究更注重数据统计分析，从统计中得到启发并归纳总结，这与司法大数据的功能定位不谋而合。

几千年来，人类社会绝大多数决策都是根据经验来的，实践中极少的决策是完全依靠理论模型作出的。即便是有模型或者算法支撑，往往发挥的也只是辅助作用，真正作决策的依然是人，而人要靠经验来判断、决策。法律领域的经验分析主要依靠已有的案例，并从案例数据走向了司法大数据。数据可能是案例的一部分或者由许多案例组成，而众多的案例集合在一起构成了司法案例库，就能为进行大样本的经验分析提供可能，继而为经济社会发展服务、为社会公众服务、为社会治理服务、为国家治理服务。

传统的借助问卷调查等方法开展的小样本分析已经很难满足当下快

速发展的时代需求，新的研究趋势应是大数据方法。质言之，也可以把大数据研究方法称为归纳分析、经验分析，根据数据形成经验，根据经验预测未来。大数据不是凭空产生的，它是众多司法实践经验的集合，它是对已经发生的事物分层分类归集，进行扫描穿透，透过现象看到本质，就像现在提倡的“穿透式监管”。未来的法学研究方法不能忽视经验分析，而经验分析的一个重要手段就是司法数据及对司法大数据的运用。

最高人民法院原院长周强多次强调，司法大数据是经济社会发展的“晴雨表”，是社情民意的“风向标”。“晴雨表”是经验样本归纳的结果反映，根据这一结果辅助决策。“风向标”反映了人民群众对社会的态度，检验政府是否贯彻了以人民为中心的发展理念。要在充分调查研究论证的基础上集中优势资源，针对目前司法大数据在运行中的痛点、难点、堵点、断点，建立一套有关司法大数据管理和利用的系统和配套政策机制。这套系统要立足当下、着眼长远，长期性制度建设要促使使用者和生产者形成信息的双向互动，坚持问题导向，根据使用的需求完善数据服务，并在生产的过程中完善数据，实现数据的质量优化。如果数据来源不全，质量不优，就谈不上应用足够的问题。

例如，通过考察农民将宅基地使用权流转给非本集体经济组织成员的效力认定，反映裁判的认定和政策措施以及农民主观意愿的关系问题。最高人民法院案例研究院做了一项研究，以城镇居民受让宅基地使用权为研究对象，统计样本选取自2014年1月1日至2019年12月31日的相关案件，以“宅基地使用权”和“城镇居民”为关键词在“本院认为”部分检索，共获得916份民事判决书，作为该研究的分析样本。运用实证研究方法分析现行司法实践中存在的问题，继而提出完善建议。分析显示，法院认定流转无效的占总数的89.4%，认定流转有效的占总数的10.6%。这反映在效力认定上，“无效说”占据主流，法院试图通过否定宅基地使用权流转的效力，贯彻以宅基地为农民提供生存保障的立法目的。从另一个维度来看，宅基地使用权流转案例数量大体呈现上升的态势，并且越来越多的案例肯定了宅基地使用权流转的效力。2014年法院判定有效的案例数量占比仅为7.1%，而2019年法院判定有效的案例数量占比为20.5%，有效案例所占比例显著提升。这一变化直观地反映出党的十八届三中全会后，法院自觉通过裁判贯彻和落实农村宅基地改革政策，适度从宽认定宅基地使用权流转的效力，充分尊重农民的流转意愿，保护受让人的合法权利，筑牢宅基地使用权流转的市场基础。从这一研究可以看出，当样本量足够大、时间跨度足够长，通过司法大数据得出的结论可以佐证政策的有效性，可以检验是否符合事物的发展规律，可以甄别经济社会发展中一些不合时宜的行为和措施。

国家法官学院正在着手建立网络犯罪研究院，也是一项创新研究尝试。当前，实践中存在法律滞后于实践的情况，在互联网及新技术应用领域尤其普遍。从前端来看，一些网络侵害行为在实务中仅被认定为违法行为，或者尚没有相关法律依据予以制裁。公安刑拘了检察院能不能批捕，检察院批捕了能不能起诉？法院认为证据不足，退回补充侦查，还可能出现判不了的情况。如果不能有效惩治这些网络侵害行为，又会造成受害者的人身财产安全受到侵害，社会公共秩序遭到破坏等结果。因此，成立针对网络生活、网络空间、网络经济活动相关矛盾纠纷的网络犯罪研究院，依据司法大数据分析社会发展当中的一些问题，研究如何完善法律规制、优化法治理论等，也是司法大数据服务创新研究的应有之义。

四、司法大数据服务社会建设

党的十九届四中全会提出坚持和完善共建共治共享的社会治理制度，必须加强和创新社会治理，完善党委领导、政府负责、民主协商、社会协同、公众参与、法治保障、科技支撑的社会治理体系。司法大数据之于社会治理，一方面，在于挖掘司法大数据的潜在价值，利用云计算等技术，对海量案件信息进行研究，为社会治理相关决策提供科学支撑，为社会综合治理提供决策依据；另一方面，司法大数据有助于社会矛盾纠纷多元化解，如在线智能化调解社会矛盾，为矛盾纠纷多元化解提供大数据支持等。

（一）司法大数据提升社会治理质效

大数据不仅是一种生产力要素，更是一种工作方法、工作理念或者思维方式。对于市场化要素，过去强调的是三个生产要素，现在增加到了五个，即劳动力、土地、资本、技术和数据。这是从经济视角出发，把数据理解为知识产权或知识成果，认为数据是一种资源要素。其实，数据也应该是一种工作方法、工作理念或者思维方式。如果能把这些数据完整、科学地植入经济社会生活的各个方面，整个社会的运行效率将会得到质的提升，形态上也会发生巨大的变化。

例如，用统计学的方法梳理案件数据可以发现，有些人打官司是为了钱，有些人打官司是为了一口“气”。以前法院对当事人参与整个诉讼过程的认知没有量化认识，比较模糊。现在通过大数据分析，可以根据起诉书科学地识别当事人的信息、情绪、事由，让机器提前对要素进行识别、标记、细分，开展结构化、半结构化的分析，判断哪些案件的当事人是抒一时之气，哪些案件的当事人之间可以沟通采取折中方案，哪些案件是诉讼代理人为了自身利益而主导的诉讼等。从这些角度看，大数据的深度应用可以解决当事人和代理人之间信息不对称问题，让当事人、法院、律师三者之间的信息实现对称。同时，如果把这些研究成果前移，对政府出台政策解决热点性社会矛盾问题，以及街道办、居委会宣传法律，调停邻里关系，化解民间纠纷，维护社会治安等将大有裨益，从而显著提升基层社会治理的效果。

（二）司法大数据为社会治理提供科学化决策参考

利用司法大数据可以及时感知社会矛盾，准确把握矛盾焦点。具体来说，可以从海量的司法数据中找到纠纷的影响或关联因素、矛盾焦点、发展趋势，让司法数据不断拆分、合并、融汇，最终输出为呈现经济社会发展中矛盾及其剧烈程度、发展特点等的信息，准确把握社会治理的着力点。社会治理具有群体、动态、涌现、高复杂等特征，传统的治理主要包括决策和实施，通常是按照经验进行决策，然后根据实施过程中所发现的问题进行局部修正。而现代化的治理应该是形成从观察、判断，到决策、实施，再到观察、判断这样一个完整的、循环的“治理回路”。在依托司法大数据基础上，结合行政区域人口规模、GDP、金融存款余额、民用汽车量、旅游人次等相关数据，通过算法分析可全方位反映地方党委、政府在推进经济社会发展工作上所取得的成效及面临的挑战，支持党委和政府科学决策，推进决策闭环。

例如，大数据分析也可以发现导致婚姻家庭不稳定的因素和规律。从离婚纠纷大数据分析发现，婚后第三年为婚姻破裂的高发期，这与我们日常认知的“七年之痒”差别很大，因此夫妻双方婚后应提早加强沟通、理解，渡过感情脆弱期。同时，数据分析显示涉“家暴”离婚纠纷案件占离婚纠纷案件的22.44%，且呈逐年上升趋势。[1]婚姻家庭稳定事关社会稳定，这些数据为维护婚姻关系、引导公序良俗起到重要参考价值。

又如，刑事审判中的大数据分析有助于发现刑事案件趋势、社会焦点，促使政府部门采取对应措施。以2013年至2017年全国刑事案件数据来看，故意杀人、故意伤害、抢劫、强奸、走私贩卖运输制造毒品、放火、爆炸、投毒八类“严重暴力”犯罪案件呈现逐年下降趋势。其中，2015年下降6.98%，一定程度上反映出近几年全国各地社会治安形势不断好转，人

〔1〕 参见孙晓勇：《司法大数据在中国法院的应用与前景展望》，载《中国法学》2021年第4期。

民群众人身安全感明显上升。同时，交通肇事和危险驾驶案件呈逐年上升趋势，2014年、2015年同比增长分别达到28.07%、21.07%。[1]这一数据暴露了公众道路安全意识薄弱，亟须通过出台相关法规和制度或通过其他防范手段，加强交通监管，推动交通事故宣传教育，降低违法犯罪比例。

（三）司法大数据助力社会矛盾纠纷多元化解

党的十九大报告强调要“加强预防和化解社会矛盾纠纷机制建设”“打造共建共享共治的社会治理格局”。通过创新纠纷化解模式，借助“互联网+”、司法大数据的技术赋能，从最高人民法院到地方各级法院，纷纷探索将在线咨询、调解、开庭、司法确认等功能集于一体，搭建多方主体共同参与的在线纠纷调解平台，并通过PC端、App、微信小程序等多种载体呈现。

2019年2月，经中央批准，《最高人民法院关于深化人民法院司法体制综合配套改革的意见——人民法院第五个五年改革纲要（2019—2023）》印发，诉源治理被明确列为人民法院一项重要的改革任务。同年8月1日，最高人民法院出台《关于建设一站式多元解纷机制一站式诉讼服务中心的意见》进一步指出，“主动融入党委和政府领导的诉源治理机制建设”。在线纠纷解决为非诉纠纷解决注入强有力的动力，人民法院上线调解平台，逐步与国家发改委、证监会、银保监会、全国工商联等部委对接，整合多元解纷资源，提供菜单式解纷方案。跨域立案、在线调解、电子送达、诉服风险评估等信息化手段为诉讼参与人提供了便利服务。截至2021年3月，人民法院一站式多元解纷和诉讼服务体系基本建成，诉讼服务迈入现代化发展新阶段。在线调解积累了大量的调解案例，再结合审判案例，为诉讼风险评估提供了大数据支持，为纠纷双方提供了快速解决问题的参考。2021年，人民法院调解平台上线诉源治理系统，实现矛盾预防、纠纷化解、在

[1] 参见孙晓勇:《司法大数据在中国法院的应用与前景展望》，载《中国法学》2021年第4期。

线调解、视频连线法官、司法确认等全流程在线办理，通过信息化为矛盾纠纷源头治理赋能。诉源治理系统上线后，截至2022年2月中旬，全国8813家人民法庭和381个诉讼服务站点入驻，27个省（市、区）实现人民法庭入驻率100%，在线对接综治中心、矛调中心、司法所、派出所、工会、妇联、乡镇（街道）、村（社区）等基层治理单位45043家，依托“网络+网格”“高科技+大数据+好传统”集成优势，最大限度调动群众参与纠纷解决的积极性、主动性、创造性，让大量矛盾纠纷在基层就能得到实质性解决。

例如，山西法院将人民法院调解平台与公安机关“掌上派出所”、司法行政机关智慧调解服务系统解纷功能有机整合，并与省委政法委“综治云”、工会、共青团、妇联、工商联、国资委等平台对接，汇聚133个法院1223个专业调解组织3366名专业调解员，1457个派出所5085名基层民警，1276个司法所26373个调委会72112名人民调解员，2017个综治中心6291名网格员，以及工会、共青团、妇联、工商联、国资委1274名调解员的专业力量，矛盾调解从“线下跑”到“网上办”，调解效率和调解效果实现双提升。从纠纷化解理念上看，各地法院已经接受并尝试借助社会各方力量参与纠纷化解工作。从相关机制、制度的数量上看，多元解纷工作在多地还是以法院的解纷数量为主，这也是人民法院在社会治理纠纷解决方面的重要贡献。对于调解不成功的，通过大数据关联，当事人可以直接转立案程序，大大减轻了重新立案、补充材料的负担。

因此，要以社会治理中矛盾纠纷多元化解为目标对象，研究司法大数据如何更好助力矛盾纠纷多元化解。而社会矛盾纷繁复杂，群众的解纷需求也日益多元，加之法院“案多人少”矛盾突出，当下的矛盾纠纷多元化解强调的是纠纷的前端化解、源头治理。而在前端化解环节中，司法大数据可以辅助调解员智能化调解，给出可供参考的调解意见；也可以给调解双方提供类似案例，让双方对调解结果有合理预期，便于调解成功。

五、司法大数据服务生态文明建设

建设生态文明是中华民族永续发展的千年大计。[1]司法大数据之于生态文明建设具有十分重要的意义。随着环境污染犯罪类案件积累形成的大数据，可为国家治理环境、建设美丽中国提供决策参考；同时应该看到，党的十八大以来，我国法院大力推行智慧法院建设，在线法院、司法大数据应用本身在减少群众出行和提高司法审判效率等方面发挥了突出作用，从而促进节能减排、绿色发展。

（一）司法大数据辅助环境治理决策分析

《中共中央关于党的百年奋斗重大成就和历史经验的决议》指出，各类环境污染、生态破坏呈高发态势，成为国土之伤、民生之痛。对环境污染犯罪的惩治在实践中是由生态环境管理部门、公安机关、检察机关、审判机关、刑罚执行机关等多个主体相互衔接完成的实践活动。从线性流程上来看，法院作出的生效判决是对实践中发生的污染环境犯罪在法律查证后的事实固定，以及对其作出的法律评价的载明。[2]基于这一认识，对环境污染犯罪的生效裁判文书进行分析，可以考察实践中我国环境污染犯罪的惩治情况、实施犯罪各方面特点等。此外，分析环境污染责任纠纷民事判决承载的相关数据，也可以为环境污染治理提供决策参考。2017年，最高人民法院信息中心牵头，联合相关领域专家团队，应用大数据挖掘技术，对人民法院数据集中管理平台中从2014年1月1日至2016年12月31日全国各级人民法院审理环境污染责任纠纷民事一审已结案件信息和判决文书数据进行挖掘分析，形成了环境污染责任纠纷关于案件趋势、地域分布、当事人情况、案件特征等方面的数据结论，可为社会环境治理、惩治犯罪

---

〔1〕 参见《习近平谈治国理政》(第3卷)，外文出版社2020年版，第19页。

〔2〕 参见《运用刑法遏制污染环境犯罪》，载中国人大网2019年11月18日，http://www.npc.gov.cn/npc/c30834/201911/cd44359c87474b928885f433a7f68d04.shtml。

等工作提供决策参考。

大数据分析显示：2014年至2016年，环境污染责任纠纷案件量排名前三的案由是环境污染责任纠纷、噪声污染责任纠纷和相邻污染侵害纠纷，案件量占比分别为38.40%、21.18%和14.84%。环境污染责任纠纷案件高发地区集中在环渤海地区和长江流域；天津、山东和湖北三省相对多发，该三省法院审结该类案件数量占全国总量的25.8%。在司法大数据热词中，"污染""环境""排放""污染物""超标"等词在环境污染责任纠纷案件中频繁出现，表明环境污染责任纠纷案件多为污染者排放超标的污染物（如过大的噪声、粉尘、未经处理的污水等）引发的环境污染侵权责任纠纷。更为突出的是，水资源污染案件最多，案件量为 1270 件，占土壤、空气和水三大资源污染案件总量的85.62%。这些水污染物中，氨氮排名第一，占44.22%；其次是石油、汞，分别占31.29%、19.73%，这些都是主要的污染物质。通过对这些案件区域性分布、高发污染类型等方面的研究，有利于相关区域政府部门对照全国发现自身环境污染治理短板和环境污染治理重点。

2014年至2016年，在全国法院审结的环境污染责任纠纷案件中，公益诉讼案件量平均增幅为103%。其中，由社会环境公益组织提起的公益诉讼案件占 73.73%，环境公益诉讼案件量逐年上涨。"能诉讼的没意愿，想诉讼的没资格"是限制环境公益诉讼的首要原因。2015年6月，最高人民法院印发《关于审理环境民事公益诉讼案件适用法律若干问题的解释》，对《环保法》第58条中的"社会组织"进行了详细的解释后，有更多的公益组织满足环境公益诉讼的原告主体资格。2018年，最高人民法院发布的《中国环境资源审判（2016–2017）》显示，检察机关提起的公益诉讼案件数量已大幅上升。2022年出版的《环境资源诉讼研究》，通过司法大数据梳理，对近年的诉讼案件数量、类型等进行分析，发现随着生态文明建设不断向纵深推进，对环境法治提出更多要求，诸多矛盾接踵而至，不少困难亟待突破，诸如生态法治观念淡薄、环境立法偏虚、环境法律实施偏软、政府环境责任偏弱、环境司法救济乏力以及社会共治较弱等问题一定程度上存在。据此，建议生态文明法治更应秉持问题导向，恪守创新精神，着眼于立法、执法、司法、守法各方面和全过程。

此外，环境要素具有流动性、系统性、整体性的特点，环境污染犯罪治理不仅涉及政府合作、保障司法，更应积极开拓跨区域司法协作，促进区域内各地区协同发展。对此，可以从一体化角度出发，让司法大数据打破地域疆界，对太行山区、长江流域、黄河流域、白洋淀流域、京杭大运河流域等重点保护地区开展分析研究，以更好地观测、梳理和发现区域内环境污染的问题。如在白洋淀流域，通过对2018年至2021年上半年涉环境污染的600余件案件分析发现，与民生相关的案件主要涉及养殖尾水排污、生活垃圾倾倒、小作坊暗管排放等，涵盖大气污染、水污染、噪声污染、土壤污染等多种类型；与企业相关的案件，由于流域内各地大型国有企业升级改造和监督到位，国企引发的环境污染案件几乎为零，主要污染企业为小型民企。特别是各种产业链末端和低端行业都存在类似问题，多为镀锌、电解铝、化肥造成的水、土污染案件，建筑垃圾（固体废物）堆积污染案件等。以上案件特征明显与流域内社会观念、城镇人口集中、产业发展阶段等变量因素密切相关，也符合流域内以服装业、塑料制品业、养殖业、建筑业为主的产业特色。

（二）智慧法院建设促进低碳发展

人民法院的主要职责是审理案件、执行案件，在审理案件过程中，需要当事人和其他诉讼参与人申请立案、补充证据、参与庭前审查和开庭等，法官需要向当事人送达各类文书；在案件执行过程中，法官需要穷尽手段查找被执行人财产，如到房屋产权登记部门查询被执行人的房产、到车管所查询车辆、到银行查询存款情况等。如果用传统手段，这些过程将大量地使用交通工具，并且也很难做到查询所有可能的机构。人民法院大量使用线上形式、信息化手段进行查询，不仅可以减少诉讼参与人、法官的出行，减少碳排放，更为重要的是大大提高了诉讼效率，并且可以穷尽所有手段去查找财产。

2020年9月22日，在第七十五届联合国大会上，习近平主席向国际社会作出庄严承诺，中国将提高国家自主贡献力度，采取更加有力的政策和措施，二氧化碳排放力争于2030年前达到峰值，努力争取2060年前实现碳中和。[1]就人民法院而言，智慧法院建设促使司法活动在线上运行，减少了诉讼参与人、法官的出行，减少了案件办理过程中纸张等资源的消耗。为了进一步研究线上形式相较传统手段所产生的节能减排效果，从2017年至今，最高人民法院向社会公布了全国智慧法院促进绿色发展和产生经济效益的量化成效。节能减排计算指标包括了网上立案、网上缴费、网上开庭、网上调解、跨域立案、网上司法拍卖等服务人民群众的内容，也包括电子卷宗跨院调阅、网络查控、执行委托、远程提讯等服务审判执行的内容。2021年8月，最高人民法院信息中心和国家节能中心发布《建设智慧法院 促进绿色发展 成效分析报告》，主要从服务人民群众、服务审判执行、服务司法管理三个方面分析了智慧法院应用相较传统线下方式对于减少出行、降低能耗、减少碳排、节约纸张、节省成本等方面的成效。诉讼服务方式的改进，主要体现在诉讼服务网、“12368”诉讼服务热线，“中国移动微法院”App、人民法院调解平台、电子送达平台等。相关大数据显示，2020年，人民法院通过信息化手段服务人民群众、服务审判执行、服务司法管理，相对传统线下方式，节省群众、干警出行约935亿公里，相当于节约标准煤461万吨、减少二氧化碳排放941万吨，节约纸张145亿张，保护了

〔1〕 参见《习近平重要讲话单行本》(2020年合订本)，人民出版社2021年版，第171页。

108万棵树。[1]传统方式下如果要达到信息化条件下同样的工作效果，需要耗费约740万人/年工作时间，需要耗费出行成本、印刷成本、司法拍卖佣金等约952亿元人民币。[2]这些数据非常直观地反映了人民法院智慧法院工作在促进节能减排方面的显著效果。[3]

再看2021年的数据，人民法院通过信息化手段相对传统方式，减少群众、干警出行约1295亿公里，相当于节约耗费标准煤636万吨、减少排放二氧化碳1298万吨；减少耗费纸张8.3万余吨，相当于减少砍伐141万棵树。传统方式下若想要达到信息化条件下同样的工作效果，需要耗费约1001万人/年工作时间，需要花费出行成本、印制成本、司法拍卖佣金等约计1270亿余元，相较2020年提升了33.45%。[4]

以"绿色送达"为例，最高人民法院与中国邮政深化合作，推动建立邮寄送达网上流转、异地集中打印、专递同城送达的"绿色送达"新模式。全国31省（市、区）307个地市建成330个邮政集约送达服务中心，基本实现全国主要城市目的地集中打印邮寄送达服务"次日达"，大大节约送达成本，提高送达效率。例如，江苏法院依托全省13个市级集中送达中心，优先开展电子送达工作，有效提升了审判效率，全省法院案件平均审理天数减少21天。西藏法院立足西藏地域辽阔、送达不便的实际，积极推进数字赋能，19家法院成立集约送达中心，电子送达率达78.80%。[5]

---

〔1〕 参见《减碳941万吨！2020年智慧法院有效促节能减排》，载人民网，http://society.people.com.cn/n1/2021/0825/c136657-32208185.html。

〔2〕 参见《建设智慧法院　促进绿色发展　成效分析报告》，载最高人民法院网2021年8月24日，https://www.court.gov.cn/zixun-xiangqing-318821.html。

〔3〕 需要特别指出的是，节约的出行和人力成本，是现行信息化条件下相比较传统方式而言得出的，现行的多部门数据关联、多频次联动查询是靠传统登门临柜方式所不能达到的，也不会这样去操作。因此，这里所言节约的出行和人力成本是理论上的计算反映。

〔4〕 参见《全面加强智慧法院建设　推动构建中国特色、世界领先的互联网司法模式》，载最高人民法院网2022年3月8日，https://www.court.gov.cn/fuwu-xiangqing-349631.html。

〔5〕 参见《人民法院一站式多元纠纷解决和诉讼服务体系建设（2019-2021）》，载最高人民法院网2022年2月24日，https://www.court.gov.cn/zixun-xiangqing-346831.html。

又如，浙江法院推进“全域数字法院”改革，大力推进平台化整合、无纸化应用、智能化赋能。通过平台化整合，使“碎片化应用”转变成“一平台通办”，建成统一的浙江法院一体化办案办公平台，支持150个业务场景，实现全省106家法院以及1.5万名干警在同一平台上办案办公。通过无纸化应用，实现基于电子卷宗的全流程网上办案，引导当事人、律师在线提交诉讼材料，建立电子卷宗单轨制，改变法官阅卷、合议、文书制作、归档等行为习惯，实现审判事项从“串联式”处理向“并发式”处理的转变；支持在没有人工干预的情况下自主完成电子卷宗编目、整理、送达、归档等司法事务，把监管规则嵌入平台，实现审判活动全程在线监管。地处祖国大西南的贵州法院积极探索推进无纸化办公办案，制定《贵州法院无纸化办案工作规程》，规范全省法院无纸化办案统一工作模式，深化电子签章、电子签名技术应用，为法官提供立案信息回填、卷宗智能编目、裁判文书左看右写、法信智推等辅助功能，实现所有审判活动均在网上流转。

总之，通过司法大数据辅助审判算法决策，能够以程序性、公式化计算来优化诉讼程序与处理简单案件。曾有律师统计，通过线下方式完成一项诉讼需要往返法院近6次，智慧法院通过推行电子诉讼极大方便人民群众，减少出行成本，能够支持“一次都不用跑”。在审判执行方面，全国法院推行网上办案、财产网络查控、跨部门联合信用惩戒、远程执行指挥等，改变以往执行法官“登门临柜”的办案方式，实现了执行方式的根本性变革，大大促进了节能减排，助力生态环境改善。

第六章　通用人工智能技术与司法大数据的数据治理

诚如上文所述，在全国法院的共同努力下，司法大数据在服务司法实践、服务公众需求、服务经济社会、服务政治文化、服务生态文明等方面取得诸多成效。数据治理作为行业数字化转型的必经之路，必然要引起司法部门的高度重视。国际数据管理协会从数据治理生命周期角度展开研究，总结了数据管理的10个领域：数据治理、数据架构管理、数据开发、数据操作管理、数据安全管理、参考数据和主数据管理、数据仓库和商务智能管理、文档和内容管理、元数据管理、数据质量管理，并把数据治理放在核心地位。《中国数据治理市场份额2021》报告指出，通过改变传统数据库“点对点”的同步机制，可以实现数据在政府各个部门中的有效利用，在保证时效性、准确性的基础上最大程度地释放海量数据的价值。

一、司法大数据的数据治理问题

随着司法大数据应用的逐步推进，一些数据治理问题开始在实践中慢慢暴露出来。在数据治理中，制定数据治理架构是最核心的任务，好的数据治理架构可以确保数据治理的整体性，实现彻底、完善的数据治理，更好地达到数据治理的预期效果。《中国面向人工智能的数据治理行业研究报告》指出，数据治理架构核心包括数据标准管理、数据集成管理、元数据管理、主数据管理、数据资产管理、数据质量管理、数据模型管理、数据服务与数据安全管理模块。对标上述框架，司法大数据领域的数据治理问题既涉及宏观层面，也有微观层面；既有理论层面，也有实践层面；既有司法大数据自身的问题，也有司法大数据的跨界融合问题；等等。具体来看，主要存在以下问题：一是数据瑕疵、数据缺失等质量问题依旧较为明显。这是导致司法大数据尚未得以充分应用、尚未释放其强大潜能的重要原因之一。如数据资源还需进一步丰富，数据之间的关联融合还需进一步加强。二是司法大数据深度分析和应用在一些法院还未全面展开，面向用户的数据智能推荐还不够精准，面向应用的知识服务不够丰富。三是司法大数据在其他行业的应用还有待进一步挖掘。四是司法链平台基础存证验证应用场景和成效有待丰富提升，跨链互认标准和协调机制尚未建立。五是司法大数据人才队伍培养不够，数据安全的制度建设还滞后于应用等。六是大数据自身局限性问题等。下一步，建议从以下几个方面探索解决上述问题。

（一）数据质量管理能力不足问题

数据质量管理能力不足问题是司法大数据功能挖掘面临的长期难点、痛点。数据质量管理（data quality management）是指对数据从计划、获取、存储、共享、维护、应用、消亡生命周期的每个阶段里可能引发的各类数据质量问题，进行识别、度量、监控、预警等一系列管理活动，并通过改善和提高组织的管理水平使数据质量获得进一步提高。如果司法大数据质量较差，存在大量的“脏数据”[1]，自然会影响后续的研究结论。应用司法大数据时，首先要高度重视数据质量管理能力提升。一方面，要从源数据的数据生产者——法官着手，解决法官作为数据生产者的动力问题，让其感受到所生产数据的益处、用处。需要设计持续提高司法裁判

〔1〕 脏数据（Dirty Read）是指源系统中的数据不在给定的范围内或对于实际业务毫无意义，或是数据格式非法，以及在源系统中存在不规范的编码和含糊的业务逻辑。载百度百科，https://baike.baidu.com/item/脏数据/631511?fr=aladdin。

文书质量的激励机制，引导和鼓励把记录法官分析过程和实质考量要素的合议庭笔录、案件审理报告、审判委员会的会议纪要等内部数据以标准、恰当、准确、精要形式体现在裁判文书中。通过加大对录入数据的激励力度，进一步提高和丰富研发司法大数据辅助审判应用的底层数据源数据质量，这也是提升司法大数据应用质量的关键之举。另一方面，要解决数据使用者的动力问题，让社会感觉到司法大数据的益处、用处，而不是风险顾虑。社会使用者包括很多主体，如政府部门、社会团体、企业事业组织、自然人等。首先，要让使用者充分了解相关司法大数据工具在算法、设计程序等方面的主要机理。当务之急要解决使用者的风险顾虑，如司法大数据辅助审判应用的设计程序复杂、参与主体较多、算法不公开透明，即使程序设计出现问题，往往难以被使用者所发现。其次，建立司法大数据研发成果风险评估机制，特别是明确对其中可能存在的司法错误如何追责的问题。如很多科技公司对司法大数据辅助审判应用的研发几乎不存在相关的制约规范与问责机制，目前这是一个行业的共性现象。需通过专业质量评估，让使用者一开始就明白该工具的适用范围和可靠程度及主要风险点等，避免被想当然认为“包治百病”，习惯性适用并形成过度依赖，形成“审理者仅主导裁判，裁判者无法负全责”的尴尬局面。最后，要让使用者在司法大数据使用过程切实感受到工作质效的明显提升，实现人性和物性的自洽。如对于多数法院使用的类案检索系统，要大力提高检索类目细化程度及检索结果的针对性和适配性，降低了法官甄别检索结果的业务负担等。总而言之，我们要解决好数据生成者的生产动力和数据使用者的使用动力，形成双向赋能共同获益的良性循环。

由国际数据管理协会（DAMA国际）著、DAMA中国分会翻译的《DAMA数据管理知识体系指南》（第2版）中写道：数据质量必须在“适应性”的背景下被理解，可以根据定义好的数据质量维度来度量数据是否符合“适应性”要求。[1]该书将判断数据质量维度分为：准确性、完整性、一致性、时效性、精确性、隐私性、合理性、参照完整性、及时性、唯一性、有效性十一个方面。对照这十一个方面的衡量标准，我们对司法大数据的数据质量加以研究分析，发现中国司法大数据的数据质量有的方面做得不错，有的方面也存在明显问题。先谈谈司法大数据几个积极方面。

一致性是指要确保一个数据集的数值和另一个数据集的数值保持一致。司法大数据的主体数据是裁判结果，包括起诉、辩护意见、查明事实、本院认为等内容；这些内容贯彻前审后续各个阶段，如果内容不一致，原被告任一方均可以质疑和上诉。因此，司法裁判的属性决定其必然就有一致性。时效性主要衡量数据的“新鲜”程度，在司法大数据的主要载体——人民法院大数据管理和服务平台中，全国新产生数据每5分钟即可汇聚更新一次。因此，司法大数据在时效性方面已经达到优秀。精确性主要是衡量指数值型数据精确数位的指标，在司法数据中仅涉及诉讼标的额等，由于均非测量数据，不存在精确性问题。及时性主要是衡量面向需求的信息准备就绪的能力，司法大数据的两个主要载体——人民法院大数据管理和服务平台、中国裁判文书网均是线上运行，可以做到及时反馈信息。合理性主要指数据在一些特定场景中的一致性，司法大数据中主要的数据就是裁判文书，这是法官裁判案件的载体，记录了案件事实和法院的判决。另外，就个体案件而言，一个案件一个案号，杜绝了虚假立案和测试“脏数据”的问题。因此，司法大数据在数据层面没有合理性的问题，裁判结果是否合理是法律层面的问题。参照完整性主要指一张表的一个字段对同一张表或另一张表的另一个字段引用全部有效。司法大数据中的数据从立案到审理到结案均采用相同的案号，到执行环节的执行案号完全可映射立案时的案号。因此，宏观而言，司法大数据能够做到参照完整。有效性

---

〔1〕 美国DAMA国际、DAMA中国分会：《DAMA数据管理知识体系指南》(第2版)，机械工业出版社2020年版，第350－355页。

指数据事例及其格式是否与数据的值域一致，确保数据值遵从数据元素的多个属性。司法大数据从数据生成阶段开始均遵从了最高人民法院发布的人民法院数据技术标准，每个数据项均进行了严格的定义。

从以上分析可以看出，基于DAMA数据管理知识体系指南判断数据质量的十一个维度，司法大数据在一致性、时效性、精确性、及时性、合理性、参照完整性、有效性七个方面均表现良好。下面主要讨论司法大数据在另外四个方面——准确性、完整性、隐私性、唯一性上存在的问题。

1.准确性

司法大数据的准确性可以从两个方面来说：前期数据生产的准确性和后期数据汇聚的准确性。在数据汇聚的准确性上，主要是大数据平台从各级法院的生产平台中汇聚数据。由于各级法院生产平台的技术差异、案件审理的个性化差异，因而在数据汇聚技术上存在一定的复杂性。为此，最高人民法院多次发布相关的案件数据技术标准，这从根本上解决了数据汇聚时产生数据格式不统一、数据项不统一等问题。人民法院大数据管理和服务平台通过严格的数据质量管理机制和科学的数据质量校验方法，保证了案件数据置信度长期稳定在99%以上。[1]因此，司法大数据在汇聚过程中的准确度是可以保障的。

目前，数据的准确性问题主要在前期的数据生产环节。司法大数据的源数据来自各级法院的诉讼平台、办案平台、执行系统等，数据生产后集中于人民法院大数据管理与服务平台、中国裁判文书网等系统中。从法院内部来看，司法大数据的生产者和使用者并非同一个群体，导致司法大数据内在发展动力不足。[2]一方面，司法大数据的生产者即数据提供者，大多是一线法官把审判执行相关数据信息录入办案平台、执行系统中，而录

〔1〕 参见许建峰:《人民法院积极运用新技术 为公正司法增添科技动能》，载人民政协网，http://www.rmzxb.com.cn/c/2019-02-01/2277458.shtml。

〔2〕 参见孙晓勇:《司法大数据在中国法院的应用与前景展望》，载《中国法学》2021年第4期。

入的结构化数据主要是案件的特征性信息。如录入案件是否为涉外案件，案件案由在结案时和立案时输入的可能不同等。这些信息并不影响法官裁判文书的制作，因此录入信息的准确与否并非其关注的重点，从而缺乏录入和校正录入信息正确性的动力。同时，一线法官也很难对这些数据的整体情况进行掌握和分析，因为其无法直接应用这些数据，录入这些数据没有回报，其录入数据或者是严格按照标准规范录入数据的积极性不够高。另一方面，使用数据的人员因为使用的滞后性，无法直接对数据加工和生产进行指导，无法让数据生产者按照自己的需要去录入，导致数据在一定程度上也无法满足他们的需要。这使数据的生产、使用和加工无法形成一个闭环，没有形成多方的正向激励，从某种程度上来说，这种状况不利于数据质量的提高。

2.完整性

数据的完整性主要包括两个方面的问题。一方面，司法大数据汇聚的司法政务类数据存量不全，尚不能完全和审判类数据形成数据关联。笔者在第二章给司法大数据的定义中，明确了司法大数据包括审判流程、执行信息、法律文书、庭审活动信息、司法政务、司法人事、外部协查等数据，又明确了司法大数据中包括这些数据的关联关系。而从目前的情况来看，审判类数据已经在全量汇聚，而司法政务、司法人事类数据尚未做到完全汇聚。由于这部分数据没完全汇聚，其和审判类数据之间就无法建立起关联关系。如法官的基本信息、办案绩效、办案瑕疵比例、所办案件和案件代理律师的隐含关系等信息。当这些信息是全量的并建立起关联关系时，所释放出的能量往往超出预期，能够得到我们可能意想不到的信息量。同时，法官人事数据和办案数据的关联也会为科学评定法官的绩效奠定基础。

另一方面，案件的关联数据不够完整，无法完整复盘诉讼过程。当前，虽然在推动以审判为中心的刑事诉讼制度改革，但配套的大数据办案并没有完全跟上改革的步伐。中央政法委推动并在贵州试点的跨部门大数据办案平台以及在上海试点的刑事案件智能辅助办案系统，实现了公安、检察、法院之间的案件数据关联、电子卷宗的传递。但当前尚未形成全国应用的态势，很多地区的刑事案件办理仍未实现网上数据协同。因此，在电子卷宗方面，仍然是公安机关存储的公安卷，检察机关存储的检察卷，法院存储的法院卷。法院只有在审理案件时才能调阅公安、检察机关的纸质卷宗，未形成司法大数据（这种数据是以电子形式存在的）的关联关系。同时，就法院的卷宗而言，有些外部数据是不完整的。以美国为例，美国的文书公开既包含法院的裁判文书，也关联了律师的代理词，较为完整地体现了诉讼过程。而目前我国的文书公开仅限于裁判文书的公开。数据来源的不足使司法大数据的应用面及应用效果受到一定约束。

3.隐私性

加强司法公开是落实宪法法律原则、保障人民群众参与司法的重大举措，是深化司法体制综合配套改革、健全司法权力运行机制的重要内容，是建设中国特色社会主义法治体系、建设社会主义法治国家的必然要求。近年来，我国司法公开利用互联网取得举世瞩目的成就，如第四章所述建成了四大公开平台，保障人民群众知情权、参与权、表达权和监督权，也彰显了司法自信。同时，为了保护国家秘密和个人隐私权，《最高人民法院关于人民法院在互联网公布裁判文书的规定》第4条规定了五种不能在互联网公布的情况，分别是涉及国家秘密的，涉及未成年人犯罪的，调解方式解决的，离婚诉讼或者涉及未成年子女抚养、监护以及人民法院认为不宜在互联网公布的其他情形。还规定了删除文书中的自然人的家庭住址、通信方式、身份证号码等信息，以及对某些类型文书作隐名处理等内容，从制度上很好地保护了当事人的隐私信息。但在实践过程中，有些法院在进行文书上网时，并未严格按照最高人民法院规定作敏感信息的删除、隐去等处理，侵犯了个人隐私，给当事人造成一定困扰，对部分数据的隐私性保护是不充分的。当前中国裁判文书网已经公开了1.3亿份裁判文书，各级法院正在用技术手段处理应该隐去的个人隐私信息。同时，随着社会各种矛盾变化，一些新类型的案件可能需要公开，而这些新型案件中哪些信息会涉及当事人隐私利益，仍需在实践中逐步探索。因此，从某种意义上来说，司法公开和隐私保护之间是一个相互博弈的过程。随着司法公开的不断深入和个人隐私性数据范围的进一步明确，司法公开的内容也会得到进一步规范，这是一个动态调整变化的过程。

4.唯一性

唯一性主要体现在数据集中上，没有一个实体重复出现。当前，影响人民法院司法大数据唯一性的主要问题是电子卷宗实体多次扫描、多处存放。对一个案件来说，可能最早在调解的时候就进行纸质卷宗扫描，扫描后形成电子卷宗进入调解平台。如果案件调解不成，在一部分法院直接进行诉调对接，电子卷宗进入办案平台进行立案；但在另外一些信息化水平相对落后的法院，调解不成转立案，在立案时重新扫描，就造成了第一次的电子卷宗多次扫描、多处存放。立案后进行案件审理，一般立案平台和办案平台属于同一个系统，不存在电子卷宗再次扫描的问题；案件审理完后可能涉及执行，同样地，在一些信息化水平相对落后的法院，又要当事人根据执行立案要求重新提供纸质卷宗进行扫描，这是第二次的扫描、存放。审理、执行完成后，案件要进行归档，归档要严格按照档案管理要求进行纸质卷宗、电子卷宗的归档。相当数量的法院为了纸质卷宗和电子卷宗的严格对应，简单化处理，直接对所有的纸质卷宗再进行一次扫描，这就是第三次扫描、存放。如果一个案子被提起上诉，上级法院可能再进行一次扫描，这是第四次扫描、存放。上级法院归档时仍可能再次扫描，这是第五次扫描、存放。综上，一个案件的电子卷宗有可能进行了多达五次扫描、存放，不但极大地浪费了扫描资源、介质存放资源，更造成电子卷宗的不唯一现象。所幸，各级法院已经逐步注意并重视这一问题，正在从制度管理上统筹解决。

（二）数据的深度应用问题

近十年来，得益于信息技术与数字技术的深度融合与创新发展，全球主要国家和地区快速进入大数据算法时代，海量多样化的数据与人工智能算法及超级算力构成了这个时代的显著特征。〔1〕数据及其深度应用成为支撑算法算力作用得以充分发挥的关键要素，是数字社会、数字经济高质量发展的基础原料和逻辑起点。中国科学院院士、计算机软件专家梅宏认为，按照数据开发应用深入程度的不同，可将众多的大数据应用分为：描述性分析应用、预测性分析应用、指导性分析应用三个层次，当前大数据应用尚处于初级阶段，根据大数据分析预测未来、指导实践的深层次应用将成为发展重点。〔2〕

结合实践来看，当前数据应用主要还集中在司法大数据的检索、查看、统计、分析等较为浅层的应用维度，也就是梅宏院士提到的第一层次描述性分析应用阶段；一些深层次的关联、隐含规律的挖掘、矛盾性问题的发现、智能预测、决策指导等功能尚处于初级应用阶段。具体来说，我国司法大数据应用主要存在以下几个方面的问题。

1.法院内部应用深度不够

笔者在第四章专门对司法大数据、信息化在人民法院的应用进行了阐释，涵盖了司法大数据在审判、执行、诉讼服务、审判管理、司法公开五个方面的应用。可以说，我国法院的信息化、大数据的应用面很广，有需求的地方基本都有信息化、大数据的应用。在这些应用中，网络化、阳光化方面的应用体现得比较充分。相较而言，智能化特别是大数据深度应用依然是一个短板，应用虽多，但不够深入，有的应用甚至仍停留在浅尝辄止

〔1〕 陈兵、赵秉元：《数据要素市场高质量发展的竞争法治推进》，载《上海财经大学学报》2021年第2期。

〔2〕 参见梅宏：《大数据：发展现状与未来趋势》，载中国人大网2019年10月30日，http://www.npc.gov.cn/npc/c30834/201910/653fc6300310412f841c90972528be67.shtml。

的层面。例如，由于现实情况和个案需求复杂多样，智能诉讼平台无法满足理解力与判断力的要求，难以为诉讼参与人精准预测案件风险与判法结果。综合来看，现有技术与人民期待之间并不完全匹配，还需要改善人工智能与司法实践的融合程度。

得益于智慧法院建设，一大批体现大数据、人工智能等先进技术的应用不断涌现，如裁判文书辅助生成、类案智能推送、要素式审判、量刑规范化、公检法协同跨部门大数据办案、诉讼风险识别等系统。这些系统在一些法院得到很好的应用，但在相当数量的法院并没有得到深入的应用。例如，调研发现，全国大多数法院的办案系统中都有裁判文书辅助生成的功能，河北、青海、辽宁等地区应用比较扎实、广泛，但在很多地区，不少法官还是习惯于自己书写，几乎不用该功能。又如，类案智能推送是最高人民法院信息中心一直在大力推广应用的系统。为统一法律适用，提升司法公信力，2020年7月27日，最高人民法院发布《关于统一法律适用加强类案检索的指导意见（试行）》。该指导意见明确要求"承办法官依托中国裁判文书网、审判案例数据库等进行类案检索，并对检索的真实性、准确性负责"，并且对类案的界定、类案检索的范围等都给出了具体的规定。即使在有规范性文件指导的情况下，类案检索的应用也并不是非常理想，一些法官仅是为了应付规定而进行检索，没有真正运用类案检索结果去指导判案。再如，要素式审判在四川等地区一些法院有所应用，刑事案件办理中的量刑规范化也只有部分法官尝试应用。第四章所述的刑事案件智能辅助办案系统以及协同跨部门大数据办案，都是中央政法委大力推动的适用于公检法协同办案的智能化系统。目前来看，这些系统在试点法院得到普遍的应用，但仍未形成全国广泛应用的局面。

这些智能化系统未得到深入应用，原因是多方面的。首先，技术能力不足。技术人员不懂法律、法律人员不参与开发，这种现象普遍存在。因此，开发出的产品往往未能完全解决法官的"痛点"，或者未开发出"傻瓜式”应用，年龄稍大的法官并不愿意使用。其次，法院的应用组织问题。从实践来看，全国信息化建设先进的法院往往是案件数量比较适中的法院，这些法院既有利用信息化提高办案效率的需求，又有足够的魄力去消化信息化变革引发的“阵痛”，如江苏苏州市中级人民法院、浙江玉环法院、山东兰山法院、吉林珲春法院等。相反，案件量很大的法院，如北京朝阳法院、上海浦东新区法院等，信息化程度、大数据应用反倒不如上述法院做得好，这些法院反而是最需要提高办案效率的。最后，很多法官尚未形成自觉自愿应用的习惯。大多数法院的信息化应用推广都是自上而下从政策层面推动的，对信息化应用也有多项考核，这就是信息化的“阵痛期”。经过这个“阵痛期”，有的法官变成了自觉自愿，而有的法官依然是被动和不情愿。总之，当前大数据、智能化在法院内部的应用并未收到理想的效果，距离每个系统的预期效果仍有不小的差距，要改变这一状况仍需要一个过程。

2.法院外部尚未形成规模化应用

人民法院的基本职责是定分止争。[1]笔者在第五章对司法大数据围绕“五位一体”总体布局建设的应用进行了阐述，可以看出，由于司法大数据的源数据源于经济社会矛盾纠纷的这一特性，其可以在很大程度上反映经济、政治、社会、文化、生态文明建设中存在的矛盾，反映社会发展中的问题。因此，我们可以利用大数据分析现状、预测未来、指导决策。就当前而言，司法大数据在企业涉诉风险评估中的应用比较深入和广泛，金融机构可以据此评估企业客户的信用，是否存在金融风险等。然而，司法大数据毕竟是一个新生产物，尚未引起各行各业人们的足够重视，司法大数据

[1]《中华人民共和国人民法院组织法》第2条规定：“人民法院是国家的审判机关。人民法院通过审判刑事案件、民事案件、行政案件以及法律规定的其他案件，惩罚犯罪，保障无罪的人不受刑事追究，解决民事、行政纠纷，保护个人和组织的合法权益，监督行政机关依法行使职权，维护国家安全和社会秩序，维护社会公平正义，维护国家法制统一、尊严和权威，保障中国特色社会主义建设的顺利进行。”

在经济社会中尚未释放出其应有的能量。从人民法院办理的刑事、民事、行政等案件类型看，都有大量相关的有影响力事件、热点案件的数据可供分析应用。以下应用可以为未来形成规模化应用起到启示作用。

在刑事司法大数据应用方面，党的十八大以来，中央保持反腐败的高压态势，铲除了一大批腐败分子，其中不乏党的高级干部。在庭审个人陈述环节，相当一部分落马官员悔不当初、痛哭流涕，对自己犯下的严重罪行悔恨万分，深感对不起党，对不起人民，对不起家人。据法制网报道，万庆良、郭有明、阳宝华、陈安众、廖少华、季建业和刘铁男等人受审时，情绪激动，或痛哭忏悔，或哽咽流泪。这些庭审纪实都是最为鲜活的反腐教育题材，其更有利于社会主体遵法、学法、守法、用法，树立法治信仰，培育法治思维。例如，2011年5月1日起，《中华人民共和国刑法修正案（八）》正式实施，醉酒驾驶构成危险驾驶罪，驾驶人被追究刑事责任。自此以后，在刑事犯罪司法统计中，危险驾驶罪高居榜首，2021年前11个月，危险驾驶罪占据刑事十大热点案由总和的34.5%。危险驾驶罪的居高不下应该引起政策制定者、公检法机关、法学界的重视，当前这一现象已经得到了全国人民代表大会及其常务委员会的关注。

在民事司法大数据应用方面，从民事十大热点案由来看，各类合同纠纷占据5个热点：买卖合同、借款合同、物业合同、劳务合同、其他合同。这些合同中不乏原来签订合同未必是一方的真实意思表达，或者合同中存在预先未知“陷阱”等。对这类案例的研究，有助于帮助签订合同者规避类似的风险。又如，知识产权类案件相对比较专业，有著作权、商标权、专利权、作品信息网络传播权、作品放映权等，对同类案由的案件进行大数据分析，对于相关行业从业者在从事此类活动时如何规避法律风险，非常有借鉴意义。同时，知识产权类涉外案件较多，研究相关案例对如何与国外相关企业打交道也颇有价值。再如，企业破产类案件，很多企业涉及破产重组。最高人民法院专门上线了全国企业破产重整案件信息网，在网站上公开了债务人信息、案件内容和有关公告。对那些有重整价值的企业，可以通过研究公开的破产案件的大数据或者案例指导决策介入。在破产重整信息公开以前，如在房地产企业濒临破产清算之时，如果买房人不知情，就可能面临无法交房的风险。但现在信息公开以后，这些都不再是问题了。也可以说，司法大数据能为国家治理或者个人决策提供参考和服务。

在行政案件应用方面同样如此，如浙江嘉兴、江苏南通等地已经通过本地区相关案例分析，为市委市政府提供当地经济社会发展、行政部门履职过程中存在的规律性问题，引起了当地领导的高度重视。当然，从全国范围看，此类应用，在一些地区仍没有引起足够重视。综上，有必要进一步拓展司法大数据应用的行业领域，只有联合各行业或各行业相关研究机构，才能更好地激活司法大数据资源，迸发出其潜在的能量价值。

3.关键技术环节面临较大瓶颈

前文从用户环节分析了当前司法大数据深度应用在法院内外存在的问题，此外还有一个无法忽视的因素，就是司法大数据面向应用的技术环节。要真正做到司法大数据的可预测性、指导决策，就必须解决人机交互的结合、模型构建、算法精度调优等多方面的技术难题。

一是“人机结合”方面存在困难。“人机结合”是指大数据应用需要人的直觉和经验把关，避免“垃圾进、垃圾出”，要求综合型大数据人才、熟知司法规律的法律人才都参与到数据质量评估、数据分析的工作中来。目前，各地都在积极运用信息化手段、大数据技术开展风险研判预警，但仅有数据、技术是不够的，关键是要加强“人机结合”，从向机器的输入到获取机器的输出，要有输入的调优和输出的评价，进而持续改造算法，形成人和机器的互动。要深入研究公共安全事件演变规律，及时将其特征植入数据研判模型和基础管控标准，在实战中不断检验、评估、完善，增强防控工作精确性、实效性。[1]同时，对于面向普通用户的产品，"人机交互"的便宜性、友好性尤为重要。开发出易用好用的产品本身也是一门科学。如果产品被束之高阁，那么产品的应用感受、改进建议将无法向机器反馈，久而久之就失去了"人机交互"的进一步机会。

二是知识图谱[2]构建存在困难。知识图谱，是结构化的语义知识库，用于以符号形式描述物理世界中的概念及其相互关系。[3]从逻辑上看，知识图谱分为数据层与模式层两个层次。知识图谱的构建过程是从原始数据出发，采用一系列自动或半自动的技术手段，从原始数据中提取出知识要素（事实），并将其存入知识库的数据层和模式层的过程。知识图谱的构建是司法大数据与人工智能结合的关键环节，其价值在于让AI变得更智慧。由于司法大数据主要以非结构化和半结构化形式存在，对于结构化数据有较大依赖的"自底而上"的图谱构建存在困难，人工智能通常无法自主、高效、准确地完成抽取工作。而如果采取"自顶而下"的方式，民事、刑事案由之多，司法领域知识图谱的构建过程则要大量依赖人工，甚至是有经验的司法工作者，某种程度上就产生了"有多少人工，就有多少智能"的感慨。因此，由于底层数据质量、数量、结构等原因，深度机器学习存在不足，司法知识图谱虽然在智能问答、类案检索、量刑辅助等领域有所应用，但其构建中面临的自动化难题，自然语义处理中需要解决的语义鸿沟，

〔1〕 参见孟建柱：《提高工作预见性　营造安全稳定的社会环境——学习贯彻习近平总书记关于政法工作的重要指示》，载《社会治理》2017年第2期。

〔2〕 知识图谱的概念诞生于2012年，由Google公司首先提出。知识图谱的提出是为了准确地阐述人、事、物之间的关系，最早应用于搜索引擎。

〔3〕 刘峤等：《知识图谱构建技术综述》，载《计算机研究与发展》2016年第3期。

以及模型训练中面临的“垃圾进、垃圾出”悖论，[1]都是司法人工智能训练数据中面临的现实难题。

三是推荐检索算法精准度有待提升。推荐检索算法的精准度对于用户获取案例是至关重要的。比较而言，推荐算法更难，但如果算法足够精准更能吸引用户。检索算法较为简单，但对用户要求较高，尽管如此也未必能通过输入获得最贴切的需要。以中国裁判文书网为例，在当前的应用中，较为典型的做法是通过构建关键词及关键词的组合形成检索知识库，让用户输入关键词进行检索。关键词检索虽然能提供高效的内容检索服务，但是关键词检索仅限于字面内容，无法通过机器学习达到人工智能的层面，使机器能够理解用户所输入语句背后的真正意图。而且，关键词及其组合的梳理还需要大量的人工工作量介入，标准也很难统一。具体到类案推荐应用，当事人使用时，如果不了解具体的法律知识，很难通过关键词在案例数据库检索到相应的内容。例如，当事人可能只会表达“我想离婚，孩子归我”等生活事实，而在案例数据库中只有类似“过错”“抚养权”“探望权”“财产纠纷”等法律事实关键词。同样，在实际审判执行的应用中，即使是专业法官，也经常出现“高频不需要找，低频找不到”这种尴尬的问题。要想解决此类问题，需要将传统的关键词检索推向智能的语义检索，将传统的手工知识库制作转变为机器学习生成知识库。此外，相对于裁判文书的这一最终的裁判结果数据，庭审同步录音录像更完整、更如实地展现了司法行为的全过程；但是受限于对视频信息快速检索定位、信息快速获取转换等智能化能力的不足，该部分数据还未得到十分有效、充分的利用。

---

〔1〕“垃圾进、垃圾出”是人工智能领域的一大难题。目前司法人工智能通过机器学习形成的算法，都是建立在对海量司法数据学习基础上，但是如何保证参与训练的司法数据的有效性？假如参与训练的文书存在瑕疵，基于此种情形下产生的模型与算法就可能出现精确性困境，再遵循此算法对法官办案进行辅助，结果可能就是历史错误不断重复甚至放大，形成错误的路径依赖。关于这方面的讨论，参见王禄生：《司法大数据与人工智能开发的技术障碍》，载《中国法律评论》2018年第2期；王禄生：《司法大数据与人工智能技术应用的风险及伦理规制》，载《法商研究》2019年第2期。

4.研究价值未得到充分体现

对法学界来说，法教义学的研究仍牢牢占据主流地位。虽然大数据的分析越来越多，应用范围也越来越广，但其仍处于无法“独当一面”的尴尬境地。究其原因，其一，很多数据是“支离破碎”的，无法完整地支撑最后的研究结论，研究人员无法将数据完成关联。例如，一个案件从立案、审理、开庭、结案、执行等全流程的数据，如果不是当事人，仅仅用于研究，很难获取全流程数据，也就难以还原案件全貌。其二，对数据的统计分析，是需要“门槛”的，必须先学习数据统计分析的方法，这令很多学者望而生畏，使其对数据的应用分析仍停留在一些较为浅层次的阶段。其三，数据的开放利用问题，对于学术界而言，公开的司法大数据主要来自中国裁判文书网已经有的1.3亿份的文书。虽然数量足够大，但仅能够用于检索查询，无法用于大批量文书的解构研究，形成不了十分理想的大数据分析。特别是很多从事司法研究的科研院所，有大量的研究需要数据的支持。因此，如何既保障数据权属和数据安全，又能为学术界提供研究，是下一步需要推动和研究的问题。未来，还应进一步丰富数据的应用场景，加强对数据的分析利用，将定量分析和定性研究更有效地结合，使数据能够更好地支撑分析结论。

（三）“数据孤岛”问题

信息社会，我们每个人每天都在与数据“亲密接触”，既是数据的生产者，也是数据的消费者。信息技术与经济社会的高度融合引发了数据爆发式增长。但由于数据开放和整合程度不足，大量的数据处于“休眠”状态，海量的数据分散在各部门、各层级，彼此分割，形成一个个“数据孤岛”“信息孤岛”，严重制约了大数据的深入开发与分析利用。[1]“未来世界

〔1〕 参见刘丽、郭苏建：《大数据技术带来的社会公平困境及变革》，载《探索与争鸣》2020年第12期。

将由‘分层’转向‘结网’，每个个体、节点只有融入系统、互联互通，才能将自身作用前所未有地放大。要着力打破基于权力所形成的各种利益固化的体制壁垒，把各类数据资源汇聚好，努力使小数据变成大数据，发挥最大价值。”[1]

近年来，在最高人民法院的领导下，人民法院系统内部的“数据孤岛”正在逐步削减。但由于信息化建设的顶层设计等历史原因，大数据在上下级法院之间以及法院与其他政法机关、政府部门之间的共享与流转依然存在障碍，法院和其他单位、不同网络之间的数据共享交换体系尚未全面建立。有的法院数据集中范围参差不齐，除了审判执行数据外，司法审判信息资源库尚未汇集司法政务、司法研究、信息化管理数据以及与司法审判相关的外部数据。由于产品隶属不同公司研发，各级法院甚至本级法院的各系统之间数据交互出现公司之间的数据接口不统一，甚至存在企业人为设置壁垒的情况。由于数据资源极为珍贵，法院系统外的部门考虑数据安全、数据治理、数据交换存在的技术壁垒及障碍等相关因素，在进行共享与对接上依然存在顾虑。这些都导致系统应用无法发挥共享大数据的能力，法院与一些金融机构、公安、检察院之间的数据共享依然存在不顺畅的问题。

而在这方面，浙江省走在了前列。一方面，建成浙江政府数据开放平台，开放的数据资源包括68个单位提供的350项数据类目，涵盖工商、税务、司法、交通、医疗、教育等多个民生领域。另一方面，启动数据回流工作，不但从全省收集数据，而且把数据下沉共享到基层，包括公安户籍、市场主体、低保救助、环境违法等基层所需的高频数据总计220个类别，累计7.12亿条，分别从省平台按地域回流共享到各市、县，回流共享数据的类别、总量均领跑全国。

---

〔1〕 孟建柱：《提高工作预见性　营造安全稳定的社会环境——学习贯彻习近平总书记关于政法工作的重要指示》，载《社会治理》2017年第2期。

(四)数字鸿沟[1]问题

数字鸿沟是指在全球数字化进程中,不同国家、地区、行业、企业、社区之间,由于对信息、网络技术的拥有程度、应用程度以及创新能力的差别而造成的信息落差及贫富进一步两极分化的趋势。无论是学界还是实务界,都不同程度地对司法大数据应用存在偏见。就信息技术而言,随着司法大数据的普及应用,在法院与法院之间、法官与法官之间由于对信息技术掌握程度的不同,往往造成法院效率、法官能力的差别。同样,在法院外部,由于社会大众、诉讼参与者对信息技术掌握程度和对司法大数据的理解不同,其在参与诉讼的过程中运用的手段就不同,也导致其参与司法的效率有所不同。

1.法院内部:法院、法官之间的数字鸿沟

党的十八大以来,在最高人民法院的驱动下,各级法院高度重视信息技术应用,人民法院运用司法大数据、人工智能等信息技术,开发了大量针对社会群众、法官干警、诉讼参与人的应用系统。在这一背景下,由于对司法大数据的理解不同、应用推广力度不同、法官的个体差异不同等诸多原因,法院与法院之间,法官与法官之间开始产生差距,出现数字鸿沟。对此,人民法院探索了破解举措,一方面是指导不同法院之间消除数字鸿沟;另一方面是要求传统模式与之并存。

就法院而言,如前所述,有一些信息化建设先进的法院由于信息化基础好、数据积累好,司法大数据的理念思维更容易在法院中展开,智能化

---

〔1〕 "数字鸿沟"(又被译为数位落差、数码隔膜或数码差距)一词诞生于20世纪90年代,第一次出现在正式文件里是由时任美国国家电信与信息管理局局长拉里·欧文(Lary Irving)提出,以强调智能技术的平等性发展。其进行实证研究首次证明了"数字鸿沟"的存在,引发全球开展弥合鸿沟的平等运动,为相应研究奠定了基础。在这之后,全球学者都对数字鸿沟投以广泛重视,尤其关注算法决策和人工智能这样的新兴技术在社会平等建设方面应有的约束与制约。See Jan A.G.M.,Van Dijk, *Digital Divide Research, Achievements and Shortcomings*, Poetics,Vol.34,No.4-5(2006),p.221-235. 转引自孟醒:《智慧法院建设对接近正义的双刃剑效应与规制路径》,载《中国政法大学学报》2020年第6期。

的应用更容易被推广。而一些信息化建设薄弱的法院的无纸化办公、无纸化办案尚存于初步推动阶段，其更高阶的智能化应用、大数据理念的推广更是“无米之炊”。久而久之，与信息化建设“明星式”法院之间在信息技术应用上的差距越来越大，不可避免地形成了数字鸿沟。所幸，得益于我国政治制度和司法体制的优势，对于全国法院的重大信息化建设、重要司法大数据应用，全国法院统一规划、“一盘棋”建设，很大程度上避免了法院之间数据鸿沟越拉越大的风险。

就法官而言，由于受思想差异、技术能力差异、年龄差异等因素影响，造成法官个体之间应用司法大数据的差异。一部分法官自恃判案经验丰富、工作年限长，可能存在认为不用信息化照样能办好案件的偏颇思想，对信息化和大数据抵触情绪严重，不愿意接受信息化培训，也不愿意操作系统。还有极个别法官害怕采用信息化技术进行全程留痕，从而暴露自己的徇私行径，这是最为可怕的一种抵触采用司法大数据应用的行为。还有一些法官确实因为年长，或者是自己动手能力差，也不愿意花时间去学习掌握，久而久之，与那些乐于掌握新技术的法官之间的差距明显。这种差距往往会体现在办案效率、办案质量等多个方面。

2.法院外部：社会大众、诉讼参与者之间的数字鸿沟

在法院外部，部分学者和社会大众对司法大数据应用效果存在理解偏差，认为技术进步或技术壁垒会导致一部分人因为年龄、经济、身体缺陷等原因无法接触或使用终端设备、信息技术来参与诉讼，“从而导致诉讼能力不平等而拉开了公民与司法的距离，使之成为其接近正义的障碍，形成了新的数字鸿沟”。

虽然人民法院智慧法院建设取得了跨越发展，但参与诉讼的社会公众由于年龄大小、技术掌握灵活度等个体差异，导致其运用法院提供的信息化手段的能力有所不同。不少诉讼参与人仍然习惯于传统的立案、缴费、开庭等模式。在社会转型期，为了弥补诉讼参与人所存在的数字鸿沟，人

民法院在诉讼各个环节依然保留线上、线下并行的诉讼流程；同时对人民法院提出了更高的要求，即开发出界面更友好、功能更直接、交互更清晰的线上系统，促使所有诉讼参与人能够无障碍地应用。

"数字鸿沟是诸多国家法院智慧化建设进展缓慢的重要原因。"[1]事实上，作为实现公平正义的最后一道防线，法院必须确保司法资源能够惠及所有人，尤其应确保话语权缺失的边缘群体也能通过司法寻求权利救济。如果法院大数据建设忽视数字鸿沟，则会将数字鸿沟扩大为"司法鸿沟"，将不熟悉数字产品和智能技术的人群排斥在外。考虑我国各地区经济、社会、文化发展不平衡，群众司法需求呈现多层次、多样化的特点，人民法院在提供网上、热线服务的同时，要在乡村、社区等群众需要的地方普遍建立诉讼服务站点，加强巡回服务、送法上门；要为老年人等特殊群体设立绿色服务窗口，加强诉讼指引和辅导，通过人性化的诉讼服务，让他们摆脱数字鸿沟带来的隔阂。通过实现诉讼服务的多样化、便捷化、精准化，更加有效地满足群众多元司法需求，让各类当事人都能亲历司法的过程，感受正义的裁判。

事实上，2020年以来，我国高效便捷的"抗疫司法"已成为新冠疫情反复背景下全球司法的典范。疫情给司法系统带来的影响与冲击是全球都面临的共性问题。放眼全世界，可以发现中国法院在防范化解疫情冲击，保障人民群众诉讼权利方面已经独树一帜，取得成功经验。这一经验的原点在于，依托智慧法院建设和底层司法大数据平台的构建，人民法院有能力灵活高效地解决疫情中司法实践面临的各种问题，有能力快速将审

---

〔1〕 例如，日本和英国都对法院的智慧化建设报以极其谨慎的态度。英国2010年提出法院智慧化建设，2015年才开始逐步试点；日本2001年即提出智慧法院的畅想，2017年才开始正式探索研究。其原因均是担心国家现有的公民素质、律师代理情况和智能技术普及水平无法满足司法的接近正义需求。See Mark Lloyd, *The Digital Divide and Equal Access to Justice*, Hastings Communications and Entertainment Law Journal (Comm/Ent) ,Vol.24,No.4 (Summer 2002), p.505-538 ;［日］町村泰貴 :《ITの発展と民事手続》，载《情報法制研究》2017 年第 2 期。

判活动由线下转为线上。“中国移动微法院”App、异地审理等功能的应用早已在实践层面解决了开展远程庭审面临的困境，甚至不断完善视频会议中的虚拟背景功能，即使多位法官各自居家开庭，也能营造法官同时在法庭开庭的庄严氛围。〔1〕

人民法院以司法大数据为基础构建的智慧司法在疫情中大显身手，彰显了社会主义制度的优越性。“司法抗疫”的经验强化了法院干警和社会公众对人民法院信息化和大数据应用的认识和发自内心的认同。具体来说，对内，法院干警对于深化信息化应用的主观阻力大大减弱；对外，社会公众对于网上立案、跨域立案、在线调解、在线庭审等信息化司法服务手段的知晓率和主动应用率也大幅提升。

（五）数据安全问题

没有数据安全就没有国家安全。信息化进入新阶段，大数据的海量性、多样性、高速性、易变性等特征日益凸显，在造福人民、助力治理的同时，也给数据安全带来一些新的问题和挑战。安全问题是人们公认的大数据发展的关键问题之一。〔2〕大数据是把“双刃剑”。大数据和相关技术能给政府执政能力现代化助力，“大数据热潮产生以来，越来越多的人认为，未来掌握在那些拥有数据的人或者组织手上”。〔3〕然而，如果如此大量和丰富的数据被不正当使用，给国家、社会和个人造成的损害也是巨大的。例如，轰动一时的“棱镜门”事件的爆发，就加剧了人们对大数据安全的担忧。数据安全基础在于信息网络的安全，目的在于个人信息保护的安全，在于数据收集、存储、加工、使用、提供、交易、公开的安全。

---

〔1〕 参见陈甦、田禾主编：《法治蓝皮书：中国法院信息化发展报告No.5（2021）》，社会科学文献出版社2021年版，第81页。

〔2〕 参见冯登国、张敏、李昊：《大数据安全与隐私保护》，载《计算机学报》2014年第1期。

〔3〕 郑戈：《在鼓励创新与保护人权之间——法律如何回应大数据技术革新的挑战》，载《探索与争鸣》2016年第7期。

1.信息网络安全

2016年11月7日，第十二届全国人民代表大会常务委员会第二十四次会议通过《中华人民共和国网络安全法》(以下简称《网络安全法》)，自2017年6月1日起施行。《网络安全法》是为了保障网络安全，维护网络空间主权和国家安全、社会公共利益，保护公民、法人和其他组织的合法权益，促进经济社会信息化健康发展而制定的法规。近年来，随着智慧法院建设向纵深推进，大数据、云计算、人工智能、区块链等前沿技术陆续融入审判执行场景，并不断释放效能。与此同时，在数据、平台和技术层面，理论界也存在一些担忧。例如，各种数据汇聚到办案平台后，数据安全如何保障？如何防止当事人及其他诉讼参与人、案外人违法违规披露、传播和使用司法数据？上述疑虑或隐忧都要求法院不仅要在诉讼规则、实体裁判上推进“数字正义”，还要在技术规范、伦理准则上建章立制、防微杜渐，使数字技术的使用既能维护正义，也能够示范正义、彰显正义。〔1〕具体来说，在开发司法大数据时，不仅要充分考虑当事人隐私、证人安全保证，更要考虑抵御国内外“黑客”的恶意攻击，防止利用“钓鱼软件”获取审判机密，攻击党委、政府或诋毁司法机关。在司法大数据技术开发过程中要实时依据数据挖掘技术的进展而更新信息安全措施。〔2〕

大数据的应用和人工智能的开发都离不开算法与算力的投入与支持。如果缺乏算法、算力的保障，大数据的生产、使用、转化都将受到影响。因此，人民法院不仅要发展自身基于司法审判实践而产生的算法以及提升对数据的储存保护能力，甚至需要国家级超算中心的支持。司法大数据的使用与算法的应用，也将越来越重视数据安全问题。只有在数据安全的前提

〔1〕 参见《最高人民法院工作报告》解读系列全媒体直播访谈活动第五场：《创造更高水平司法文明，实现更高水平数字正义》，载光明网，http://topics.gmw.cn/2021-03/10/content_34674990.htm。

〔2〕 刘艳红：《大数据时代审判体系和审判能力现代化的理论基础与实践展开》，载《安徽大学学报(哲学社会科学版)》2019年第3期。

下，才能与其他政府部门间基于信任与合作，进行数据共享、交换与转化，才能最大限度地发挥司法大数据的价值，确保司法大数据应用趋利避害，行稳致远。从现有研究看，学者主要关注数据透明度的潜在作用、风险评估和更灵活的被害人承诺形式等问题。〔1〕

2.个人信息安全

2021年8月20日，第十三届全国人大常委会第三十次会议表决通过《中华人民共和国个人信息保护法》（以下简称《个人信息保护法》），自2021年11月1日起施行。《个人信息保护法》外引域外立法智慧，内接本土实务经验，熔"个人信息权益"的私权保护与"个人信息处理"的公法监管于一炉，统合私主体和公权力机关的义务与责任，兼顾个人信息保护与利用，奠定了我国网络社会和数字经济的法律之基。〔2〕

司法大数据中包含当事人的姓名、电话、单位、家庭地址、开户行等关键信息，在疏漏情况下有可能在司法公开过程中被公开；即使没有被公开，存储在数据库中，如果数据安全遭到破坏，这也是一个隐忧，存在数据安全风险。大数据技术中的算法设计、数据使用、计算权重等，也不可避免地带有设计者、使用者的主观选择。

从全球范围看，很多国家采用了不同方式来保障个人数据这项基本权利。欧洲在数据保护方面，一直处于领先地位。欧盟《通用数据保护条例》（GDPR）高度倾向于个人数据保护，其制度设计以扩大个人数据权能为典型特征。由此，就给数据控制者和数据处理者设定了较高的合规义务。科技公司、科研机构在基于公开判决书进行大数据分析时，仍然需要承担较高的个人数据保护义务。美国也逐步加强对个人数据的保护。如

〔1〕 Alessandro Mantelero：Report on Artificial Intelligence Artificial Intelligence and Data Protection：Challenges and Envisaged Remedies.

〔2〕 许可：《个人信息保护法的深远意义：中国与世界》，载中国人大网2021年8月24日，http://www.npc.gov.cn/npc/c30834/202108/1fee8d19bae14f9f9766c50ab1e53c0f.shtml。

美国缅因州司法部门透明度和隐私工作组，将逐步开放新创建的在线数据访问系统，试图平衡数据公开和个人隐私保护的关系。[1]我国的个人信息保护则奉行利益均衡原则，在立法时强调保障与发展并重，在实践中关注信息主体与信息业者的平等保护。我国现有规范体系对于依法公开后的个人信息的使用设定了较为弹性的空间。无论是科技公司还是科研机构，从最高人民法院公开的裁判文书网上收集判决书，并获取信息无须经过个人信息主体授权。[2]

3.数据保护安全

2021年6月10日，第十三届全国人民代表大会常务委员会第二十九次会议通过《中华人民共和国数据安全法》(以下简称《数据安全法》)，自2021年9月1日起施行。《数据安全法》坚持安全与发展并重，保护个人、组织与数据有关的权益，提升数据安全治理和数据开发利用水平，促进以数据为关键要素的数字经济发展。

当应用人工智能时，数据主体的权利尤为重要。欧洲委员会(Council of Europe)主要依据《有关个人数据自动化处理中的个人保护公约》(又称《第108号公约》)，对人工智能中的司法数据进行监管。《第108号公约》是1981年欧洲委员会各成员国签署的、全球范围内有关数据保护的第一份具有法律约束力的国际性文件。它建立了有关数据保护的基本原则以及各缔约国之间的各项基本义务，对于制定明确的数据治理全球标准以及国内标准都具有重要的借鉴意义。

另外，欧洲委员会制定的一些大数据指导原则也可适用于人工智能领域。《大数据指南》提出了一个适用于人工智能的原则：数据的收集和处

---

〔1〕 Alessandro Mantelero：Report on Artificial Intelligence Artificial Intelligence and Data Protection：Challenges and Envisaged Remedies.

〔2〕 参见王禄生：《司法大数据应用的法理冲突与价值平衡——从法国司法大数据禁令展开》，载《比较法研究》2020年第2期。

理应“尽量减少冗余或边缘数据的存在”，并避免任何潜在的隐藏偏见和歧视的风险。在人工智能环境中，这种方法主要涉及训练数据。2019年1月，欧洲委员会通过了《人工智能和数据保护指南》，其准则是“确保人工智能尊重人类尊严、人权和自由的基础”，其原则之一是“数据质量和安全”。[1]2022年2月23日，欧盟委员会（European Commission）正式公布数据治理立法《数据法案》（Data Act）草案全文。监管对象主要为互联网产品的制造商、数字服务提供商和用户等。该草案涉及数据共享、公共机构访问、国际数据传输、云转换和互操作性等方面规定。其中，为了让数据共享和使用更加便捷，草案强制亚马逊、微软或特斯拉等科技巨头分享更多数据。该草案规定了关于谁可以使用和访问欧盟所有经济部门生成的数据，将确保数字环境的公平性，刺激竞争激烈的数据市场，为数据创新驱动提供机会，并使所有人更容易获得数据。该草案将使更多的数据被重新使用，预计到2028年将创造2700亿欧元的额外GDP。[2]对国外在数据保护方面的分析有利于发现我国司法大数据自身所存在的问题，司法大数据的主体权益在人民法院，但诸如中国庭审公开网、人民法院调解平台等数据尚在第三方企业部署和管理，如何保障数据的安全以及不被未授权的商业使用是一个挑战。另外，关于冗余数据的问题，高级人民法院收集全辖区法院数据，最高人民法院收集全国法院数据，是否也是数据的冗余？这种数据的管理是不是也存在数据保护风险？这些都是亟待解决的问题。

在社会数据的法律保护上，立法部门应抓住数字化、网络化、智能化

〔1〕 European Commission for the Efficiency of Justice (CEPEJ) , Possible introduction of a mechanism for certifying artificial intelligence tools and services in the sphere of justice and the judiciary: Feasibility Study.

〔2〕《数据法案》草案第3条规定：“私营部门在紧急情况下向公共部门提供所持有的数据。特别是在发生公共紧急事件或在法律授权获得数据的情况下。需要有数据洞察力来快速和安全地做出反应，同时尽量减少企业的负担。”参见《欧盟〈数据法案〉草案全文公布！》，载腾讯网，https://new.qq.com/omn/20220225/20220225A08IBX00.html，《欧盟〈数据法案〉草案：数据战略迈出第二步，对我国有何借鉴价值？》，载新浪财经，https://baijiahao.baidu.com/s?id=1727463114788214459&wfr=spider&for=pc，2022年3月19日最后访问。

发展机遇，进一步完善《网络安全法》《个人信息保护法》《数据安全法》等法律法规，特别是有关数据权属的制度建设；在司法大数据的技术保护上，应完善数据分类分级安全保护制度，落实数据安全保护责任，坚持安全与发展并重理念，规定支持促进数据安全与发展的有效措施。人民法院在司法大数据安全保护方面，应加强数据安全体系建设，保障司法大数据全生命周期安全。特别是要健全补强云安全和数据安全短板，构建体系化主动安全防御机制，提升基于安全态势分析研判的主动防御能力。

（六）大数据人才建设问题

习近平总书记在考察中国政法大学时强调："法学学科是实践性很强的学科，法学教育要处理好知识教学和实践教学的关系。"〔1〕科技创新的前沿永无止境，科技创新的未来激动人心。让海量数据汇聚起来的大数据，让物与物连接起来的物联网，极大提高了我们认识世界、改造世界的能力；而只有跨学科，多维度、多领域、多视角，才能驾驭得了大数据时代的机遇和挑战。但目前的人才和人才培养模式明显难以满足这些挑战的要求。

当前，在司法大数据人才建设上的确存在懂技术的不懂法律，懂法律的不懂技术，交叉学科人才匮乏等问题。很多司法大数据产品不接地气，法官、当事人都不愿意用，就是由于当前交叉学科人才缺乏，只能由纯粹的技术人员开发产品所造成的结果。对司法大数据、司法人工智能产品来说，大数据、人工智能虽然是必不可少的，但它毕竟只是工具，而真正体现在算法里面的司法逻辑、司法规律是技术所替代不了的。司法人员的智力付出往往对产品的优劣起到决定性作用，技术人员与司法人员的密切配合是一种选择，更优化的选择是在这种配合的基础上，技术人员懂司法运行的规律，司法人员懂技术、懂需求，这种无障碍交流才能开发出更优良的产品。

---

〔1〕 参见《习近平在中国政法大学考察》，载新华网，http://www.xinhuanet.com/politics/2017-05/03/c_1120913310.htm。

综上，借助大数据技术的运用，积极推动法学教育、法学研究方法和研究范式的创新，逐步提高法律专业人员在司法大数据应用中的参与度，推动司法人员以及其他法律从业人员与技术人员的深度合作，培养既懂法律又懂技术的跨学科人才，应是解决问题之道。对此，可以通过设立交叉学科专业、培训项目等方式，培养一批拥有法律、计算机科学、信息管理等多学科知识和应用能力的交叉型、实践型、创新型人才。在这种跨学科人才培养机制推动下，计算法学、数据法学、信息管理法学应运而生。此类学科是随着人工智能在法学中深入应用而产生的交叉学科，使用建模、模拟等计算方法来分析法律关系，让法律信息从传统分析转为实时应答的信息化、智能化体系，旨在发现法律系统的运行规律。计算法学的核心思想是计算思维与法学思想的深度融合，研究者通过主体的分布式实时计算来分析法律行为，从而发现法律发展的深层规律。

（七）大数据自身局限性问题

从大数据发展领域看，其发展存在技术、理论、伦理、安全等诸多边界，上述界限的研究和讨论成为目前推动司法大数据发展所必须面对和解决的问题。对于用户而言，一方面，大数据算法是不透明的，其结果有时让人难以理解，知其然而不知所以然。而司法本身是需要说理的，阐明判决的道理，这是司法大数据做不到的，人们只能根据大数据分析结果去探究原因。另一方面，司法裁判要实现法律效果和社会效果的统一，而大数据本身是一项冰冷的技术，其很难综合社会效果进行考量，这些都是大数据本身的局限性。

第一，审判的社会效果问题。当前，人们的生活已经被算法包围，可以说，是算法作出的决策在暗中决定我们的生活，而算法的专业性和不透明性却容易导致一般人理解的困难性和法律监管的复杂性。得益于司法大数据的应用与发展，法院可以基于算法来处理审判事务，辅助作出司法决策，但其局限性也非常明显。单纯的算法很难促使审判的法律效果和社会效果的统一，审判的法律效果是通过寻找法律和事实使法律得到严格遵守和证明，从而调整人们的生活，达到依法审判的效果。而审判的社会效果，是通过法律适用或审判活动使法的本质特征得以体现，实现秩序、自由、正义、效益等法的基本价值，从而使审判结果得到社会公认。审判的法律效果更偏向于法律的证明，更拘泥于法律条文，更侧重于法律和事实推理的形式逻辑的推理方法，即演绎推理、归纳推理和类比推理。审判的社会效果则更偏向于法的价值，特别是正义价值的实现，更重视司法的目的，侧重于法律和事实推理的辩证逻辑的推理方法。而这些是冰冷的机器和算法所难以体现出来的，所以必须借助法官对社会影响、对公序良俗的认知进行判断。

第二，算法歧视问题。大数据辅助判案与法官判案比较，有其好的一面。例如，法官在裁判时，有被情绪“牵着鼻子走”的危险，而大数据能够在极短的时间内处理无限量的数据，且不会受到人类固有弱点的影响，这是算法的自身优势。但是，我国司法大数据应用发展还处于初步阶段，在算法对伦理进行评价的过程中，事先预设的算法程序可能存在看不见的算法歧视。由于算法的推导结果于法官判断之前出现，大数据算法会对法官裁决造成影响或心理暗示。算法一旦出现歧视，将会造成不良后果。另外，在算法设计中，往往要根据以往的案例设置合适的参数去预测个案的结论，如过去几年此类案件的判罚比例，而这一比例往往用在算法中，从总量上来说会使预测结果误差较小，但就个案而言可能是有失公平的。

第三，伦理风险问题。司法大数据的伦理问题包括两个方面：一是法学伦理限度。在司法大数据技术开发过程中要尊重司法的固有属性，在法学伦理的限度内展开。司法有着自身的独立性和历史延续性，大数据技术的介入要考量这些客观的因素。在司法大数据的开发过程中尤其要避免破坏司法固有属性。如当前各地法院普遍推出的基于大数据技术的同案不同判预警技术，实际上，很多判决都暗含着地域差别、时代背景、社会环境的影响。同案不同判系统的开发不应该片面追求判决的全面统一化，而是应该更大限度地协助法官权衡统一，或者能够给出不完全统一的客观因素考量，帮助法官完成自由心证。二是技术伦理限度。司法大数据技术开发要在技术伦理的限度内展开。大数据技术的开发不是要取代法官，而是要为法官工作提供更精准的辅助。同样，大数据技术也不能以管理为本位，司法管理技术始终要以服务于审判权行使为目标而不是代替审判权行使。〔1〕随着司法大数据机器学习的迭代升级，根据技术的一般演变规律，人工智能完全有可能从被动工具、辅助者转变为具有自主意识、自主决策能力的能动者，自主性和能动性的具备使其不再只是法官的辅助工具，而成为法官事实上的代理者甚至替代者，对既有刑事司法领域伦理范式构成重大挑战。〔2〕这些天然因素的存在不应该是司法大数据本身的问题，而是司法大数据使用者应该考虑和规避的问题。事物都有两面性，司法有其规律，数据本身要尊重而且必然尊重司法规律。因此，大数据的作用只是辅助审判，人的因素是决定性的，司法大数据不会自主审判，所以也就不会取代法官。同理可推导，大数据的运用不是要取代制度制定，而是辅助制度制定。另外，对司法大数据的过度依赖也可能一定程度上导致法官出现弱化自身智识的倾向，从而不利于实现司法公正。

综上，全国法院系统数字治理手段滞后于司法大数据发展步伐，司法领域多元协同治理体系尚未确立。从司法大数据治理角度看，全国法院在应对数字经济发展中涌现的跨领域、跨地域、高度隐蔽的治理新问题时，对人工智能、区块链等新一代信息技术的应用仍不充分，一定程度上阻碍了司法大数据治理的时效性和精准性。

---

〔1〕 参见刘艳红：《大数据时代审判体系和审判能力现代化的理论基础与实践展开》，载《安徽大学学报（哲学社会科学版）》2019年第3期。

〔2〕 参见李训虎：《刑事司法人工智能的包容性规制》，载《中国社会科学》2021年第2期。

二、通用人工智能新发展对司法大数据数据治理深化的影响

在人工智能高速发展的时代浪潮下，人工智能技术在法律领域的广泛应用已经成为了时代的趋势。美国人工智能研究室OpenAI开发的全新聊天机器人ChatGPT火爆全球，高效的文本生产、数据分析、代码编写、图像生成能力等使司法大数据数据治理问题的有效解决出现了一些曙光。在国内，阿里巴巴达摩院的智能司法项目就是利用人工智能技术改善司法领域效率和公正性的尝试。依托司法大模型技术体系建设，以技术助力司法判决结构化。该系统的技术架构的底部主要基于阿里云平台的支撑，包括弹性计算、云数据库、云储存等，并结合司法特有的数据库，通过语言处理等原子能力实现序列标注、文本分类、文本匹配、文本生成等功能。在此架构下，司法解析引擎、人机对话解析引擎、司法逻辑解析引擎、法律法规检索引擎、司法知识图谱引擎、文书检索引擎六大基础支撑引擎使得整个系统涵盖智慧服务、智慧审判、智慧执行、智慧管理四大部分，实现了从立案到结案的全流程智能化。以金融借款纠纷案例为例，整个立案结案的环节从40天缩短了到50分钟，当庭宣判的概率从零提升到90%以上，真正实现即事即办、即审即判。根据起诉书和答辩可以自动识别争议焦点、生成说理段落和判决结果，一定程度验证了利用自然语言处理、数据挖掘、机器学习等技术，可以提高司法人员的工作效率，增强判决结果的准确性和公正性。

当然，以ChatGPT为代表的人工智能技术打开了硅基生命“入侵”碳基生命的生活世界的魔瓶，司法工作者在面对、享受人工智能为司法大数据数据治理带来的便利的同时可能存在的因果关系在某些情形下变得不再重要，大数据和机器学习会让因果效应识别更加困难以及部分机器学习算法缺乏可解释性等情形的认知和应用缺陷。其中，因果识别是社会科学实证研究的焦点，而在大数据时代，机器学习为因果识别带来一些新的机

遇与挑战。[1]随着互联网、电子技术等对我们经济社会生活的日益渗透，司法大数据的数据来源越来越丰富，文本、图像、音频、视频、遥感等大数据都成为司法工作者的重要数据来源。而伴随着司法大数据的深度应用，司法工作者必须掌握和熟练应用这种大数据的机器学习方法。

首先，在机器学习对因果识别的意义方面要持续拓展认知的深度和广度。司法大数据往往不是两个变量之间简单的因果关系，而是从全新的、非结构化的、高维度的、高频率的大数据中挖掘出一些新问题，以及在探究某些问题时即便传统方法因假设无法满足而失效时，人工智能技术及其适配工具（如机器学习）是否可以拓宽因果识别经典方法的适用边界。进一步来说，就是通过人工智能技术及其适配工具应用如何更好地识别和控制混淆因素；更好地构建对照组；更好地识别异质性因果效应；更好地检验因果关系的外部有效性等。

其次，要充分理解司法大数据和机器学习方法的广泛应用给因果关系识别带来一些新的冲击及影响程度。因果关系具有非常重要的价值这一点毋庸置疑，但是，也应该承认，在某些情形下，并不是非要识别出因果关系才算是一个有价值的司法大数据挖掘结果。一方面，当要研究某些重要的司法问题而又缺乏直接的数据时，有时放弃对因果关系的执着，改为只关注经济社会变量的相关关系，会开辟一个新的印证视角和证据收集路径。另一方面，大数据和机器学习可能让因果关系识别变得更加困难，如为了更好地获得处理变量和结果变量之间的关系，在映射函数的选择设计上，可能会穷尽训练集数据中的各种细节和噪音，从而在训练集得到的处理变量和结果变量之间的关系，无法泛化到一般化的情形当中，从而产生虚假的因果关系。

最后，机器学习在拓展因果识别适用边界的同时，不可避免会存在可

---

〔1〕 郭峰、陶旭辉：《机器学习与社会科学中的因果关系：一个文献综述》，载《经济学》2023年第23期。

解释性差的问题。例如，利用机器学习方法进行因果识别时，一个常见的方法是利用处理组处理之前的数据和对照组数据等来预测如果没有发生处理政策，处理组应该具有的“反事实结果”；而很多机器学习算法在进行这样的预测时仍然是一个“黑箱”，无法解释清楚这个“反事实结果”到底是如何预测出来的，这对于注重严谨细致办案的法律工作者而言是非常难以接受的。总之，机器学习在这一方面仍然存在很多问题，这是机器学习方法在社会科学实证应用，特别是司法领域因果关系识别当中进一步拓展的重要瓶颈。

总之，人工智能方法对于赋能司法大数据应用作出了较为明显的科学性和建设性的贡献，可以帮助我们获得一个更为置信和稳健的司法结论；可以从一些非结构化、高维的司法大数据中发掘出有价值的新线索；可以在传统方法因假设无法满足而失效时依然有方法可以备选；可以让我们的结论在样本外也有解释能力；等等。但在某些特殊情形下又存在一定的局限，如果过分关注机器学习的预测能力而忽视司法大数据的解释功能，无疑也会本末倒置。此外，司法工作者应持续强化人工智能技术应用的法治意识，坚持以人为本、技术为人所用、技术合法合规的基本原则，积极为人工智能技术的合法应用寻求法治支持，时刻警惕和防范硅基世界与碳基世界的相对独立性被打破的潜在科学伦理风险或知识产权侵权、生成虚假信息、算法“黑箱”、隐私泄露等现实风险。

三、司法大数据数据治理能力提升的可能路径

人工智能是技术的表现。不能仅从它的强大的数字计算功能来理解人工智能，工具性和人为性只不过是其本质的一种异化形态。人工智能真正的本质是人类智能的“去蔽”（图片）和“成己”（ereignis）。基于人的本质即“制造、使用和携带工具”及其所蕴含的意识和生命活动的统一，应

将人工智能的本质理解为人的本质中意识和生命活动这两个环节在“人为性”中的统一。[1]现代人工智能日益走向技术化和工具化，从本质的“人为性”变身为单向实用的“人工性”，人工智能技术赋能司法大数据数据治理能力提升也不例外。类似传统的社会科学实证分析工具，从控制变量到固定效应回归，从工具变量、双重差分、倾向得分匹配、合成控制、断点回归等时髦的新方法到随机干预试验等。尽管人工智能技术在司法大数据挖掘中的应用是一个全新的领域和全新的分析工具，但目标无一不是向寻找“可比”对象靠近的过程，希望能够回答一个实质性的司法问题，深化司法工作者对经济社会状况的理解，最终带来司法大数据数据治理上的某些进步。

具体来说，通用人工智能发展促进司法大数据数据治理能力提升可能沿着以下主要路径展开或演进：一是促进司法大数据获取非常广泛和深入的知识，进而能够灵活理解和运用知识，运用知识来发现新领域和解决新问题；二是帮助司法大数据提升高级推理能力，实现某些概念化、建模、推测、解释等高级推理操作，推导出新知识并理解新的概念；三是增加司法大数据的社交和情感智能，探索在人与人、人与机器的交互中体会到情绪和社会关系的司法解决方法并采取合适的行动和回应；四是强化司法大数据的学习和具体应用能力，提升司法实践中运用知识来解决问题、改进司法关系和达成司法目标的科学化和智能化水平等。

〔1〕 参见邓晓芒：《人工智能的本质》，载《山东社会科学》2022年第12期。

第七章　司法大数据的应用前景展望

习近平总书记强调："科技成果只有同国家需要、人民要求、市场需求相结合，完成从科学研究、实验开发、推广应用的三级跳，才能真正实现创新价值、实现创新驱动发展。"[1]《中华人民共和国国民经济和社会发展第十四个五年规划和2035年远景目标纲要》明确提出"加强智慧法院建设"，这是首次从国民经济和社会发展层面对未来智慧法院建设提出的要求。司法大数据的应用与发展在国际上没有现成经验可循，如何科学把握大数据发展带来的机遇，构建具有中国特色的司法大数据应用体系是摆在我们面前一项现实而紧迫的任务。未来，司法大数据将释放出更为巨大的能量，犹如司法发展的问题之药、需求之匙，使法院更健康、法官更健康、社会更健康，创造更高水平的数字正义，推动国家治理体系和治理能力现代化。

一、进一步提升司法大数据的应用效能

中国司法大数据未来的发展，除了"量"的增长，更重要的是"质"的提高，以及司法大数据管理的规范化、制度化建设。未来，在推动信息技术与法治建设融合促进，依靠科技创新驱动智慧法院建设，努力创造更高水平向数字正义迈进的过程中，司法数据中台、智慧法院大脑和在线法院的建设，系统化、便捷化、智能化、精准化将成为司法大数据发展中的重要

---

〔1〕《习近平谈治国理政》，外文出版社2017年版，第124页。

着力点，持续辅助智慧法院实现自我优化和自我革新。未来，提升司法大数据的应用效能，应从以下几个方面着力。

（一）加强数据利用和管理能力

对于司法大数据，既要科学合理利用，又要严格管理，充分发挥大数据资源的效能。要建立一套数据治理制度，规范数据的采集、使用、公开以及所有权、使用权等问题。个体数据是否存在安全风险取决于个体数据的性质，即使所有不存在安全风险的个体数据汇聚到一起，也无法保证整体数据不存在安全风险，这也正是大数据的特点。因此，要在内部建立起过程完整、分区严格、权限严密的数据库，严格区分涉密信息和非涉密信息，内部数据和可公开数据；对外可定向对有关部门和高校等研究机构以及部分有资质的企业开放数据资源，开放的数据资源必须经过严格审核，隐去涉及国家秘密、个人隐私、商业秘密等不应公开的信息，这类信息的部分内容可作为政府决策以及专项研究使用。要严格规范数据的使用，为社会提供公共服务的时候，要区分普通信息与敏感信息；既要充分考虑人民群众对于政府信息公开的需求，又要严格按照法律法规保护国家秘密和商业秘密、个人隐私，确保公共服务合法合规，最大限度地保护各方群体的利益。

（二）提升综合数据处理能力

互通性和共享性是大数据的重要特点，随着我国数字化转型的持续推进，不同机构、不同平台之间数据的交互越发频繁。因此，在保障数据安全的前提下，应在司法服务的不同环节、不同应用、不同机构之间建立统一的司法大数据交换标准及司法数据中台，充分发挥大数据互通和共享的特点，从而为司法大数据应用形式的多样化提供更好的支撑。同时，不同企业开发的应用系统，在需要打通接口时，可能存在企业利益纠葛等干扰因素，导致数据对接并不顺畅。对此，需要在对公司企业行为进行约束的基础上加强对数据对接技术的研究和利用。例如，一些大数据专家提出“黑盒式”互操作技术，可在不同系统间不进行接口对接情况下，实现数据的实时动态采集和汇聚。对这些多源异构的数据进行处理和加工的能力是决定未来谁能掌握并运用好大数据的关键能力，是司法大数据应用与发展的决定因素。换句话说，提高综合数据分析、处理与加工的能力仍是当前司法大数据发展的重中之重。

（三）提高数据的标准和质量

当前数据的交互乃至跨境流动是大数据领域发展的趋势所在。为了更好地利用数据，势必要进一步提高数据质量，防止收集到的数据都是“脏数据”，最终影响数据分析的结果。大数据的价值并不在于个体数据所表达的独特信息，而在于大批量具有共同特点的个体信息所呈现的规律性的信息。因此，不同来源的数据之间要实现交互运用，必须要先统一数据标准。非结构化与半结构化数据的生成过程难以形成绝对标准化的数据，这主要源于数据生产者的个性化差异。司法大数据的主要生产者——法官因受教育程度、区域以及文化程度的不同，对同一个案件的裁判结果可能截然相反，而且同一个法官在不同时间段产生的情绪状态变化也将影响案件调解、审判等活动的进行。好比医生进行手术治疗疾病，即使实施的是同一类手术，但会因为每天的精神状态由早到晚有所不同，无法做到每台手术的标准化操作。在司法大数据的建设中，唯一可以确定的标准是习近平新时代中国特色社会主义思想，将其融入审判实践活动中，实现天理、国法、人情的统一，实现法治理念的标准化。对此，可通过人工智能应用明确数据匹配规则，建立统一的数据标准。具体来说，可以通过机器学习、自然语言处理帮助建立数据重复识别匹配规则和匹配链接规则，并通过深度学习实现对数据清洗和数据质量的效果评估。另外，人工智能也有利于实现对非结构化数据的采集和关键信息的提取，改变以往通常通过创建非结构化数据搜索的收集方式。在数据生成阶段，应该让专家提前介入，提出需求并设定一套甄别、清洗数据的标准，让程序自动完成数据的筛查和检验工作。理想的状况还是要建立一套全国审判流程标准体系，实现数据自动生成，数据填写的相互校验，既可减轻法官负担，又可提高数据质量，采集到高质量数据。

（四）重视法律和数据技术复合型人才培养

提升司法大数据的应用效能，人才是关键，因此要培养复合型数据法学相关人才。在以前的小数据研究中，研究者可以独自收集资料、分析问题、撰写文章，个人的作用较为突出，以个人为主体的研究模式基本也能胜任。但真正的大数据研究需要处理的是海量杂乱的数据，这意味着"人类的记录范围、测量范围和分析范围在不断扩大，知识的边界在不断延伸"。[1]大数据时代的到来，不仅给人文社会科学与自然科学学者提供了大规模协作的可能，也将成为一种必需。在大数据法律研究及相关人工智能应用研究中，无论是数据的收集、整理，还是对其分析、运用，都需要研究者具有多学科的知识与经验，如数据挖掘就涉及数据库技术、机器学习、模式识别、知识库工程、神经网络、数理统计、信息的可视化等众多领域，[2]知识结构单一的研究者或研究团队往往难以应对。只有跨学科、多维度、多领域、多视角，才能驾驭得了大数据时代的机遇和挑战。

既精通法律，又能熟悉运用信息技术、掌握大数据管理的复合型人才，是当前实施国家大数据战略提供智力支持与人才保障之急需。一是借助大数据技术的运用，积极推动法学教育、法学研究方法和研究范式的创新，

---

〔1〕 涂子沛：《大数据：正在到来的数据革命，以及它如何改变政府、商业与我们的生活》，广西师范大学出版社2012年版，第57页。

〔2〕 刘鹏主编：《大数据》，电子工业出版社2017年版，第35页。

逐步提高法律专业人员在司法大数据应用中的参与度，推动司法人员以及其他法律从业人员与技术人员的深度合作，培养既懂法律又懂技术的跨学科人才。二是对于人民法院综合型大数据人才的培养和储备而言，需要招募一批有坚定政治素养、理想情怀，求真务实，耐得住寂寞，不慕虚荣、不务虚功，愿意坐“冷板凳”的技术人员充实一线，切实为推动大数据与司法工作深度融合提供智力支持。三是积极探索深化研究数据法学学科。随着全社会对数据重要性程度认识的进一步加深，以及相关法律规范的不断增多，数据法有可能像经济法、社会法那样独立成为新的法律门类。通过与普通高校等科研机构开展联合培养研究生的项目，招收统计学、经济学、计算机科学、管理学、信息学等跨学科跨领域专业人才，精选有学术潜质和学术悟性的人才，定期培训，使其成为拥有多学科知识和应用能力的交叉型、实践型、创新型应用法学人才。

（五）明确司法大数据与人工智能的辅助性定位

司法大数据与人工智能应用理应遵循司法规律，其工具性定位应予以明确。司法有其特性与规律，数据应用需要尊重司法规律。司法的规律和其特殊属性决定了司法大数据在司法领域的应用与定位只能是辅助工具。“司法不是自动售货机。”〔1〕尽管司法大数据和人工智能技术的发展一次次打破人类对传统技术认知界限，但也要警惕司法大数据万能论，即司法大数据应用不可能完美替代法律职业人士。换句话说，要做到充分利用大数据而不是迷信大数据，以大数据、云计算为依托的智慧法院能够成为推动法院变革、法院进步的强大推动力，但其只能是驱动力、推进剂，而不可能成为主角，更不能成为司法本身。因为机器终究是人类研究出来的，大数

〔1〕 德国学者马克斯·韦伯在谈及欧洲大陆司法制度的时候曾批评道：“现代的法官是自动售货机，民众投进去的是诉状和诉讼费，吐出来的是判决和从法典上抄下来的理由。”参见薛凡：《〈民法总则〉与公证和民事诉讼合法性判断的革命性变化》，载《公证研讨》2017年第3期。

据和人工智能不可能，也不应该取代人的思想和意志。对社会纠纷的司法裁判是世界上最复杂的难题之一，其包含事实查明、证据审查、法律适用、自由裁量权等一系列问题。法是善良和公正的科学，其包含正义和道德的要求，涉及人权与正义等价值判断。案情若有变化，处理结果相去甚远。我们不应将裁判的决定权让渡给大数据或人工智能，司法的本质在于它是一种依靠人类理性通过争辩和对话获致裁判结论的过程，在其中起主导和决定作用的永远是人。正基于此，大数据技术的开发不是要取代法官，而是要为法官工作提供更精准的辅助。同样，大数据技术也不能以管理为本位，司法管理技术要始终以服务于审判权行使为目标而不是代替审判权行使。特别是要围绕“寻找事实、寻找法律”这一人民法院审判工作的基本属性，以全面推进审判体系和审判能力现代化为目标，推进司法大数据应用，创新审判模式，优化诉讼流程，助推司法改革，为更加客观地寻找事实、更加精准地适用法律提供坚强的科技支撑。

二、面向法院：推动法院“瘦身”，让法院更健康

人民法院是国家的审判机关，肩负着维护国家安全和社会秩序，维护社会公平正义，维护国家法治统一、尊严和权威，保障中国特色社会主义建设顺利进行的神圣使命，是维护社会公平正义的最后一道防线。倘若人民法院存在诉讼不便、司法不公、效率不高等现象，社会公平正义将无从谈起。随着社会的进步，人们多元司法需求进一步提升，司法大数据将会在智能诉讼服务、维护司法公正、提升司法效率上创造更多价值，推动法院“瘦身”，使法院更健康。

（一）提供更加便捷高效的诉讼服务，医治“不为之病”

司法为民是人民法院的初心使命。对于法院而言，如果诉讼参与人立

案难、诉讼难，诉讼过程中多次奔波于法院，不能为诉讼参与人提供便捷高效的诉讼服务，或者让文化程度不高、年龄较大的老人面对新技术变革而带来的数字鸿沟，无法让人民群众满意，那就是法院“不为之病”。当前，人民法院经过深化司法改革，集中整治顽瘴痼疾，积极应用信息化手段，采用司法大数据提供的智能化服务，杜绝了“门难进”“脸难看”“话难听”“事难办”等现象。线上也可以立案缴费、接送诉讼材料、参与庭审等，为老百姓提供了多方面的诉讼手段。未来，人们可能不再满足于获取方便、快捷的司法服务，而是对司法服务的质效抱有更多期待。司法大数据在诉讼服务方面的应用将不断深化，从当前的诉前矛盾智能调解、智慧法律咨询、诉讼风险评估与结果预测、司法链存证等朝着更加丰富、精准化、人性化的诉讼服务发展。例如，通过司法大数据长期追踪诉讼当事人的心理状态和行为模式，开展基于个案的诉讼类型化分析，通过总结归纳诉讼参与人的需求，向其提供更有针对性的诉讼服务。

（二）对法官进行“业务体检”和“廉政体检”，医治“不公之病”

公正司法是人民法院的价值追求，如果司法不公，那将是人民法院的“不公之病”。一般来说，造成司法不公可能是由于法官能力水平不足、外来干预以及利益诱惑三个方面原因导致。未来，司法大数据将在提升法官能力和防止司法腐败方面发挥更重要的作用，可以通过司法大数据对法官进行“业务体检”。一方面，司法大数据通过对法官审理的历史案件分析，可以为每位法官“画像”，通过考察法官在事实认定、法律适用、法庭礼仪与法庭突发情况的应对以及舆情处理等方面的能力，分析挖掘法官需要重点提升的政治能力、司法能力和综合能力素养，开展个性化培训。另一方面，司法大数据能通过预测某一地区高发的案件类型，为该地区法官自动推送相关培训课程，实现精准培训。

与此同时，司法大数据还能建立司法纠错预警系统，对法官进行“廉政体检”。当前，一些法院已上线了包含量刑推荐、偏离预警等功能的审判辅助系统，未来可通过司法大数据进一步分析严重偏离预期结果的判决背后的原因，特别是可能存在的司法腐败。例如，通过司法大数据应用对证据进行标注，将可信的证据标注为绿色，将高度不可信的证据或者系统认为不可信的证据进行标注警示。如果案件大量采纳了标注为红色的证据，就代表着法院内部可能存在串通造假行为，或者公安、检察院可能存在造假或逼供行为，以此对案件可能存在的司法不公或司法腐败起到预警作用。

（三）提高法院管理质效，医治“不能之病”

司法效率是公正司法的基本保障，司法如果不考虑效率和效益，公正也就不可能得到真正的实现，正如“迟来的正义非正义”。如果法院不能在法律规定的时间内完成案件审理，这将是人民法院的“不能之病”。提升司法效率，对外要加强诉源治理，对内要优化司法资源配置。在开展外部广泛合作，数据融合共享的基础上，人民法院与行政机关、监管部门、群团组织、基层自治组织等协同从源头遏制纠纷将成为减少案件受理数量、降低矛盾尖锐程度的关键所在。能够切实把“非诉讼纠纷解决机制挺在前面”，从而扭转人民法院案件量逐年增加之势，先让案件量“瘦身”。全链条司法管理模型的建立也将推动司法资源配置科学化、合理化，使法院实现有效“瘦身”。司法大数据可以运用于法院案件管理、人事管理等各个领域，目前在部分法院已经有了初步的运用，但仅限于收集某个法院办案系统、人事系统中的数据，如案件和人事的关联、案件的难易系数、法官承办案件数、法官之间任务量的比较等，都可以相对科学地评价法官的办案效率。同时，可以从法官所办理案件的上诉率、发回重审或改判率、信访率等方面，评价法官办案的效果。这些都是将人案关联，评估法官业绩、办案效果的重要数据支撑，从而可以科学合理地调配法院审判资源。

三、面向法官：保障法官身心健康，让法官更健康

法官是国家司法权的执行者，是社会公平正义的捍卫者，法官的人身安全、心理健康和职业发展事关其履职尽责，事关社会公平正义的捍卫和匡扶。然而随着案件量的增加、案件复杂性的增大，如果不借助外力辅助和解压，法官办案压力将进一步增大，其遭受打击报复风险可能上升，法官的职业能力自我提升将无暇顾及。随着司法大数据数据量的增大、数据面的拓展，司法大数据将在提升法官司法能力、保障法官人身安全和心理健康方面发挥更重要的作用，使法官更健康。

（一）司法大数据关注法官心理健康

除了法官的专业知识和办案经验，其心理状态也将在一定程度上左右自由裁量权的合理运用，不健康的心理状态往往会导致裁判结果的偏颇。未来，司法大数据将更关注法官的心理健康。影响法官心理健康的因素很多，最主要的是办案压力，一些法官可能由于案件的积压处于一种“案未结、心难安、情难稳”的压抑状态，多个未结案件或超审限案件犹如大石头一样压得其喘不过气来，情绪难以稳定。其次，还有司法公开的压力，法官的最终司法产品——裁判文书将公之于世，接受全社会的检验，其压力之大可想而知。另外，2015年发布《最高人民法院关于完善人民法院司法责任制的若干意见》，明确了法官应当对其履行审判职责的行为承担责任，在职责范围内对办案质量终身负责。这些措施是为了提升办案质量、惩治司法腐败、维护公正司法，展现了人民法院刀刃向内、自我革命的决心和魄力，但也势必会给法官带来无形的压力。

对此，可以通过司法大数据进一步减少纠纷数量，提高办案效率，从而缓解“案多人少”的矛盾，平衡好法官个人的工作与生活，让法官心情愉悦。首先，运用司法大数据提升办案能力和办案效率。新兴技术的发展极大地提升了人类获取信息的宽度、检索信息的速度、处理信息的能力。司

法大数据可以让法官获取数以亿计的案例参考，以极快的效率检索出需要的文书和法律条文，利用系统辅助快速调取证据，辨析有效证据和瑕疵证据，并快速生成各类法律文书等。随着时间的推移，越来越多的应用有待我们运用大数据、人工智能技术去探索、去创造。其次，运用司法大数据从纠纷源头开始，引导降低案件数量。在2019年的中央政法工作会议上，习近平总书记提出，要“坚持把非诉讼纠纷解决机制挺在前面”。这是适应新时代我国社会主要矛盾变化，推动社会治理创新的重要论断。各地法院积极推动多元化纠纷解决机制建设和诉讼服务中心建设，充分利用线上调解和司法大数据智能辅助，创造了多元解纷和诉讼服务的“中国经验”。未来，在人民法院继续多元解纷的基础上，更要充分调动或推动社会调解组织的参与力度，把司法大数据辅助调解的能力释放给这些组织，提升其调解效率和积极性，真正从源头降低法院案件量。最后，除了以上具体的举措，还可以通过司法大数据对法官进行“心理体检”，定期收集法官心理健康数据，研究探索法官心理健康发展规律，不断完善心理辅导长效工作机制。

（二）司法大数据关注法官职业人身安全

法官是独立审判的个体，不宜受到任何案外因素的干扰，否则就容易导致裁判的偏差。这里包括多个方面的干扰因素，如来自当事人的人身威胁，来自外界的诬告威胁，来自外界打招呼压力，来自亲属好友干扰等，严重影响法官的人身和职业安全。

对于来自当事人的人身威胁，如遭受不同程度的跟踪、骚扰、谩骂、恐吓甚至暴力伤害等。对于有此类行为的当事人，要利用大数据分析迅速建立起人物画像，要能够关联起当事人所有的案件信息，甚至是公安系统中该当事人的所有案件信息分析其危害性，通过应用区块链存证技术，对威胁法官人身安全的高风险案件进行预警，减少“周春梅案”等法官遇害案件的发生。

对于来自外界的诬告威胁，在诬告成为诬告之前，无法判断其为诬告还是正当的检举，为了不干扰法官的审判活动，保护法官客观、公正、独立审判，《最高人民法院关于完善人民法院司法责任制的若干意见》作出了明确规定，坚持责任与保障并重、权力与制约并行的精神，在案件审理的各个阶段，除非确有证据证明法官存在贪污受贿、徇私舞弊、枉法裁判等严重违法审判行为，法官依法履职的行为不得暂停或者终止。在这种情况下，纪检部门就可以利用司法大数据，给法官进行人物画像进行重点分析，查看该法官所有已审判案件的裁判偏离度是否在合理的区间内，利用大数据记录、回溯该法官在以往的案件中是否存在被检举乃至徇私的行为，从而辅助研判，这些做法都可以保护优秀的法官。

对于打招呼和亲属好友的求情，司法大数据已经发挥作用，每个法官都要定期填报“干预司法‘三个规定’登记系统”，面对来自上级的压力，法官通过这种渠道本身就是对纪律不严明的上级的一种震慑，从而能大大减少来自上级的压力；同时，亲戚好友也会减少干扰正常办案活动的行为。如果填报了干扰的信息，就便于纪检部门从这些数据中掌握线索，展开调查。

（三）司法大数据关注法官职业能力培养

自信是一切心理健康的基础。法官通过培训学习，对业务了然于胸，对工作充满自信，这是对自身健康的一大促进。现阶段，有的法官工作中存在一些焦虑，这种焦虑主要来自对未来的不确定性，来自对自身本领不足的恐慌。如果本领够了，焦虑就会减少很多。对此，可以让法官借助于司法大数据与人工智能拓展自己知识面，真正做到“一览众山小”，工作游刃有余，快乐学习、工作，健康生活。具体来说，司法大数据推动了法官学习方式的变革，可以为法官提供一种网络化、数字化、智能化、精准化、终身化的学习模式。利用大数据及虚拟现实、增强现实等技术建立AR法庭，让法官拥有沉浸式的审判教学及培训体验。司法大数据与人工智能应用将进一步增强网络培训课程的交互性和可视化，法官不必定期集中进行地面培训，其能够通过开放共享的网络培训师资库，利用碎片化的时间随时随地学习，从而大大提高学习质效。未来，法官培训方向就是要提高法官的能力水平，也就是认知的问题。当法官的能力水平提高之后，受司法干扰、被外界利诱的抵御能力也会相应增强，解决受干扰和被利诱的根本是解决思想认识问题。

四、面向社会：司法大数据深度参与，让社会更健康

面向社会，司法大数据应用重点将不断前移，更多参与社会风险预防与制度的事前、事中评估，让社会矛盾减少，社会治理合理高效，促使社会更健康。目前的司法大数据应用仍主要集中于末端的审判环节，随着其他司法环节数据的不断积累，司法大数据的应用热点将持续前移，让大量矛盾纠纷“化于未发、止于未诉”。法院要医治社会疾病，通过前端治理、源头治理实现医“社会之心”，让社会生产、生活活动更健康。

（一）司法大数据有效预防社会矛盾发生

在矛盾应对方面，司法大数据将实现社会治理从矛盾应对到风险预防的飞跃。社会治理的最高境界是实现对各类风险的预测、预警和预防，防患于未然。

1.利用司法大数据的趋势预测性预防矛盾的发生

司法大数据是各类社会矛盾纠纷进入司法阶段后的集合呈现，对于同类型的矛盾纠纷从时间、区域、人群等维度可以进行趋势分析，从而实现预警，让更多矛盾纠纷在萌发阶段就得到妥善化解，而不是等矛盾纠纷到

了法院之后，通过非诉化解模式或诉讼模式解决，这是司法大数据的更大价值体现。例如，运用司法大数据动态分析矛盾纠纷多发易发领域、成因特点和变化趋势，向当地党委、政府及有关单位提出意见建议，最大限度地把各类风险消灭在萌芽状态。又如，通过大数据分析发现某一地区经济社会发展中一些不通畅的地方，还能为那些矛盾暂时没有集中爆发的地区提供参考和预判，便于这些地区的党委、政府及有关单位把矛盾疏导和纠纷化解工作做在前面，把矛盾消灭在萌芽阶段。

参与诉讼的多方主体，既包括发生矛盾纠纷的当事人、诉讼的代理人，可能还有公诉人，法院负责诉争的解决和裁判。通过大数据对可能会成为诉讼参与多方的这些主体进行预警提示，可以使当事人更加理性地去判断、对待，达到不诉的目的，增加更多诉前的调解工作，实现诉讼案件的大幅下降。司法大数据还将用于公民个人生产生活或企业生产经营的预警、预测、纠偏和风险防范。例如，对那些易冲动实施暴力犯罪且有前科的行为人，可以及时通过司法链、物联网进行信息联通，对行为人可能实施的相关暴力行为进行监测和预警，通过及早防范和应对，进而降低社会风险。

2.利用前司法大数据的提前介入避免矛盾升级

在司法大数据已有的趋势预测性功能基础上，我们不妨再向前延伸一步。一些尚未进入法院的社会问题或矛盾纠纷，在社会上已经形成热点，然而司法大数据并没有类似的案例可挖掘预测。在这种情况下，本着“抓前端、治未病”的理念，这些问题也应被纳入司法大数据的研究范畴。这样可以起到两个方面的作用：一是通过对新问题的数据研究，人民法院可以提前做好处理新问题的裁判准备；二是通过对新问题的研究预测，矛盾的利益相关方对出现问题的法律后果有所预判，有利于各方在矛盾进入法院之前就予以解决。对这类尚未进入诉讼的新问题的相关数据进行研究，因其不在司法大数据范畴，但对后期审判或避免矛盾升级至诉讼颇有益处，可以称为前司法大数据。

例如，2021年11月12日，广州市中级人民法院对康美药业股份有限公司（以下简称康美药业）证券虚假陈述责任纠纷集体诉讼案件作出一审判决，判令康美药业向5万余名投资者承担24.59亿元的赔偿责任，公司高管根据过错程度承担5%-100%的连带责任。这也是我国集体诉讼第一案，案件参与人数、索赔及获赔金额均创下A股历史之最。值得一提的是，判决中提道：曾任或在职的独立董事需要承担连带责任，合计赔偿金额最高约3.69亿元。消息一出，独立董事这个职业也引起了各方的关注，由于独立董事对公司的了解程度非常有限，这些签字的风险就非常大。因此，多家公司公告独立董事纷纷辞职，据证券时报数据中心统计显示，2021年独立董事辞职人数刷新近年来的新高，超过700人。可以推断，独立董事的非正常离职与上市公司风险有相关性。对此，可以根据人力资源系统公报的独立董事人员流动数据，初步预判企业将来的发展趋势以及可能发生诉讼的可能性。那么，这些独立董事人员流动数据就可以被称为前司法大数据。从预测诉讼的角度来说，一方面，可以合理地调配司法资源应对诉讼；另一方面，可以尽早优化诉讼政策，如出台完善司法解释，提前做好司法应对。

（二）司法大数据优化社会治理模式

在社会治理方面，司法大数据将有效提高制度的事前评估能力，不再局限于从诉讼端评估制度运行效果，全面服务于制度的事前、事中和事后评估。一项制度一般要经过制度制定、制度执行和效果评价三个阶段，其评估活动也对应涉及事前价值评估、事中综合评估和事后事实评估三个层面，既要评估制度目标效果，还要评估制度实施的成本。在我国，制度既包括根本制度、基本制度、重要制度等，也包括长期制度、中期制度和短期制度。对社会制度的评估往往是一个持续的过程，特别是对中长期制度来说，要经过“评估—反馈—完善—再评估—再反馈—再完善”的循环过程。

一般来说，长期制度评估通常以事前价值评估为主，通过司法大数据分析把控社会制度问题的症结及关切所在；中期制度评估通常以事中综合评估为主，通过司法大数据分析，及时掌握社会制度执行阶段的真实情况，保障社会制度的顺利实施；短期制度通常以事后事实评估为主，通过司法大数据方法生成评估指标，量化反映社会政策产生的真实效果。

目前，司法大数据主要是从诉讼端的视角对制度运行效果评估。例如，运用大数据分析方法进行制度实施成效研判，常态化监测立法规范、司法解释及有关政策的实际运行效果，为有效弥补法律规范因与实践脱节而造成的滞后性提出意见建议。未来，司法大数据应用将深度挖掘各行各业发展运行中常见的法律风险，合理分析预测人民群众可能存在的司法服务需求，及时为立法、司法解释及有关政策的制定提供参考和智力支持。当然，对于司法大数据的应用与管理也需要有制度规范，如何在应用实践中完善其制度，前文也有论述。司法大数据必将为司法实践赋能，助力提升社会协同治理能力，优化社会治理模式，不断提高社会治理决策的科学性、前瞻性和有效性。

（三）司法大数据完善共同富裕政策导向

共同富裕是全体人民通过辛勤劳动和相互帮助最终达到丰衣足食的生活水平，也就是消除两极分化和贫穷基础上的普遍富裕。共同富裕对立的是两极分化，解决的是五大发展理念中的共享问题，共享中国人民创造的财富。共享目前已不仅是我国的共识，也形成了国际上的共识。无论是从中国共产党的宗旨，还是从共产党员的初心使命来理解共同富裕，都能发现这是一个时代性的课题。历史走到今天，我国目前的GDP已经超过了121万亿元人民币，实现共同富裕的物质条件、时代基础都基本具备。

习近平总书记提出共同富裕，并不是同时富裕、同步富裕、同等富裕，不能够简单粗暴、整齐划一，而是要讲究科学方法。研究共同富裕，首先要让老百姓认可政府所采用的数据，才能进一步让他们对由数据推导出的国家政策产生信赖，避免政府越说什么老百姓越不信什么的“塔西佗陷阱”。因此，这就要求我们从多个角度对提出的政策进行论证。例如，关于如何引导共同富裕的研究，如果仅有经济学家参加，他们一般用来做分析的主要是CPI、采购经理人指数（PMI）、就业率、汇率、利率等指标，其中有些指标只能采用抽样调查的方法来获取数据，往往缺少社会矛盾情况数据支撑。过去我们没有条件开展司法信息的应用，时至今日，已经具备一定的基础。司法信息能够让政府的决策变得更为理性，增加社会和老百姓对政策的信任感。在社会、经济、文化等领域中，涉及生产要素、生产资料的分配、流通、消费全过程中产生的矛盾纠纷蓄积到一定阶段就到了人民法院，最终形成了司法信息和司法大数据。如很多刑事案件是杀人案件，杀人又包括情杀、仇杀等，可能就是由于经济原因带来的情绪变化导致杀人的动机；有时候出于对政策的不满也可能导致案件的发生。

如何解决全社会的信心问题？要从信任着手。信任很多时候是单向的，你先信任我，或是我先信任你。互相建立信任不容易，问题是谁先启动？当然应该是由政策的制定机构、行政机关主动让老百姓产生信任。信用的多元化可以体现于制度化的法治环境，也可以体现于非制度的文化环境，两者是一个有机的整体。如果能妥善地解决信任和信用这两方面的问题，随之就可以解决信心问题，实现“增信”。这也是目前经济困境的一种破解之道。

老百姓会对他们看得到、参与过的事物产生信任。案件的裁判文书是由老百姓参与形成的，所以对他们而言更有可信度，并由此及彼，认为其他司法裁判文书也是有可信度的。退一步说，即使个别案件未必满意，他也会信任全国法院形成的裁判文书库。为什么最近人民法院的司法案件数量上升了？其中的重要原因之一就是司法公信力的提升。很多时候并不是因为治理不佳导致司法案件数量上升；治理在优化，法院本身的公信力也在提升，这就涉及存量和增量博弈的问题。所以，在老百姓发生信任危机时，司法信息是很好的切入口。可以通过司法信息，让司法为社会“增信”，优化信用系统，提升整个社会发展的信心。

综上所述，在共同富裕的道路上，政策制定者要从不同的角度去认识社会，认识社会矛盾、经济矛盾，进而去完善共同富裕的引导政策，通过实现共同富裕去解决社会矛盾。社会大众、社会不同阶层人士也可以通过不同的角度，如通过矛盾的发生、危害到最终的解决等，去理解共同富裕对于创造美好生活的意义。

五、面向学界：司法大数据推进司法研究蓬勃健康发展

司法事业的发展不仅依靠司法人员的实践力量，也要依靠学界广大司法研究人员的力量以及司法培养体系，共同推进中国司法事业的发展。当前我国司法研究主要来源法律界、科技界以及这两个界别的交叉融合。在法律界，司法大数据可以提供实证研究、经验研究的翔实数据；在科技界，司法大数据可以提供技术赖以发展的基础原料——数据；在司法培训方面，司法大数据可以提供新的内容、方法和理念。

（一）司法大数据是法学实证研究用之不竭的资源

1.数据样本之于分析结果至关重要

科学研究离不开调查数据、数据的实证研究乃至大数据分析。科学研究要考虑几个因素：一是样本要足够大；二是样本跨越的时间足够长，三是研究持续时间足够长。开展大数据研究时还要考虑，对非理性数据来讲，样本不一定越大越好，因为样本的收集成本不容忽视。关键样本和数据的代表性十分重要。

20世纪30年代，美国发生了历史上最严重的经济危机。美国总统大选

前，整个美国社会分为两派，一派认为罗斯福无能，无法扭转美国的大萧条；另一派则对罗斯福寄予希望，因为罗斯福当时做过一些力所能及的事。罗斯福曾用“炉边谈话”进行宣传，提升社会的信心。当时，美国的著名《文学文摘》(The Literary Digest)分发了1000万份调查问卷，回收了237万份，经分析预测美国大选中阿尔夫·兰登能得到57%的选票当选总统，而罗斯福不能连任。此时，盖洛普只是一名市场研究人员，所在调查公司与《文学文摘》的影响力没有可比性，他通过5万份调查问卷进行总统大选研究，但他的数据抽样统计方法从来没有失败过，其预测罗斯福会以56%的得票率当选。当时所有人都认为《文学文摘》的预测结果会是正确的，但选举结果是罗斯福的支持率高达62.5%，远远高于他的竞争对手。由此，盖洛普的数据统计方式异军突起，而《文学文摘》就此跌落神坛。

《文学文摘》之所以失败，一方面是因为其在发放和分析237万份调查问卷时，选择了阅读《文学文摘》杂志的所谓有产有知阶层的样本。由这个例子总结教训，就是我们要研究的大数据一定是理性的数据。司法裁判文书网的数据从某种意义上讲是经过法官把关后的较理性数据，具有准确性、全量性。真正的全量数据是冰冷的，但可以避免《文学文摘》的谬误，好的研究方法一定要依靠对的研究资源，两者相互赋能，才能得出正确的结果。另一方面，《文学文摘》调查问卷设计方式也不科学，同一个调查对象样本因为早中晚心情不同可能选择都不一样。

目前，司法大数据的研究中，数据样本的选取也可能会遇到上述问题。很多人认为，在互联网上的数据叫全量大数据，但其实这只是大数据的一部分，未必是全量大数据，充其量属于冰山一角。最典型的就是很多重大敏感案件不会在网上看到，更有新中国成立以来大量的纸质判决并未进行电子化纳入司法大数据的资源库中。

2.司法大数据应对接司法实证研究

近年来，得益于司法大数据的飞速发展，法学实证研究蓬勃发展，呈现一片欣欣向荣的景象。数据是大数据法律研究开展的基础,“只有具备足够的数据源才可以挖掘数据背后的价值”。[1]过去,法学学者检索案例仅靠最高人民法院公开的指导性案例、公报案例等,而指导性案例数量较小,研究样本稀缺。可以想象,当裁判文书全量公开时,呈现在法学学者面前的是一个巨大的知识宝库。司法大数据不仅为案例研究带来丰富的资源,也为实证研究的创新与发展奠定了重要的数据基础。

而实证研究用事实“说话”,对传统的规范法学研究进行了很好的补充。法学研究应源于司法实践,通过对司法实践总结的数据和案例进行深入的研究,反映出数据背后的逻辑和规律,从而确定法学研究的方向,使法学研究不再“高高在上”,而是研究真问题,司法实践中亟须解决的问题,这无疑是法学研究的一个重大进步。当前,各类法学期刊上登载了一些基于“数据分析”的理论文章,对于规范人民法院的自由裁量权、统一法律适用均有重要意义。未来,期望有更多更好的实证分析及研究,推动法学研究与司法实践紧密结合。

当前,裁判文书、庭审视频、庭审流程信息、执行信息四大公开平台的数据对公众开放外,对人民法院或人民法院相关联的企事业单位来说,虽然其掌握司法大数据资源,但进行司法大数据的分析研究力量还是很有限的。而对当前有大量从事法学、社会学研究的机构以及法学院校来说,虽然有从事这方面研究的人员、方法、研究能力,但缺乏司法大数据资源。未来,可以考虑加强司法数据开放模式研究,在保证维护国家司法安全,保护个人隐私安全的前提下,剥离出可以供外界研究的数据子集,或者提供可以供外界调用的研究接口,进一步面向有关机构开放数据,让参与司法大数据研究的人越来越多,共同促进司法的进步。

而如何剥离出数据子集或者提供对外的研究接口,是一个需要探索的

---

〔1〕 刘鹏主编:《大数据》,电子工业出版社2017年版,第4页。转引自左卫民:《迈向大数据法律研究》,载《法学研究》2018年第4期。

过程。从外界来看，如案件的当事人双方，可以用司法大数据系统进行评测，如果评测结果与法官审判的真实结果存在差距，而当事人或者旁观者不会去分析案件之间的差异，也不会考虑法官对于自由裁量权的自我考虑，尽管这种质疑已经没有法律意义，但是对法官声誉伤害会很大。此外，外界如果运用司法大数据系统来反对司法机构的审判结果，加之再有不良炒作，很可能会使公众与司法机构陷入对立局面，严重影响司法权威。更极端的情况是，如果这些数据被敌对势力所利用，其断章取义拿出的结论可能会对我们的体制产生伤害。因此，对外公开用于法学研究的数据或者接口要慎之又慎，要严格审批把关，要对数据进行处理，分类分级，合理界定哪些是敏感信息，哪些是不宜公开的信息。

（二）司法大数据是司法技术创新的基础和源泉

大数据、云计算、人工智能、区块链等新技术走进了人民法院，在诉讼服务、审判执行、司法管理等领域深入应用，并发挥越来越重要的作用。从技术发展趋势和人民司法的应用需求来看，新技术会越发融入人民法院的业务，智慧法院必将最终走向全面的智能化。在这一过程中，司法大数据将发挥司法技术创新的基础作用。人工智能的三大基石是数据、算法、算力，在这三大基石中，数据是一切的基础。人工智能技术立足于神经网络，同时发展出多层神经网络，从而可以进行深度机器学习。任何智能的发展，其实都需要一个学习的过程。而机器学习是需要学习对象的，数据就是机器学习的对象、原料。因此，司法大数据在司法技术创新过程中将起到极其重要的基础性作用，大数据是人工智能发展的基石，会促进机器学习的有效进行，如庭审语音识别系统、文书纠错系统等的优化。司法大数据不仅是人工智能等新技术的基础，作为一种技术，其还引领法院业务中和大数据相关的创新应用的发展，驱动类案推送、要素式审判等基于大数据分析相关应用的发展和创新。

（三）司法大数据是法官培训创新发展的推进力

中共中央印发了《干部教育培训工作条例》，明确要求适应形势任务发展变化，遵循干部成长规律和干部教育培训规律，改进培训方式，整合培训资源，优化培训队伍，不断推进干部教育培训理论创新、实践创新、制度创新。该条例特别强调干部教育培训的创新。在新技术日新月异，大数据、云计算、人工智能、区块链快速发展的背景下，如何将司法大数据运用到法官教育培训的内容、方式和管理各方面，显得尤为重要。

1.在培训的内容上，更加注重数据教学、案例教学

在法官的教学培训中，传统的教学内容往往是法律知识，如民商法、刑法、行政法等方面专业知识及在实践中的适用，并结合具体的案例进行教学。但传统的教学内容，因为没有数据上的辅助，往往显得说服力不强，或者观点阐述不够清晰。当前，计算法学、信息法律学等学科内容在一些高校成为新的学科门类，将法律知识和数据或者大数据充分结合起来，产生更有效的教学内容。随着全社会对数据重要性程度认识的进一步加深，以及相关法律规范的不断增多，数据法很有可能像经济法、社会法那样，被越来越多的人接受并成为新的学科门类。它更像是应用法学，在数据领域的秩序或治理数据过程中，通过诉讼或案例视角看待数据生活中的现象，也是数据法学和应用法学、案例法学的融合。未来，对法官的培养也是如此。要探索数据法学在教学中的应用，充分运用司法大数据资源，做好研究分析，用数据说话；同时，通过司法大数据挖掘更有代表性、更典型的案例，通过司法案例网等平台或法学界人士，对案例进行充分分析，进而形成案例教学的内容。

2.在培训的方式上，更加注重虚拟仿真、场景模拟

在教学实践中，理论课教学是基础，但只有理论往往容易使学员产生疲惫感，教学效果并不理想。如果运用数字孪生技术，把理论课与虚拟现实、仿真模拟、场景模拟结合起来，不但能加深法官对理论的理解，更能使

其实地感受实践。虚拟仿真技术可以设置互动参与式体验教学，实验过程虚拟真实法律实施过程，可以包括背景交代、犯罪实施、证据认定、控辩讨论等环节。在每个环节中都可以发挥司法大数据的用途，大数据辅助模拟，辅助甄别证据、辅助裁定等，充分体现了虚拟仿真实验教学虚实结合、相互补充、能实不虚的原则。仿真和虚拟的教学特点可以大大培养和提高学生提炼和总结法律事实能力、证据搜集与审查判断能力、法律推理和法律适用能力、法庭辩论能力。在网络犯罪教学中，可以形成网络虚拟攻防、证据获取实验、侦查检验仿真、仿真教学系统、真实案例卷宗仿真、大数据辅助裁定等多模块，帮助学员深入理解较难把握的争议焦点。

案例教学可以贯穿在虚拟现状、仿真模拟和场景模拟教学中，将各种不同的判例记录整理成为法学案例，包括其中的辩护和裁决过程，用逼真的案例和场景培养学员的判案推理能力。司法不容许试错，怎么办？可以通过AI系统去实施、去模拟，可以使用传感器，设置人为的庭审空间考察受训人员对事实认定的能力和法律适用的能力。例如，让学员去审理一个案件，利用大数据及虚拟现实、增强现实等技术建立虚拟AR法庭，让法官拥有沉浸式的审判教学及培训体验，通过观察其诉前诉中的活动进行判断评价，并根据模拟庭审场景，考察学员能否发现识别虚假证据以及可疑事项等，检验其庭审应对能力及判决的合理性和科学性。

结语
走向未来的司法大数据

进入新时代，中央决定实施大数据战略，吹响了加快建设数字中国的号角。诚如前文所述，数据作为“数字经济”活动的参与者，作为新的生产要素，正成为信息技术与法律连接的桥梁与纽带。与此同时，国内网络法学、数据法学、计算法学、(人工)智能法学等方面的教学和科研活动已在多所高校展开，法律和计算机的结合已经成为一个新兴的学科。随着大数据技术、司法大数据、各行业规律等资源的介入，这个新兴学科必将迅速成长。信息技术和大数据时代带来法律关系及法治实践的深刻变革，对法学教育、实证研究的教学探索和科研创新具有重要的突破性意义。面向司法审判实践与司法体制改革，我们需要从一线法官、审判机关和社会公众真正关心的“急、难、愁、盼”问题中,从亟须解决的痛点、难点、堵点与断点中寻找对司法问题的解释和预测，力图使大数据法律研究特别是数据法学研究更具有现实针对性，更具现实人文关怀，从而获得更为持久、旺盛的生命力。

大数据技术与法学的持续碰撞，带来新的理论供给与制度构建需求，中国司法领域回应与感知实践的时间节点正在逐渐前移。人民法院立足于服务司法审判实践、服务社会公众、服务国家治理的需要，持续建设智慧法院，使司法大数据的应用、发展与研究获得更大的致用空间，在理论与实践的良性互动中进一步推动了数据法学的发展和传统法学研究范式的变革。正如最高人民法院原院长周强指出，“司法大数据为法学研究提供了新工具、新方法、新范式，为中国特色社会主义法学繁荣发展作出积极贡献”。

大数据处理技术和工具能够增强可用于分析的数据集，促成新的方法和技术，进而影响经济社会秩序的重塑进程。随着新一轮科技革命和产业变革持续推进，网络强国和数字中国建设为全面加强智慧法院建设提供了重大战略机遇。司法大数据的广泛应用，需要一个长期探索、不断优化的过程。为此，人民法院积极拥抱信息技术革命与创新发展，努力推动司法大数据与司法实践有机结合。

大数据处理技术和工具能够使人们以新的方式提出和回答问题。随着新形式的数据管理和分析技术的开发，以及机器学习和新可视化模式的应用，大数据突破了传统思考路径的制约，数据集中提取不再受限于范围、时间和规模，为人们提供了多种解决方案。数据不仅涉及技术问题，还涉及生产要素问题，涉及涵盖法学、经济学、管理学等不同学科的跨学科、大学科问题。因此，研究数据需要法学、经济学、计算机科学、管理学、社会学甚至心理学等不同学科的专家参与。美国科学家普赖斯（Derek de solla Price）于1962年发表了题为《小科学、大科学》的著名演讲[1]，提出科学之间、研究者之间要合作，研究机构之间要合作，最重要的是引领科学的战略科学家之间要合作。战略科学家的主要功能是解决科学家与科学家之间的融合渗透问题，他们发挥着类似董事、总经理的角色。战略科学家之间相互协作是未来的趋势。

大数据处理技术和工具能够与传统小数据实证方法相得益彰。以大

〔1〕 普赖斯认为“二战”前的科学都属于小科学，从“二战”时期起，进入大科学时代。从其研究特点来看，主要表现为：研究目标宏大、多学科交叉、参与人数众多、投资强度大、需要昂贵且复杂的实验设备等。“大科学”（Big Science,Megascience,Large Science）是国际科技界近年来提出的新概念。从运行模式来看，大科学研究国际合作主要分为三个层次：科学家个人之间的合作、科研机构或大学之间的对等合作（一般有协议书）、政府间的合作（有国家级协议，如国际热核聚变实验研究ITER、欧洲核子研究中心的强子对撞机LHC等）。

数据方法为代表的计算性社会科学用推理统计补充和丰富描述性统计，以寻求更准确识别关联和因果关系。纵观世界各国，随着数字经济深入发展，各国有关网络与数据等方面的立法、执法和司法活动频率不断增加，许多国家已着手开展“网络与数据法”相关研究。例如，几乎所有的美国法学院都开设了一门或多门和“网络与数据法”有关的必修课或选修课，欧洲国家情况也大体如此。〔1〕信息技术发展永无止境。美国耶鲁大学大数据、道德和社会理事会成员弗兰克·帕斯奎尔教授（Frank Pasquale）曾言，“法律和计算的未来比大多数论者之设想更具开放性”，〔2〕试图描绘或断言“信息技术+大数据+法学”的远景和未来发展殊非易事。大数据时代的预言家——英国维克托·迈尔-舍恩伯格则认为，“大数据时代绝对不是一个理论消亡的时代，相反地，理论贯穿于大数据分析的方方面面”，“大数据不会叫嚣‘理论已死’”，反而会“从根本上改变我们理解世界的方式”。〔3〕以小数据研究为代表的实证主义研究只关注某些类型的问题，他们在特定假设的前提下试图以一种简化的方式来回答这些问题，但对人和生活丰富意义的触及并不多。大数据不会完全取代传统的小数据研究；相反，二者将相互促进，不断丰富和拓展未知领域，增加新知识产出，为经济社会高质量发展所用。

大数据处理技术和工具能够给中国法学理论与司法实务界带来行为范式的转变动能。新兴信息技术及大数据的应用也迎来日益复杂的挑战，不断迭代的技术、业态以及来自经济、政治、文化、社会与生态等方面的治理需求已经越来越难以通过简单的技术或框架来概括。与技术应用、监管

---

〔1〕 参见孙晋：《数字时代网络与数据法学课程的教学探索》，载《中国大学教学》2022年第1期。

〔2〕 Frank Pasquale & Glyn Cashwell, Four Futures of Legal Automation, 63 UCLA Law Review Discourse 26, 28 (2015). 另帕斯奎尔教授在其著名论作《黑箱社会》中系统阐述了数据和互联网时代算法信息。参见［美］弗兰克·帕斯奎尔：《黑箱社会：掌控金钱和信息的数据法则》，赵亚男译，中信出版社2015年版，第21-24页。

〔3〕 ［英］维克托·迈尔-舍恩伯格、肯尼思·库克耶：《大数据时代：生活、工作与思维的大变革》，盛杨燕、周涛译，浙江人民出版社 2013年版，第 94 页。

政策和治理手段相配套推进的，是更加广阔的跨学科、跨专业的研究视角、思辨分析与创新能力。司法大数据为司法领域和其他学者提供了许多机会，其中最重要的是提供了丰富的社会、文化、经济、政治和历史的裁判文书数据。但同时，司法大数据也带来了挑战，包括理解分析司法数据的技能不足，人性与物性的自洽程度有待提高，缺乏创造足以实现后实证主义形式的、计算性社会科学的认识论、方法路径等。

最后需要强调的是，在试图预测司法大数据的发展方向时，应结合哲学史、思想史、经济史、科技史进行统筹思考和综合推演。信息是客观存在的，问题是如何把信息变成数字，再让数字构成数据，最终通过对数据的分析得出经济学、法学等领域的理论。从这个角度来看，大数据既是研究对象，也是一种研究工具，一种日常生产生活中常用的思维方式。研究司法大数据，一方面，可以从法学层面研究数据的权属、主权、隐私等问题；另一方面，也可以从整个经济史、科技史、社会伦理的变迁过程来看数据是什么、数据能干什么、数据能解决什么问题。司法大数据融合多领域，提供了全新的思考和研究范式，使对司法研究议题的探讨更高效、更科学。未来，大数据、人工智能、模式识别等技术将持续释放更大的能量。届时，人们在选择大数据时将不再抱着权衡的心态，而是将它视作通往未来的必要改变。未来已至，司法大数据时代已拉开帷幕。如何运用司法大数据解决司法供给和人民群众对司法需求的信息对称性问题，如何让法官“更健康”，让法院“更健康”，让社会“更健康”，或许是“法”之“妙药”，是“民”之“良方”，是“服务司法实践、服务公众需求、服务社会发展”值得继续关注的、长久且常新的命题。